Heinrich Greving, Christoph Lücker, Dieter Niehoff, Sabine Schäper, Ludger Schöttler, Martin Woltering

Herausgeber: Heinrich Greving, Dieter Niehoff

Organisation und Verwaltung

Methoden in Heilpädagogik und Heilerziehungspflege

1. Auflage

Bestellnummer 04884

Bildungsverlag EINS

Haben Sie Anregungen oder Kritikpunkte zu diesem Produkt?
Dann senden Sie eine E-Mail an 04884_001@bv-1.de
Autoren und Verlag freuen sich auf Ihre Rückmeldung.

www.bildungsverlag1.de

Bildungsverlag EINS GmbH
Hansestraße 115, 51149 Köln

ISBN 978-3-427-**04884**-8

Inhaltsverzeichnis

Vorwort

Der organisatorisch-technologische Bereich nimmt in der Heilerziehungspflege und in der Heilpädagogik, also in der Gestaltung, Verwaltung und Leitung von Organisationen in der Behindertenhilfe, einen immer größeren und bedeutsameren Raum ein. Absolventen einer heilerziehungspflegerischen oder heilpädagogischen Ausbildung müssen daher in der Lage sein, umfangreiche und intensive Verwaltungs- und Organisationsaufgaben in ihrer Einrichtung zu übernehmen.

Alle direkten und indirekten Unterstützungs- und Assistenzleistungen für Menschen mit Behinderung können nur dann professionell erbracht werden, wenn die Heilerziehungspflegerinnen oder Heilpädagogen Kompetenzen im Umgang mit Leistungsträgern, Verwaltungen und Behörden erworben haben. Diese „Arbeit am Schreibtisch" muss in jedem Fall als grundlegende, wichtige und auch konkrete Tätigkeit zum Wohle des zu betreuenden Menschen mit Behinderung verstanden werden. Ideen, Strategien und Vorhaben werden dabei zuvor mit dem Team, mit dem jeweiligen Klienten und gegebenenfalls mit dem gesetzlichen Betreuer abgestimmt. Manchmal scheint die Umsetzung bestimmter Hilfen und Leistungen zunächst utopisch, doch eine differenzierte Betrachtung der jeweiligen Situation und verschiedener Hilfesysteme eröffnet oftmals Möglichkeiten.

Die organisatorischen, verwaltenden und intentionalen Prozesse sind im Verlaufe dieser betreuenden Organisations- und Verwaltungsarbeit immer wieder aufeinander zu beziehen und miteinander zu vernetzen. Organisieren und Verwalten ist somit immer eine hoch professionelle Tätigkeit an und mit den jeweils betroffenen Menschen.
Vor diesem Hintergrund ist der Aufbau des vorliegenden Buches gestaltet:

Im ersten Kapitel findet sich eine umfassende begriffliche Klärung zum Phänomen der „Organisation". Die grundlegenden Erläuterungen hierzu werden mit der jeweiligen praktischen Bedeutung für die Heilerziehungspflege verbunden.

Im Anschluss hieran widmet sich ein ausführliches Kapitel den Strukturen von Organisationen. Anhand ausgewählter Beispiele werden Hilfsmöglichkeiten in verschiedenen Hilfesystemen der Behindertenhilfe schlaglichtartig vorgestellt. Diese Beispiele werden verdeutlichen, dass organisatorische und verwaltungstechnische Heilerziehungspflege sich ganz unterschiedlicher Mittel und Wege bedienen kann. Zudem werden begleitend die Aufbau- und Ablaufstrukturen verschiedener Organisationen deutlich. In diesem Kapitel wird des Weiteren intensiv auf das Qualitätsmanagement und auf die Qualitätssicherung sowie auf notwendige Kontrollinstanzen für Organisationen der Heilerziehungspflege eingegangen. Das Kapitel schließt mit Informationen zur Finanzierung und zur Verwaltung von Finanzmitteln in Einrichtungen der Behindertenhilfe.

Das dritte Kapitel thematisiert die Kommunikation und die Interaktionsprozesse in Organisationen. Hierbei geht es in einem ersten Schritt darum, wie Konferenzen professionell gestaltet bzw. moderiert und geleitet werden. Ein zweiter Themenbereich widmet sich den Konflikten in Organisationen: Diese müssen im Hinblick auf ihre Entstehung und ihren möglichen Verlauf verstanden, bearbeitet und im besten Falle gelöst werden. Auch für diese anspruchsvolle berufliche Aufgabe ist eine hohe professionelle Kompetenz der jeweiligen Heilerziehungspflegerin bzw. des Heilerziehungspflegers notwendig.

Das letzte Kapitel dieses Buches widmet sich schließlich dem Thema der Organisationskulturen. Zuerst werden die Funktionen und Wirkungsweisen von Organisationskulturen erläutert, im Anschluss hieran werden die sichtbaren bzw. die nicht sichtbaren und unbewussten Anteile der Organisationskultur beschrieben.

In allen Kapiteln des Buches werden theoretische, konzeptionelle und auf die konkrete Arbeit der Heilerziehungspflegerinnen und Heilpädagogen bezogene Inhalte, Strukturen und Aufgabenfelder miteinander verbunden. Neben einer theoretischen Begründung der jeweiligen Inhalte finden sich somit auch vielfältige Aufgaben zur theoretischen, konzeptionell-methodischen und persönlich-reflektierenden Auseinandersetzung mit diesen Themenbereichen. Hierdurch kann und soll zu einer Erweiterung der Methodenkompetenz auf den Feldern der Organisation und Verwaltung in den Einrichtungen der Behindertenhilfe beigetragen werden.

Die Herausgeber

1 Was ist eine Organisation?

- *Was ist eine Organisation?*
- *Wodurch können die grundlegenden Merkmale einer Organisation konkret beschrieben werden?*
- *Welche wesentlichen Aussagen lassen sich zu heilerziehungspflegerischen Organisationen formulieren?*
- *Welche Beziehungen von Handlungen und Organisationen können benannt werden?*

1.1 Grundlegende Aussagen zur Organisation

Wie kann eine Organisation grundlegend beschrieben werden? Was zeichnet sie im eigentlichen Sinn und im Kern aus? Was müssen die Mitarbeiterinnen und Mitarbeiter wissen, um einen reflektierenden Blick auf die Organisation bzw. die Verfahren und Prozesse zu bekommen, durch welche die Organisationen gebildet werden bzw. welche von dieser Organisation verändert werden können?

Zur Beantwortung dieser Fragen werden in einem ersten Schritt verschiedene Theorien zur Beschreibung von Organisationen skizziert. In einem zweiten Schritt werden dann grundlegende Merkmale von Organisationen erläutert (vgl. hierzu grundlegend: Greving, 2008, S. 9 ff.).

Eine der ersten Organisationstheorien ging auf betriebswirtschaftliche Interessen und Forschungsmuster zurück. Hiernach kann eine Organisation als ein „zweckmäßiges Mittel der Menschen zur Erreichung ihrer Ziele" beschrieben werden (Ortmann/Sydow/Türk, 2000, S. 15). Dieses eher rationale Verständnis von Organisationen geht davon aus, dass eine Organisation genau das umsetzt und erarbeitet, was sie umzusetzen und zu bearbeiten beabsichtigt: nämlich ihre Ziele zu verfolgen, ohne hierbei von ihrem einmal ausgewählten Weg abzuweichen. Dies ist allerdings in der Realität nicht so einfach. Im Zusammenhang mit der Diskussion dieser eher betriebswirtschaftlichen Sichtweise in Bezug auf Organisationen sind in den letzten Jahrzehnten vielfältige, zum Teil sich widersprechende und miteinander konkurrierende Organisationstheorien entstanden, welche die unterschiedlichen Dimensionen und Spezifika von Organisationen in den Blick genommen haben. Grundlegend kann jedoch festgehalten werden:

> *„Organisationen [...] sind in der Gesellschaft, sind Teil der Gesellschaft, sind eine besondere Form der Koordination und Zurichtung gesellschaftlicher Aktivitäten, implizieren spezifische gesellschaftliche Zusammenhänge und Schnitte zwischen diesen Aktivitäten, werden von ihrer gesellschaftlichen Umgebung gefördert und beeinträchtigt, üben ihrerseits einen enormen Einfluss auf den Zustand und die Entwicklung der Gesellschaft aus, und dies alles keineswegs seit alters her, sondern jedenfalls mit jener Dominanz, die in diesem Jahrhundert die Rede von der Organisationsgesellschaft aufgebracht hat, offenbar erst im Zuge der Entstehung und Entwicklung des Kapitalismus."*
> ***(Ortmann/Sydow/Türk, 2000, S. 16 f.)***

Eine Organisation ist somit immer mit der Gesellschaft vernetzt, mehr noch: Die Gesellschaft bildet sich in dieser Organisation ab, sodass die Strukturen und Strukturelemente, welche in einer Gesellschaft vorhanden sind, sich auch in einer Organisation wiederfinden. Die Entwicklung dieses Verständnisses war allerdings ein langer Prozess. Richard Scott (1986) zufolge wurden Organisationen zunächst als instrumentell-rationale Systeme, dann als natürliche und schließlich als offene Systeme verstanden. Diese drei Beschreibungsmuster können folgendermaßen skizziert werden:

- Eine Organisation als **rationales System** kann als eine in der Verfolgung bestimmter Ziele deutlich orientierte Kollektivität beschrieben werden, welche eine sehr stark formalisierte Sozial- und Handlungsstruktur aufweist.
- Eine Organisation als **natürliches System** ist ein Kollektiv, in welchem die Mitglieder in ihrem Verhalten durch formale Muster oder offiziell bekannt gegebene Ziele kaum beeinflusst werden. Hier besteht jedoch ein gemeinsames Interesse am Fortbestand eben dieser Organisation, sodass sich die Mitglieder an informell strukturierten Aktivitäten beteiligen.
- Organisationen als **offene Systeme** stellen letztlich eine Verbindung wechselnder Interessengruppen dar, welche ihre Ziele in gemeinsamen Verhandlungsstrategien entwickeln; was hierbei entwickelt wird, ist in jedem Falle in hohem Maße abhängig und geprägt durch die jeweiligen Umwelten dieser Organisation.

(vgl. Scott, 1986, S. 45 ff.)

Es fand somit bis zur Entwicklung von Scotts Analyse im Jahre 1986 eine deutliche Orientierung an den offenen bzw. systemischen Strukturen von Organisationen statt. Dennoch haben sich in den letzten 25 Jahren unterschiedliche Ansätze entwickelt, welche diese Zugänge (vor allem diejenigen eines offenen Systems) weiter differenziert haben. Es kann somit behauptet werden, dass es im Hinblick auf die Organisationstheorien eben nicht mehr *die* Organisationstheorie geben kann. Eine Organisation wird in unterschiedlichen Konstrukten u. a. beschrieben als

- Maschine,
- Organismus,
- Gehirn,
- Kultur,
- politisches System,
- psychisches Gefängnis,
- Fluss,
- Herrschaftsinstrument,
- chaotisches System,
- kulturelles System.

(vgl. Ortmann/Sydow/Türk, 2000, S. 21 f.)

Umgangssprachlich werden die Begriffe der Organisation und des Organisierens vielfältig verwendet: Es wird etwas organisiert, man befindet sich in einer Organisation; das Organisieren kann sowohl den Prozess des Herbeischaffens bestimmter Güter als auch die Strukturierung dieser Güter in einem sozialen Raum bezeichnen. Vor diesem Hintergrund lassen sich drei grundsätzliche Bedeutungen von Organisation darlegen. Sie wird verstanden als

- **sozialer Prozess,**
- **sozialer Katalysator,**
- **soziales Subjekt.**

(vgl. Endruweit, 2004, S. 18 f.)

Im Sinne eines **sozialen Prozesses** kann eine Organisation in der Zuständigkeit einer ganz bestimmten Organisationsform bzw. als Unterabteilung einer Organisation verstanden werden. Die Organisation bezeichnet hier das eigentliche Organisieren. Die Nähe zum alltagsspezifischen Gebrauch des Organisationsbegriffes ist in hohem Maße gegeben.

Eine Organisation als **sozialen Katalysator** zu kennzeichnen heißt, eine Organisation als eine mögliche Variable im sozialen Prozess zu verstehen, welche eben diesen Prozess beschleunigt, in Gang setzt, bremst, richtungsverändernd wirkt etc. In der Organisationssoziologie versteht man hierunter die zumeist langfristig gestalteten und geordneten Beziehungen innerhalb einer Gesellschaftsstruktur.

Eine Organisation kann zum Dritten als **soziales Subjekt** gekennzeichnet werden. In dieser Betrachtungsweise findet Organisation als soziale Handlung statt. Dieses ereignet sich dann, wenn ein Betrieb, eine Einrichtung, eine Behörde etc. als Organisation gekennzeichnet wird. Die Organisationssoziologie benutzt beinahe ausschließlich diese Bezugnahme (Organisation = Subjekt), um organisationstheoretische Vorgänge zu beschreiben.

Organisationen sind von anderen verwandten Begriffen und Phänomenen abzugrenzen (vgl. Endruweit, 2004, S. 25 ff.):

Netzwerke

Netzwerke können als Zusammenfassung unterschiedlicher Beziehungen in einer Gruppe innerhalb einer Organisation beschrieben werden. Letztere sind folglich nicht als Formalstruktur der Gesellschaft aufzufassen, sondern als Systeme, welche Beziehungen herstellen und in welchen Beziehungen stattfinden. Netzwerke sind somit mögliche Ausprägungen einer Organisationsform.

Virtuelle Organisationen

Dieser eher jüngere Begriff, entstanden u. a. vor dem Hintergrund informationstechnologischer Begründungen, kennzeichnet die Fähigkeiten der Organisationen, sich überbetrieblich miteinander zu vernetzen. Organisationen unterschiedlicher Ausprägungen schließen sich im virtuellen Raum zusammen, um zu kooperieren, um sich in Bezug auf ihre Kompetenzen auszutauschen, um neue Märkte zu erschließen etc.

Soziale Bewegungen

Soziale Bewegungen wie z. B. die Arbeiterbewegung, die Frauenbewegung, die Jugendbewegung u. Ä. kann man als soziale Objekte bezeichnen, welche aus einer relativ hohen Anzahl unterschiedlicher Personen bestehen, die ebenso wie verschiedene andere Organisationen in einer Organisationsform zusammengefasst sind, welche in einer Gesamtgesellschaft verortet ist.

Diese drei aktuellen Begrifflichkeiten differenzieren nicht eine moderne organisationstheoretische Begründung, sondern sind in den Organisationen, welche später beschrieben werden, mit eingeschlossen.

Frauenbewegung. Sogenannte Suffragetten demonstrieren zu Anfang des 20. Jahrhunderts in London für das Frauenwahlrecht.

Im Unterschied zu traditionellen Verständnissen von Organisationen wird eine moderne Organisation durch mindestens drei Merkmale gekennzeichnet:

- die freie Ein- und Austrittsmöglichkeit der Mitglieder bzw. des Personals der Organisation,
- die prinzipielle freie Gestaltbarkeit von Prozessen und Strukturen innerhalb einer Organisation,
- die eigentlich freien Zweck- bzw. Zielsetzungen dieser Organisation.

(vgl. Müller-Jentsch, 2003, S. 14)

Im Unterschied zu den eher traditionellen Vergesellschaftungsformen der Organisation gehören die einzelnen Personen einer modernen Organisation ihr nicht lebenslang an. Im Regelfall sind sie freiwillig Mitglied (zumindest bis zu einem gewissen Grad) und sind auch nur mit einem Teil ihrer Person und Personalität an den Vollzugsprozessen dieser Organisation beteiligt. Die einzelnen Mitglieder der Organisation entscheiden somit, inwiefern sie sachlich und zweckrational handeln wollen. Sie müssen allerdings auch emotionale, also sachlogisch nicht endgültig fassbare und unbewusste Prozesse reflektieren. Organisationen sind nicht wirklich sachlich zu begreifen und zu beschreiben. Sie sind keine Gegenstände, auch wenn sie eine Gegenständlichkeit zur Form haben (z. B. die Gebäude und Liegenschaften einer Organisation). Sie bestehen aus einem vielschichtigen Netz unterschiedlicher Verbindungen und Beziehungen und verfolgen objektive Ziele bzw. geben diese zu verfolgen vor – die Ziele können jedoch auch subjektiv orientiert sein.

Wie werden nun Ziele in und durch die Organisationen konkret angestrebt bzw. wie koordinieren die Organisationen ihre Handlungsprozesse? Mit Müller-Jentsch (vgl. 2003, S. 19 f.) können folgende Prozesse der Koordination skizziert werden:

- eine gegenseitige Abstimmung im Hinblick auf die Prozesse der Verfolgung der Organisationsziele durch konkrete Handlungen,
- eine direkte Kontrolle der Vorgänge, durch welche die Ziele der Organisation erreicht werden sollen,
- eine möglichst intensive Standardisierung der Arbeitsabläufe,
- eine möglichst hohe Standardisierung des Outputs, also der konkreten Produkte oder Leistungen einer Organisation,
- eine möglichst intensive Standardisierung der Fertigkeiten aller Organisationsmitglieder und (Teil-)Systeme,
- eine Standardisierung der Normen, welche in dieser Organisation umgesetzt werden bzw. durch welche diese Organisation ihre Handlungen und Tätigkeiten konkretisiert.

1.2 Merkmale von Organisationen

Im Folgenden werden nun diejenigen Merkmale vorgestellt, welche grundlegend in (beinahe allen) Organisationen wiederzufinden sind. In der Literatur werden häufig vier bis fünf Grundelemente einer Organisation beschrieben, die jedoch bei den einzelnen Autoren bzw. Schulen der Organisationstheorie nicht deckungsgleich sind (vgl. Vahs, 2003; Müller-Jentsch, 2003; Puch, 1994; Schmidt, 2002; Endruweit, 2004). Einigkeit besteht in den unterschiedlichen Veröffentlichungen darüber, dass mindestens folgende Organisationsmerkmale zusammenzugehören scheinen:

- die **Ziele einer Organisation,**
- die **Organisationsstruktur,**
- die **Organisationsdynamik,**
- die **Umwelt einer Organisation,**
- der **Wandel** bzw. die **Verwandlungsprozesse einer Organisation.**

Diese Punkte werden im Weiteren kurz erläutert, wobei ein besonderer Schwerpunkt auf die Ziele gelegt wird, da diese sowohl die Grundlagen als auch die Handlungsmöglichkeiten einer Organisation ausmachen.

1.2.1 Ziele einer Organisation

Wie können Ziele konkretisiert werden? Mit Vahs (vgl. 2003, S. 9) kann festgehalten werden, dass Ziele Aussagen über angestrebte Zustände, also zumeist Soll-Zustände sind, welche durch die Auswahl und die Umsetzung geeigneter Handlungs- und Planungsalternativen erreicht werden sollen bzw. müssen. Hierbei kann die einzelne Organisation das Instrument sein, mit dem mögliche Ziele erreicht werden. Sie kann aber auch über eigene, organisationsindividuelle Ziele verfügen, die sie mittels unterschiedlicher Strukturmomente zu erreichen versucht. Vor diesem Hintergrund sind natürlich die individuellen Ziele der Organisationsmitglieder zu betrachten – gleichzeitig müssen aber auch die kollektiven Ziele der Gesamtorganisation mit in den Blick genommen werden. Im Hinblick auf die individuellen Ziele ist anzumerken, dass Menschen Ziele nie allein erreichen können. „Die Organisation gibt ihnen das Mittel, um eine interessante Tätigkeit auszuüben, ein hohes Einkommen zu erreichen, Prestige und Macht zu erlangen, sich selbst zu verwirklichen etc." (Vahs, 2003, S. 9 f.). Neben diesen Zielen für das einzelne Mitglied verfolgt die Organisation natürlich auch Ziele, welche ausschließlich eine sie betreffende Relevanz haben. Hierzu gehören z. B. die Steigerung der Umsatzstruktur, das Abdecken bestimmter marktbedingter technischer Fragen, das Entwickeln einer Organisationskultur, die Überprüfung der Qualität einer Organisation sowie der Abgleich zwischen konkretem Organisationshandeln und Organisationsnotwendigkeiten. Es kommt zu einer Verbindung zwischen Individual- und Organisationszielen, wenn sich die Mitglieder einer Organisation auf formal festgeschriebene und legitimierte Organisationsziele geeinigt haben. Diese finden sich in den Protokollen der Organisation, der Unternehmensplanung in Veröffentlichungen, in Pressemitteilungen, in Werbeprospekten, in Konzepthandbüchern, in Qualitätshandbüchern etc.

Organisationsziele sind zudem „ein Maßstab, um die Arbeit von Organisationen beurteilen zu können. Die Maßstäbe haben verschiedene Bezugspunkte: ökonomische Ziele (z. B. Effizienz) beziehen sich auf den sparsamen Umgang mit finanziellen Mitteln, [...] fachliche Ziele in Organisationen des Sozialbereichs richten sich auf die Bewältigung der sozialen Probleme von AdressatInnen der sozialen Arbeit. [...] Ökonomische und fachliche Ziele können [hierbei] miteinander in Konflikt stehen" (Puch, 1994, S. 44 ff.). Wer nun in einer Organisation seine Ziele durchzusetzen in der Lage ist, verfügt möglicherweise über die beste Argumentation, ggf. aber auch über ein bestimmtes Machtpotenzial, welches aber immer wieder miteinander ausgehandelt werden muss.

Es kann somit festgehalten werden, dass Ziele in Organisationen immer eine handlungsleitende Funktion haben: Sie konkretisieren eine Orientierung aller Organisationsmitglieder im Hinblick auf die Zukunftsplanung, aber auch im Hinblick auf den Weg, der in Bezug auf diese Zukunft gemeinsam zu gestalten sein wird. Damit dieses gelingen kann, müssen Organisationsziele möglichst konkret gefasst werden (vgl. Puch, 1994, S. 45). Ist es jedoch auch möglich, auf Organisationsziele zu verzichten? Kann es sein, dass sich Ziele quasi von selbst und ad hoc in Organisationen entwickeln und dann festgeschrieben werden? Es mögen sich vielleicht zufällig Ziele ergeben, die eine Organisation verfolgt. Eine professionalisierte Organisation kann jedoch nicht auf konkrete Zielsetzungen verzichten.

Im Hinblick auf eine konkrete Ausformulierung der Organisationsziele sollen folgende Fragen deutlicher fokussiert und in Teilen beantwortet, werden:

- Ist eine Organisation selbstbestimmt oder fremdbestimmt?
- Wie ist die Zieldefinition in den Organisationen organisiert?
- Welche Quellen sind für Organisationsziele relevant?
- Wie verändern sich Organisationsziele?

(vgl. Endruweit, 2004, S. 108 ff.)

Selbstbestimmung oder Fremdbestimmung

Eine Organisation bewegt sich immer wieder zwischen den Bereichen der Autonomie und der Heteronomie. Eine Organisation ist dann autonom, wenn sie dazu in der Lage ist, ihre Ziele eigenständig zu bestimmen. Dieses ist in der absoluten Ausprägung allerdings selten der Fall. In der aktuellen, hoch komplexen postmodernen Gesellschaftsstruktur zählen hierzu beinahe ausschließlich Organisationen, die der Geselligkeit oder der Organisation von Freizeit dienen und eher als Netzwerke bezeichnet werden können. Alle weiteren Organisationen sind auf Rahmenbedingungen angewiesen, innerhalb derer sie ihre Ziele entwickeln. „Als Faustregel könnte man annehmen: Je weniger sozial bedeutsam die Leistung einer Organisation für die Umwelt sind, desto größer ist ihre Autonomie" (Endruweit, 2004, S. 109). Demnach müssten Einrichtungen der Heilerziehungspflege stark in gesellschaftliche, d. h. formale, juristische und politische Kontexte eingebunden sein, da sie in hohem Maße bedeutsame Leistung für die Gesellschaft erbringen.

Die Heteronomie, also die Fremdbestimmung in der Entwicklung und Durchführung von Zielen, scheint in ihrer extremen Ausführung ebenfalls recht selten zu sein. Häufig sind Unterorganisationen fremdbestimmt, also Teilbereiche größerer Organisationen, welche durch ihre „Mutterorganisation" dazu genötigt werden, bestimmte Ziele zu verfolgen. Doch auch das Gegenteil kann der Fall sein: Teilorganisationen können sich, wenn sie längerfristig von größeren Organisationseinheiten getrennt sind, sehr eigenständig entwickeln, sodass sie wie „Satelliten" am Rande der größeren Organisationsform agieren.

Es kann also festgehalten werden, dass Autonomie und Heteronomie überwiegend in einem „Mischungsverhältnis" (Endruweit, 2004, S. 109) stehen. In diesem Zusammenhang sind zwei Betrachtungsmomente wesentlich:

> *„1. Im Verhältnis zwischen Organisation und Organisationsumwelt wird die Autonomie der Organisation um so höher sein, um so unbedeutender ihre Leistung in sozialer Hinsicht ist oder je mehr sie – bei sozialer Bedeutsamkeit ihrer Leistungen – von sich aus den Umwelterwartungen nachkommt oder je mehr sie trotz Missachtung von Umwelterwartungen ihre autonom gesetzten Ziele durchsetzen kann, je mehr Macht sie also hat.*
> *2. Innerhalb eines Organisationsgefüges, also zwischen über- und untergeordneten Organisationen, gelten im Grunde die gleichen Prinzipien, nur werden sie hier seltener in ständiger Interaktion immer wieder von Neuem ausgekämpft; stattdessen werden sie häufiger nach Zweckmäßigkeitsgesichtspunkten grundsätzlich festgelegt."*
> ***(Endruweit, 2004, S. 109)***

Eine Organisation hat somit im Prozess der Entwicklung und Umsetzung ihrer Ziele immer wieder zu überprüfen, inwieweit sie durch die Gesellschaft bedingt ist und bestimmt wird.

Organisation der Zieldefinition

In allen Organisationen ist es wichtig zu wissen, wer ihre Ziele letztendlich festlegt. Dieses erscheint gerade bei Organisationen in der Gründungs- oder in der Umbruchphase relevant. In hohem Maße bedeutsam ist die Zieldefinition in Bezug auf die Leitungsstruktur einer Organisationsform. In diesem Zusammenhang können drei Positionen unterschieden werden:

- die **monokratische Zieldefinition**, d. h. die Bestimmung der Ziele einer Organisation durch eine einzige Person. Dieses ist bei kleinen Organisationen der Fall, wo ein Alleinunternehmer als Geschäftsführer fungiert. In Organisationen der Heilerziehungspflege kommt dies aber nahezu gar nicht vor.
- **kollegiale Zieldefinitionen**, d. h., es sind mehrere Personen am Prozess der Zielfindung und -beschreibung einer Organisation beteiligt. Organisationsvorstände können z. B. diese Aufgaben übernehmen. Es ist jedoch auch möglich, dass Arbeitsgruppen eingesetzt werden, um Organisationsziele zu definieren und zu verändern.
- **kontraindikatorische Zielfindung,** d. h., mehrere Personen sind am Prozess der Zielfindung beteiligt, haben jedoch im Wesentlichen unterschiedliche Zielinteressen. In diesem Fall kann es zu intensiven, zum Teil machtbestimmten Aushandlungsprozessen kommen, um die Ziele einer Organisation festzulegen.

Relevante Quellen für Organisationsziele

Nicht nur die Definition von Organisationszielen, sondern auch die Quellen für diese Ziele können bzw. müssen höchst unterschiedlich sein. Es können grundsätzlich drei mögliche Quellen benannt werden:

- **Dokumentarische Quellen** umfassen alle deutlich formulierten Zieldefinitionen – auch wenn diese gegebenenfalls im Widerspruch zu den gelebten und umgesetzten Zieldefinitionen zu stehen scheinen.
- Die **Angaben der Zieldefinitoren** können durch Interviews bzw. durch Informationsgespräche eruiert werden. Sie können aber auch über eine Dokumentenanalyse ergänzt werden.
- Die **Ergebnisse einer Handlungsanalyse** sind die aussagekräftigste Quelle in Bezug auf die konkreten und tatsächlichen Ziele einer Organisation. An den konkreten Handlungen einer Organisation – also sowohl den Interaktionen der Mitglieder als auch den Outputstrukturen der Organisation – wird deutlich, was eine Organisation tatsächlich leisten möchte bzw. zu leisten in der Lage ist.

Veränderung von Organisationszielen

Es können acht unterschiedliche Stufen beschrieben werden, auf welchen sich Organisationsziele verändern bzw. verändert werden (vgl. Endruweit, 2004, S. 113 ff.):

- **Zielkonkretisierung:** Diese ist dann notwendig, wenn die schon bestehenden Zieldefinitionen so wenig scharf sind, dass sie sich nicht in Handlungen umsetzen lassen können. Das heißt, eine konkrete Operationalisierung kann erst dann geschehen, wenn die Ziele intensiver gedeutet und gefasst werden können. Welches Ziel verfolgt z. B. eine Wohneinrichtung der Behindertenhilfe? Welches Ziel verfolgt eine Psychiatrie? Wie konkret sind die Handlungen in einem Ambulanten Dienst zu operationalisieren? Inwieweit sind die Ziele zwischen Träger, Leitung und Organisationsmitgliedern deckungsgleich? etc. In diesem Kontext können auch Zielvereinbarungen als direkte Möglichkeiten konkret benannt werden.
- **Zieldifferenzierung**: Diese wird in Form einer konkreten Aufschlüsselung der ursprünglichen Definitionen bzw. Ziele einer Organisation vorgenommen. „Damit wird i.d.R. das ursprüngliche Primärziel in mehrere Sekundärziele aufgeteilt und umformuliert. Häufig ist die Differenzierung mit einer Prioritätensetzung bei den Sekundärzielen verbunden" (Endruweit, 2004, S. 115). Im konkreten Verlauf dieser Differenzierung kann es dann evtl. auch zur Zielhierarchisierung kommen, in welcher nicht nur Primär- und Sekundärziele, sondern auch Tertiärziele, Quartärziele etc. beschrieben werden.

- **Zielerweiterung:** Dies bedeutet, dass zu den definierten Zielen einer Organisation weitere Ziele hinzukommen. Zum Beispiel müssen eventuell Einrichtungen der Behindertenhilfe, welche in den letzten Jahren eher stationär orientiert waren, nach Absprache mit den jeweiligen überörtlichen Trägern der Behindertenhilfe ihre Programme in ambulante Bereiche und ambulant betreute Bereiche umwandeln. Die Verwandlungsprozesse erfolgen eben nicht aufgrund einer differenzierten Sichtweise, sondern einer erweiterten Sichtweise ihrer jeweiligen Ziele.
- **Zielbegrenzung:** Wenn eine Organisation (vielleicht in der Gründungsphase) zu viele Ziele formuliert hat, erscheint es im Verlauf ihrer Entwicklung gegebenenfalls sinnvoll, diese Ziele wieder zu reduzieren. Dieses kann auch dann realisiert werden, wenn die Organisation plötzlich über andere, nämlich geringere Ressourcen verfügt bzw. sich in der Konkurrenz zu anderen Organisationsformen auf einen geringeren Funktionsbereich einlassen muss. „Da Ziele unabhängig von der Genauigkeit ihrer Definition stets begrenzt werden können, ist die Zielbegrenzung zugleich auch als Form des Zielwandels möglich" (Endruweit, 2004, S. 115).
- **Zielwandel:** Dieser kann verstanden werden als die Veränderung von zuvor scheinbar schon gut erarbeiteten und beschriebenen Zielstrukturen. Dieser Zielwandel kann wiederum in drei Unterformen aufgeteilt werden:
- **Zielwandel als Zielvermehrung:** Im Unterschied zur Zielerweiterung kann es vorkommen, dass sich Organisationen in unterschiedliche Sparten aufteilen, um sich im Hinblick auf andere Märkte zu spezialisieren. So kann die Ausdifferenzierung einer Wohneinrichtung der Behindertenhilfe in eine Autismusambulanz, einen Ambulanten Dienst oder sogar in eine Begleitung- und Beratungsstelle für alte Menschen als Zielvermehrungsperspektive gelten.
- **Zielwandel als Zielverschiebung:** Diese kann dargestellt werden als „eine Umstrukturierung der organisationalen Zielhierarchie, bei der die Rangfolge von Zielen geändert wird" (Endruweit, 2004, S. 116). Es kann beispielsweise vorkommen, dass in einer Psychiatrie in Zeiten problematischer Refinanzierung das Ziel des Selbsterhalts vor das Ziel des Erkennens der Patientenbedürfnisse gestellt wird.
- **Zielwandel als Zielnachfolge:** In dieser Form der Veränderung von Zielen wird ein bereits erreichtes, überholtes oder gegebenenfalls auch aufgegebenes Ziel durch ein neues ersetzt. Hierdurch wird deutlich, dass eine Organisation auch dann Ziele verfolgt, wenn sich vielleicht der eigentliche Zweck der Organisation längst überlebt hat. Eine Organisation wird aber nur dann langfristig weiterexistieren, wenn dieses Ziel wiederum mit den Bedingungen und Anforderungen der Umwelt übereinstimmt.

Diese unterschiedlichen Typen der Zielveränderung können grafisch wie folgt dargestellt werden:

Unabhängige Organisationsvariablen

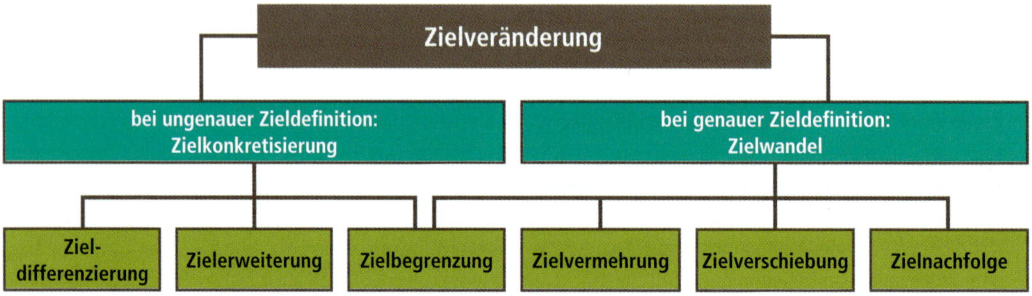

Typen der Zielveränderung (aus: Endruweit, 2004, S. 114)

1.2.2 Organisationsstruktur

Jede Organisation entwickelt eine Struktur bzw. lebt und befindet sich in einer Struktur, welche das Miteinander aller Organisationsmitglieder regelt und bestimmt. An dieser Stelle kann unterschieden werden zwischen formellen Strukturen und informellen Strukturen:

Eine **formelle Struktur** kann als normative Vorgabe für den Aufbau einer Organisation benannt werden. Diese formelle Organisationsstruktur ist z.B. in den Satzungen, Konzepten, Dienst- und Stellenplänen einer Organisation abgebildet. In ihnen und durch sie wird die normative Struktur einer Organisation deutlich. Wie soziale Rollen konkretisiert werden, wie die Prozesse des Aushandelns der Macht sich in Organisationen ereignen, wie hierin und durch diese Vorgänge tatsächliche Handlungen umgesetzt und erfahren werden, kann in einer konkreten Analyse dieser formalen Strukturen festgestellt werden. Häufig wird diese Organisationsstruktur mithilfe eines Organigramms abgebildet. In diesem Organigramm erkennt man z.B. auch, ob die Struktur hierarchisch oder eher partizipativ angelegt ist.

Die **informelle Organisationsstruktur** ist durch die sich tatsächlich realisierenden Informations- und Kommunikationswege gekennzeichnet. Diese Struktur ist nicht geplant und auch nicht planbar, da sie sich immer wieder neu durch die Handlungsmuster, Handlungsmomente und Handlungsbedürfnisse der Organisationsmitglieder ergibt. „Sie entsteht spontan und situationsabhängig und ist Ausdruck von Sympathie oder Antipathie zwischen den Organisationsmitgliedern" (Puch, 1994, S. 46).

Diese Vernetzung von formellen und informellen Organisationsstrukturen scheint immer wieder einen Spannungszustand zu begründen: Die formelle Organisationsstruktur schafft nicht immer ein subjektives Sinnerleben und die notwendigen Kommunikationsstrukturen ihrer Mitglieder; hierzu ist dann erst die informelle Organisationsstruktur notwendig. Sie erzeugt individuellen Sinn und persönliche Inhalte in einer gegebenenfalls als fremdbestimmt erlebten Organisationssituation.

1.2.3 Organisationsdynamik

Aus der Vernetzung von formellen und informellen Organisationsstrukturen wird deutlich, dass nicht alles, was in Organisationen geschieht, tatsächlich auch bis in die letzte Konsequenz hinein regelbar ist. Dies bezieht sich vor allem auf die Verhaltensweisen der einzelnen Mitglieder: Ihr Kommunikations- und Kooperationsverhalten, ihre Arbeit in Krisenmomenten, der Umgang mit Grenzen sind nicht eindeutig formell darstell- und planbar. Die Handlungsspielräume der einzelnen Mitglieder bzw. der einzelnen organisatorischen Ebenen müssen genutzt werden, damit eine Organisation sich als lebendiges Gefüge versteht und verstehen kann. Mehr noch: Ein einmal festgelegter Ablauf darf niemals starr und unveränderbar sein, da sich dies z.B. im Fall veränderter Rahmenbedingungen möglicherweise konterkarierend auf die Organisationsziele auswirkt. „Die formellen Strukturen von Organisationen bilden für diese nur einen Rahmen, innerhalb dessen sich die zwischenmenschliche Dynamik in ihrer Vielfältigkeit entwickelt" (Puch, 1994, S. 46). Menschen verfolgen somit nicht nur Organisationsziele, sondern sind auch daran interessiert, Macht- und Herrschaftsstrukturen auszuführen. Vor diesem Hintergrund verfolgen sie eigene Ziele, die gegebenenfalls im Widerspruch zu den Zielen der Organisation stehen können. Sie realisieren sogar ihre Macht- und Herrschaftsphänomene, auch wenn sie in der Organisationsstruktur eigentlich gar nicht über Macht verfügen. Dieses ist nicht grundsätzlich negativ zu bewerten: Macht ist ein Phänomen, das in allen Beziehungen vorkommt. Es ist nur dann deutlich zu problematisieren, wenn immer nur eine Seite mächtig und die andere Seite immer nur ohnmächtig ist. Die Legitimation der Macht bzw. die Veränderungsdynamik von Macht in Organisationen führt dazu, dass sich Strukturen und Herrschaftsverhältnisse und damit letzten Endes ganze Organisationsthemen und -strukturen verändern.

1.2.4 Umwelt einer Organisation

Wie bereits erläutert, sind Organisationen nicht in sich abgeschlossen und schon gar nicht nur rein rational zu bestimmen. Sie sind mit der Umwelt vernetzt und als Systeme in Wechselwirkung mit weiteren Systemen der Umwelt zu verstehen. Diese Umwelt ist z. B. politisch, juristisch, aber auch wirtschaftlich verfasst. Dieses ist vor allem für Organisationen des Dienstleistungssektors (zu dem auch die Organisationen der Heilerziehungspflege gehören) relevant, da für sie einschlägige Gesetze benannt sind und politische Entscheidungsgremien ihre jeweiligen Handlungsspielräume und Rahmenbedingungen konkretisieren, einengen oder auch erweitern (vgl. Puch, 1994, S. 47). Auf der anderen Seite wirken sich die Organisationen natürlich auch auf ihre Umwelt aus und verändern diese. Die konkrete Umwelt einer Organisation wird durch die spezifische Struktur einer Menge anderer Organisationen gebildet (vgl. Müller-Jentsch, 2003, S. 24) und kann als „organisatorisches Feld" beschrieben werden. Beispielsweise ist eine Wohneinrichtung der Behindertenhilfe in Trägerschaft eines Wohlfahrtsverbandes vernetzt mit weiteren Einrichtungen dieses Wohlfahrtsverbandes, mit städtischen Gremien, mit Trägern der überörtlichen Sozialhilfe sowie mit Freizeiteinrichtungen und Arbeitsplätzen (u. a. Werkstätten) in dieser Gemeinde. Die Organisation steht somit in einem Abhängigkeitsverhältnis zur Umwelt, das sie mit unterschiedlichen Strategien zu bewältigen versucht: Zum einen reagiert sie z. B. auf Störungen der Umwelt und macht diese zum Thema der Organisation. Zum anderen verhandelt sie auch mit den jeweiligen Umwelten und versucht somit Abhängigkeiten zu reduzieren bzw. Umwelten zu verändern.

1.2.5 Wandel einer Organisation

Organisationen streben nach Stabilität, dennoch sind sie ständig einem Wandel und einer Verwandlung unterworfen: Der Weg von einer neu gegründeten Organisation über eine Organisation, die gerade gut das Marktsegment bedient, für das sie konzipiert erscheint, bis hin zu einer Organisation, die sich aufgrund von gegebenenfalls pathologischen Strukturen auflösen muss, ist ein Prozess, welcher von vielen Organisationen durchlaufen wird, ja sogar durchlaufen werden muss. Die Prozesse des Wandels in Organisationen finden somit in Prozessen einer gewissen Stabilisierung statt. Organisationen, welche auf Dauer angelegt sind, können nur auf Dauer lebendig sein, wenn sie sich nicht den Wandlungsprozessen entgegenstellen, sondern mit diesen mitgehen: Wenn der Wind des Wandels weht, baue keine Mauern, sondern Windmühlen! Wandlungsprozesse werden von den Organisationsmitgliedern, aber auch von den Umwelten der jeweiligen Organisationen angestoßen (vgl. Puch, 1994, S. 48).

1.2.6 Vernetzung der Merkmale

Grafisch kann die Vernetzung dieser unterschiedlichen Merkmale folgendermaßen dargestellt werden:

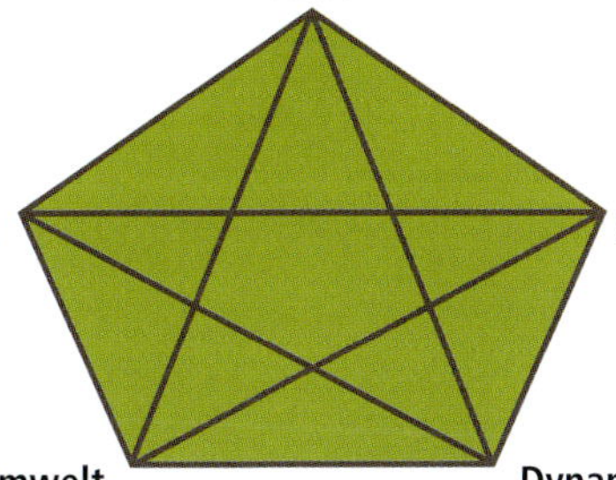

Merkmale von Organisationen (aus: Puch, 1994, S. 44)

Eine erweiterte Form, Organisationsmerkmale zu betrachten, stammt von Schmidt (2002, S. 25 ff.), der sie als miteinander vernetzte Seiten eines Würfels darstellt.

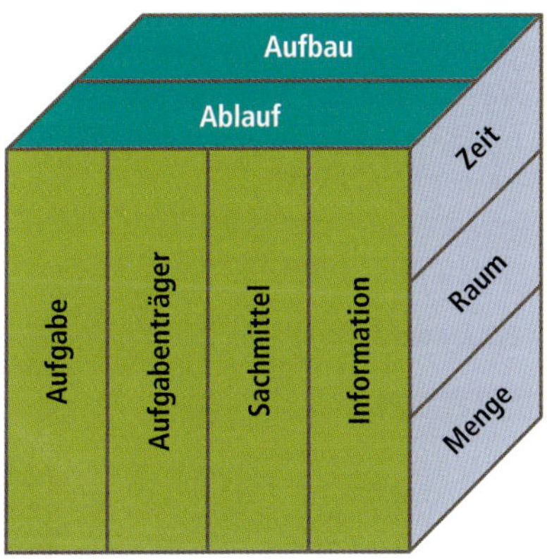

Organisationswürfel (aus: Schmidt, 2002, S. 25)

Auf der vorderen Seite des Würfels befinden sich **Aufgaben**, **Aufgabenträger**, **Sachmittel** und **Informationen** einer Organisation.
Die **Aufgaben** stehen im Mittelpunkt der Organisationsarbeit. Das Organisieren besteht darin, Handlungsmuster zu finden, die eine best- und schnellstmögliche Aufgabenerfüllung sicherstellen. „Nur wenn ein System Aufgaben erfüllt, hat es eine Daseinsberechtigung. Das gilt für öffentlich-rechtliche Systeme ebenso wie für privatwirtschaftliche. Erst wenn ein System Aufgaben erfüllt, kann es erwarten, dass der Markt im Gegenzug bereit ist, dafür auch einen Preis zu zahlen" (Schmidt, 2002, S. 26). Eine Organisation der Heilerziehungspflege muss also ihre Aufgaben in hohem Maße konzeptionalisieren und konkretisieren. Des Weiteren hat eine Organisation einen Abgleich zwischen internen und externen Aufgaben vorzunehmen: Sie muss die Prioritätensetzung zwischen den Aufgaben, welche innerhalb einer Organisation anfallen (z. B. Finanzierung, Personalwesen etc.), und Aufgaben, die sich durch die Umwelt stellen, ausbalancieren.
Aufgabenträger sind die Organisationsmitglieder, welche der Organisation ihre Arbeitskraft zur Verfügung stellen. Von großer Bedeutung sind die Qualifikationen und die Motivation der Mitarbeiter. Gerade in der Arbeit im Dienstleistungssektor erscheint es notwendig, detaillierte Aussagen über die Qualifikationsniveaus der Mitarbeiter zu tätigen bzw. deutlich werden zu lassen, mit welchen Motivationen (aber auch mit welchen Menschenbildern) in diesen Organisationen gearbeitet wird.

Zu den **Sachmitteln**, mit welchen die Organisation ihre Arbeitsprozesse verfolgt, zählen beispielsweise die finanziellen Mittel, die Gebäude, die Liegenschaften etc.
Als Letztes sind zu der vorderen Seite des Würfels die Informationen zu nennen, die eine Organisation zu verarbeiten hat. Sie muss z. B. diejenigen Informationen analysieren und aufbereiten, welche im Hinblick auf die Aufbau- aber auch die Ablauforganisationen notwendig sind.

Eine weitere Ebene wird von Schmidt als diejenige der **Aufbau- bzw. Ablaufprozesse** der Organisation skizziert (vgl. Schmidt, 2002, S. 33): Die Aufbaubeziehung einer Organisation umfasst z. B. die Stellenbildung, das Leitungssystem, das Informations- und Kommunikationssystem sowie das System der Sachmittelbeschaffung und Verarbeitung.

Die dritte Seite dieses Organisationswürfels konkretisiert mögliche Dimensionen der Organisation (vgl. Schmidt, 2002, S. 33 f.): Hierzu sind vor allem **die Zeit**, **der Raum** und **die Menge** zu nennen. In der Darstellung des Würfels schneiden diese Dimensionen die anderen Ebenen der Elemente und der Beziehungen: „Das geschieht mit gutem Grund. Sowohl die Elemente wie auch die Beziehungen beinhalten die Dimensionen" (Schmidt, 2002, S. 33). Dieser Zusammenhang soll an einem längeren Zitat deutlich werden:

> *„Die Dimension der Elemente können auch als Eigenschaften der Elemente umschrieben werden. Das kann am Beispiel des Elements ‚Aufgaben' gezeigt werden. Eine Aufgabe entsteht zu einem bestimmten Zeitpunkt, ganz gleich, ob dieser Zeitpunkt vorausgesehen werden kann oder nicht. Die Erfüllung der Aufgabe beansprucht Zeit, erfordert also einen Zeitraum. Die Aufgabe entsteht an einem Ort bzw. in einem Raum. Dieser Ort kann gleich bleiben (z. B. Geschäftsstelle) oder wechseln (z. B. externer Einsatz eines Trainers). Schließlich fällt eine bestimmte Menge von Aufgaben in einem Zeitraum an."*
> ***(Schmidt, 2002, S. 33)***

In der nachfolgenden Tabelle werden diese Dimensionen weiter konkretisiert:

Dimensionen			**Beispiele**
Zeit	**wann**	– Zeitpunkt der Aufgabenerledigung	Öffnen der Geschäftsstelle um 8.00 Uhr
		– zeitliche Folge der Aufgabenerfüllung	erst Anmeldung annehmen, dann Auslastung prüfen, dann bestätigen
	wie lange	– Zeitraum der Bearbeitung	Unterricht geben von 9.00–17.30 Uhr
		– Dauer der Aufgabenerfüllung	Vorgabezeit für die Bearbeitung einer Anfrage: 12 Minuten
Raum	**wo**	– Standort	Arbeitsplatz Verwaltung im Parterre Standort Drucker in Raum X
	woher/ wohin	– Transportwege	Abholen der Post vom Posteingang (örtlich) Übermittlung der Rechnungsdaten an Buchhaltung über vorhandenes Datennetz
Menge	**wie viel**	– Anzahl	Pro Tag müssen bis zu 100 Anfragen bewältigt werden.
		– Gruppierung	Anmeldebestätigungen sind in Stapeln >10 zu bewältigen.

Dimensionen der Organisation (aus: Schmidt, 2002, S. 34)

Die Wahrnehmung der einzelnen Organisationsmerkmale ist somit eine wichtige Voraussetzung dafür, Organisationen analysieren, konzeptionalisieren, überprüfen und beschreiben zu können. Das Wissen um die konkreten Ausprägungen und Vernetzungen dieser Organisationsmerkmale dient dazu, die Professionalisierung in der jeweiligen Organisation voranzutreiben. Gerade für leitende Mitarbeiter, aber auch für alle anderen, erscheint dies in hohem Maße notwendig und wichtig. Aber auch die Kommunikations- und Kooperationsmöglichkeiten der Mitglieder sind davon abhängig, inwieweit diese Merkmale erkannt und in die konkrete Arbeit einbezogen werden.

Aufgaben

1. *Welche Merkmale von Organisationen sind Ihnen bekannt?*
2. *Beschreiben Sie am Beispiel einer heilerziehungspflegerischen Organisation Probleme, welche sich durch die Formulierung und Ausgestaltung von Zielen ergeben. Wie müssten Sie konkret mit diesen Anforderungen umgehen?*
3. *In welchen heilerziehungspflegerischen Tätigkeitsfeldern erscheint die Vernetzung der Organisationsmerkmale besonders problematisch? Begründen Sie Ihre Meinung möglichst ausführlich.*
4. *Stellen Sie die Vernetzung des Würfelmodells von Schmidt anhand unterschiedlicher Beispiele aus Organisationen der Heilerziehungspflege dar.*
5. *Welche Konsequenzen ergeben sich für die Leitungstätigkeit in der Organisation aus der Vernetzung dieser unterschiedlichen Merkmale?*
6. *Welche Kritik kann gegebenenfalls an dem Modell einer Vernetzung dieser Merkmale geäußert werden?*

1.3 Interaktionen in Organisationen

Das Verhältnis zwischen der Organisation und dem Organisationsmitglied bzw. die Handlungsmuster zwischen Organisationsmitgliedern können als zentrale Punkte im Hinblick auf die Analyse, aber auch auf die Veränderung einer Organisation benannt werden (vgl. Müller-Jentsch, 2003, S. 26 ff.). Die in und durch die Organisation formalisierten Erwartungen an das Verhalten der Mitglieder werden von diesen durch einen zumeist freiwilligen Beitritt anerkannt. Mit der Übernahme dieser Mitgliedschaft können auch weitere Rollen in dem Organisationsgefüge ausgefüllt werden. Die Übernahme einer Aufgabe beinhaltet die Vergütung dieser Aufgabe mittels finanzieller Mittel, aber auch mittels sinnhafter Strukturen, welche für die Person vielleicht sogar noch relevanter sind als die Geldmittel. Nach Müller-Jentsch (vgl. 2003, 27 f.) sind folgende Mitglieder für eine Organisation wesentlich:

Das **Personal der Organisation**: Das Personal steht zur Verfügung, um den eigentlichen Zweck der Organisation zu erfüllen bzw. die Organisationsziele zu erreichen. In Organisationen des Sozialwesens stehen hierbei häufig neben dem hauptamtlichen Personal auch ehrenamtliche Mitglieder zur Verfügung – diese Entwicklung scheint in jüngster Zeit auch in den Einrichtungen der Heilerziehungspflege zuzunehmen. Die Kooperation und Kommunikation dieser beiden Gruppen ist jedoch oft nicht ganz unproblematisch.

Eingeschriebene Mitglieder: Hierbei handelt es sich vor allem um Organisationsmitglieder, welche sich in Interessenverbänden zusammengeschlossen haben, wie z. B. in Mietervereinen oder Gewerkschaften bzw. Vereinen, Verbänden und Parteien. Sie finanzieren die jeweilige Organisation durch ihre Mitgliedsbeiträge, wobei allerdings nicht unbedingt immer ein spezifischer und konkreter Zusammenhang zwischen der Leistung der Organisation und dem Mitgliedsbeitrag besteht.

Als eine weitere Gruppe kann (in Erweiterung des Modells von Müller-Jentsch) das jeweilige **Klientel** oder die **Kundschaft** einer Organisation benannt werden. Der Zweck der jeweiligen Organisation besteht darin, den Bedürfnissen, Fragen und Problemstellungen ihrer Kundschaft gerecht zu werden, sie zu beraten, zu bilden, sie zu schulen, zu therapieren etc. In Bezug auf heilerziehungspflegerische Organisationen kann es hierbei zu einer Überschneidung mit den sogenannten „Input-Mitgliedern" kommen.

Input-Mitglieder: Diese Mitglieder gehören zu einem besonderen Kundenkreis der Organisation, da sie die Organisation nicht kurzfristig kontaktieren, sondern längerfristig in ihr verbleiben. Dieses hat gerade im Hinblick auf Organisation der Heilerziehungspflege eine große Bedeutung (so z. B. bei Wohneinrichtungen, Psychiatrien u. Ä.).

Interaktionen, also wechselseitig voneinander abhängige Handlungen in der Organisation, sind vor allem von der Organisationspsychologie untersucht worden (vgl. Gebert/von Rosenstiel, 2002). Im Mittelpunkt des Interesses organisationspsychologischer Untersuchungen stehen vor allem die Vis-à-vis-Interaktionen, d. h. Interaktionen zwischen zwei Personen im direkten Kontakt. Wichtig ist hierbei das Handeln oder Verhandeln der einzelnen Interaktionspartner vor dem Hintergrund einer ganz bestimmten Situation. Diese Situation begleitet und dynamisiert die einzelnen Handlungen. In ihr finden sich jedoch auch überdauernde Merkmale, d. h. Motivationen und Fähigkeiten einer Person, wieder. Gerade diese Motivationen sind es, welche im Hinblick auf die Handlungsformen einen zentralen Charakter bekommen können: wie lange z. B. ein Verhalten gezeigt wird, wodurch es motiviert wird, wann es abflacht und wann eine Organisation gut beraten ist, dieses Verhalten erneut zu verstärken – all dies sind Fragen, um die Interaktionen in der Organisation zu präzisieren. Gerade in der Organisation des Dienstleistungssektors erscheint es sinnvoll und notwendig, die Frage der externen Organisationsziele, welche zum Teil über die Ökonomie und den jeweiligen Markt gesteuert sind, mit denjenigen der internen Motivationsstrukturen (welche häufig in der Professionalisierung, d. h. in der beruflichen Kompetenz der Handelnden verortet sind), aufzuzeigen. Das Spannungsverhältnis zwischen Ökonomie und Ökologie (vgl. Dederich/Greving/Mürner/Rödler, 2009, S. 7 ff.), das Spannungsverhältnis zwischen gesellschaftlichem Gewordensein und individuellen Motivationskomplexen, ist hierbei immer wieder neu auszutarieren. Gerade der Leitungsposition in der Organisation kommt hierbei die Aufgabe zu, Organisationsstrukturen so zu gestalten, dass Motivstrukturen erhalten und ausgebaut werden.

Wichtig ist in diesem Zusammenhang auch wahrzunehmen, wie verbale und nonverbale Signale Kommunikationsprozesse steuern (vgl. Greving, 2000, S. 66 ff.).
Wie werden nonverbale Signale eingesetzt? Dienen sie zur Steuerung einer sozialen Situation oder generieren sie vor allem Selbstdarstellungsaspekte? Wie werden in diesem Kontext emotionale Zustände kommuniziert? Wie werden Einstellungen (d. h. normative und ethische Kontexte) über die Kommunikation weitergegeben?

Aufgaben

1. *Stellen Sie mögliche Begründungen für die unterschiedlichen Formen der Interaktionen dar. Achten Sie hierbei vor allem auf die unterschiedlichen Berufsrollenanteile der Handelnden.*
2. *Wie wirken sich diese Interaktionen gegebenenfalls auf das Klientel in den Organisationen der Heilerziehungspflege aus?*
3. *Stellen Sie an unterschiedlichen heilerziehungspflegerischen Organisationen wechselseitig voneinander abhängige Interaktionsformen und deren Probleme dar.*

2 Strukturen von Organisationen verstehen und gestalten

- *Was muss eine Heilerziehungspflegerin bzw. ein Heilerziehungspfleger über die konkreten Hilfesysteme in der Behinderten- und der Gesundheitshilfe wissen?*
- *Welche Aufbaustrukturen sind für das konkrete Handeln in heilerziehungspflegerischen Organisationen relevant?*
- *Welche Ablaufstrukturen bedingen das konkrete Handeln in Organisationen der Heilerziehungspflege?*
- *Inwieweit ist der Begriff der „Qualität" für die Gestaltung organisatorischer Prozesse in der Heilerziehungspflege wichtig?*
- *Welche Ressourcen sind in den Organisationen der Heilerziehungspflege bedeutsam und wie können diese verwaltet werden?*

2.1 Hilfesysteme – eine Auswahl

Damit heilerziehungspflegerisch und heilpädagogisch tätige Menschen mit Behinderung helfen können, ihre Rechte wahrzunehmen, müssen sie nicht nur deren diesbezüglichen Schwierigkeiten erkennen und nach Unterstützungsmöglichkeiten suchen. Vielmehr müssen sie umfassend darüber informiert sein, dass es hierzulande viele Möglichkeiten gibt, behinderungsbedingten Nachteilen zu begegnen. Natürlich sind persönliche Voraussetzungen wie Empathie, Verstehen, Anteilnahme, Solidarität sowie eine pädagogisch motivierte Methodik und die eventuell notwendige personenspezifische Beratung unentbehrlich. Doch zu einer umfassenden und zugleich professionellen Betreuung zählt darüber hinaus, dass die Heilerziehungspflegerin und der Heilpädagoge weiß, dass es finanzielle und andere sachliche Hilfen gibt, die einem Zu-Betreuenden in einer schwierigen Situation, bei einer Wunscherfüllung oder in seinem ganz normalen Alltagsleben grundlegend helfen können.

In diesem Kapitel werden einige Hilfesysteme vorgestellt, an die sich Hilfebedürftige wenden können. Ziel ist es, dem Zu-Betreuenden dabei zu assistieren, seine Rechte, Ansprüche und Leistungen selbst zu erkennen und schließlich auch geltend zu machen.
Nur selten wissen z. B. **erwachsene Menschen mit Behinderung** in einer Wohneinrichtung der Behindertenhilfe, welche rechtlichen Möglichkeiten sie haben, um ihre Lebenswelt durch ganz bestimmte Hilfeleistungen positiv zu verändern.
Ebenfalls viel zu selten haben Heilerziehungspflegerinnen oder Heilpädagogen mit einem sachkundigen **gesetzlichen Betreuer** eines Menschen mit Behinderung zu tun, der seinen Zu-Betreuenden stets darüber informieren kann, welche Leistungen und Erleichterungen ihm zustehen.
Also ist es hilfreich und professionell, wenn man sich als **Fachkraft in der Behindertenhilfe** informiert, welche Möglichkeiten der Hilfe und Teilhabe den Zu-Betreuenden offen stehen. Dazu benötigen Interessierte

- Sachkenntnis,
- Neugier,
- Austausch mit dem Zu-Betreuenden,
- Absprachen im Team und mit dem gesetzlichen Betreuer,
- Mut zur Kommunikation mit Behörden,
- Durchhaltevermögen.

Manchmal kann es mühsam erscheinen, sich mit Gesetzestexten auseinanderzusetzen; doch mit der Zeit (bzw. nach erfolgreichen Erlebnissen) fällt es leichter, Schriftsätze zu lesen und selbst anzufertigen.

2.1.1 Die Servicestellen

Wer sich informieren möchte, welche Rechte und Möglichkeiten es für Menschen mit Behinderung gibt, wird in diesem Kapitel vielleicht nicht umfassend informiert, aber die verschiedenen Aufzählungen bieten einen Einblick über die Palette der Möglichkeiten. Die folgenden Erläuterungen sollen Mut machen, sich intensiver mit diesem Thema auseinanderzusetzen. Möglicherweise erscheinen die verschiedenen Zuständigkeiten zunächst unübersichtlich, doch für Betroffene stellt sich das in der Realität nicht so kompliziert dar, denn alle Träger sind verpflichtet, eng zusammenzuarbeiten und jede Frage zu beantworten. Zentrale Anlaufstelle für alles, was mit den Leistungen zur Teilhabe zu tun haben könnte, ist die gemeinsame örtliche Servicestelle der Rehabilitationsträger. Die Servicestellen wurden bundesweit eingerichtet, um bei der Inanspruchnahme von Leistungen zu helfen. Über Anschriften und Öffnungszeiten informieren beispielsweise die Rentenversicherungsträger oder die Krankenkassen. Im Internet gibt es Informationen unter www.reha-servicestellen.de.

Leistungen und Träger

Für verschiedene Leistungen zur Teilhabe können durchaus auch mehrere Träger zuständig sein, denn das System der sozialen Sicherung und Behindertenhilfe in Deutschland ist historisch gewachsen und fußt auf vielen verschiedenen Säulen. Zentrale Zuständigkeiten gibt es nicht – jeder Träger deckt eigene Bereiche der Hilfen zur Teilhabe und Eingliederungshilfen ab. Das ist für den Leistungsberechtigten jedoch nur von untergeordnetem Interesse, denn in der Regel ist für ihn nur von Bedeutung, auf welche Leistungen man einen Anspruch hat und ob man diese Leistungen auch wirklich erhält. Wer schlussendlich für die Durchführung zuständig ist, also wer die Leistung gewährt, ist für den Menschen mit Behinderung kaum von Belang.
Formlose Anträge eines Menschen mit Behinderung nimmt nicht nur jede Servicestelle entgegen, sondern auch jeder der im Folgenden aufgeführten Träger – selbst dann, wenn ein anderer Träger für die Gewährung zuständig sein wird. Ein besonderes Zuständigkeitsverfahren (siehe § 14 SGB IX) sichert dabei die schnelle Erbringung der angefragten Leistung.

Träger in unserem System der sozialen Sicherung für Menschen mit Behinderung

- **Krankenversicherung**
  medizinische Leistungen (Rehabilitation), einschließlich therapeutische Maßnahmen
- **Rentenversicherung**
  medizinische Leistungen (Rehabilitation), Teilhabe am Arbeitsleben
- **Unfallversicherung**
  medizinische Leistungen (bei Arbeitsunfällen und Berufskrankheiten), Teilhabe am Arbeitsleben, Teilhabe am Leben in der Gemeinschaft
- **Träger der sozialen Entschädigung: Landesversorgungsämter, Versorgungsämter, Hauptfürsorgestellen, Fürsorgestellen**
  medizinische Leistungen (Rehabilitation), Teilhabe am Arbeitsleben, Teilhabe am Leben in der Gemeinschaft
- **Träger der Grundsicherung**
  - Bundesagentur für Arbeit mit Regionaldirektionen und Agenturen für Arbeit
  - Leistungen für Arbeitssuchende, Integrationsfachdienste für Arbeitnehmer mit Behinderung
  - Träger der Sozialhilfe (nachrangig gegenüber den anderen Trägern)
  - Soweit kein anderer Träger zuständig ist: medizinische Leistungen, berufliche und soziale Teilhabe im Rahmen der Eingliederungshilfe für Menschen mit Behinderung (nach SGB XII). Die örtliche Zuständigkeit liegt bei der Stadt oder Gemeinde. Überörtlich zuständig wäre ein Landschaftsverband (mit Integrationsamt) oder ein Landessozialamt.
  - Träger der Jugendhilfe (nachrangig gegenüber anderen Trägern)
  - Leistungen zur Teilhabe für Kinder und Jugendliche mit Behinderung, soweit kein anderer Träger zuständig ist. Örtlich zuständig ist das jeweilige Jugendamt der Gemeinde, der Stadt oder des Kreises.

Bei Menschen mit Behinderung ist zumeist der Träger der Sozialhilfe oder die Krankenversicherung letztendlich die zuständige Stelle für die wichtigsten Leistungen zur Teilhabe bzw. die Eingliederungshilfe: medizinische Leistungen (Rehabilitation) sowie Leistungen zur Teilhabe am Leben in der Gemeinschaft – sowohl im privaten Umfeld als auch im Arbeitsleben.
Diese Sozialleistungen sollen helfen, die Behinderung abzuwenden (z. B. durch Rehabilitation nach einem Unfall), zu beseitigen (z. B. durch Operation), zu mindern, ihre Verschlimmerung zu verhüten oder ihre Folgen zu mildern. Die folgende stichwortartige Liste von Leistungen ist bei Weitem nicht vollständig, vermittelt aber einen ersten Einblick in die Vielschichtigkeit und Vielseitigkeit:

Was?	Wer gewährt?	Beispiele der Umsetzung
ärztliche Behandlung	einer der Träger der medizinischen Rehabilitation	Akutbehandlung im Krankenhaus
Heilmittel	siehe oben	Sprachtherapie, Ergotherapie, Physiotherapie, Medikamente
Hilfsmittel	siehe oben	Prothesen, Orthesen, orthopädische Schuhe, Hörgeräte, Rollstühle (Anschaffung, Instandsetzung, Ersatzbeschaffung, Wartung)
Arbeitsassistenz	Integrationsamt	Geldleistung für menschliche Hilfestellungen bei der Arbeitsausführung (kontinuierlich, regelmäßig, täglich)
Grundsicherung	Grundsicherungsamt der Stadt oder des Kreises	Anspruchsberechtigt sind i.d.R. Menschen, die in einer Werkstatt für Menschen mit Behinderung tätig sind und zu Hause wohnen; bei Menschen, die in einer stationären Einrichtung leben, wird die Grundsicherung aber in voller Höhe als Einkommen angerechnet – mit dem Ergebnis, dass ihnen kein finanzieller Vorteil entsteht.
Blindengeld	Landschaftsverband	Je nach Bundesland sind ca. 300 bis fast 600 € pro Monat (Stand: 2010) möglich für Menschen mit hochgradiger Sehbehinderung, unabhängig von Einkommen und Vermögen; für Menschen, die in einer Einrichtung leben, kann das Blindengeld gekürzt werden.
Erreichen des Arbeitsplatzes	verschieden	Erlangen einer Fahrerlaubnis, Zuschuss bei Beschaffung eines Kfz, behinderungsgerechte Zusatzausstattung, Beförderungsdienst
Beschaffung einer barrierefreien Wohnung; Anpassung von Wohnraum	Sozialamt	zinslose Darlehen für den Bau oder Erwerb von Eigentum; Zuschuss bei Umzugskosten
Wohngeld	Wohngeldstelle der Gemeinde-, Stadt- oder Kreisverwaltung	für Menschen mit einem Grad der Behinderung von 100, wenn häusliche Pflegebedürftigkeit besteht (z. B. bei „H" im Schwerbehindertenausweis)
Wohnberechtigungsschein	örtlich zuständiges Amt für Wohnungswesen	für Bezieher geringen Einkommens (Einkommensgrenzen); für Menschen mit schwerer Behinderung gelten besondere Wohnungsgrößen
Zusatzurlaub	Arbeitgeber	eine Woche für Menschen mit schwerer Behinderung
unentgeltliche Beförderung („Freifahrten") im öffentlichen Personennahverkehr	Verkehrsbetriebe	siehe Kapitel 2.1.2 „Der Schwerbehindertenausweis"
Steuerermäßigung wegen behinderungsbedingter Fahrtkosten	Finanzamt	für Fahrten, die ohne Behinderung nicht hätten durchgeführt werden müssen
Befreiung von der Rundfunkgebührenpflicht	GEZ (Gebühreneinzugzentrale)	u. a. für Menschen mit einem Grad der Behinderung von 80 oder mehr
Blindenhund – Hundesteuer	Steueramt der Gemeinde	Steuererlass für Blindenhunde
Parkerleichterungen	Straßenverkehrsamt am Wohnort	„Parkausweis" für Menschen mit schwerer Behinderung mit Merkzeichen „aG" oder „Bl"
Fahrsicherheitstraining	ADAC	spezieller Kurs für Fahrer mit Körperbehinderung
Ermäßigung bei Kulturveranstaltungen	Veranstalter	kein gesetzlicher Anspruch, im Einzelfall beim Veranstalter zu erfragen; an den meisten Orten bestimmte reservierte Plätze

Aufgaben

1. *Wo gibt es an Ihrem Wohnort die nächsten „Servicestellen"? Informieren Sie sich dort über deren Aufgaben.*
2. *Laden Sie einen Vertreter einer Servicestelle und einige Mitarbeiter von Wohneinrichtungen der Behindertenhilfe zum Gespräch ein. Bereiten Sie die Inhalte des Gesprächs vor. Erarbeiten Sie z. B. einen Fragenkatalog, den sie rechtzeitig zuvor dem Mitarbeiter der Servicestelle zukommen lassen.*
3. *Informieren Sie sich darüber, was Fahrsicherheitstraining für Fahrer mit Körperbehinderung beinhaltet und wie es abgehalten wird.*
4. *Womit wird die Gebührenbefreiung bei der GEZ aufgrund einer Behinderung begründet? Recherchieren Sie.*
5. *Aufgrund welcher Qualitäten wird ein Hund zum „Blindenführhund"? Informieren Sie sich.*
6. *Informieren Sie sich zu einem der folgenden Themen und erstellen Sie dazu eine Präsentation, die Sie anschließend vorstellen:*
   - *Blindengeld, Blindenhilfe und Gehörlosengeld*
   - *Kosten für die Haltung von Haustieren*
   - *Wohngeld*
   - *Grundsicherung*
   - *Wohnberechtigungsschein*
   - *Arbeitsassistenz*

Anmerkungen zu „Eingliederungshilfen" bzw. „Leistungen zur Teilhabe"

Natürlich unterliegt die Eingliederungshilfe im Laufe der Jahrzehnte (gesetzlichen) Weiterentwicklungen und Veränderungen. So gibt es seit Beginn dieses Jahrzehnts viele Bemühungen, die Eingliederungshilfe von einer überwiegend einrichtungsbezogenen Hilfe zu einer mehr personenzentrierten Hilfe umzugestalten. Die aktuelle, reformierte Eingliederungshilfe soll als ein Instrument verstanden werden, mit dem Menschen mit Behinderung mehr eigene Entscheidungsbefugnisse bekommen und welches die Teilhabe am Leben in der Gemeinschaft erleichtert.

Eingliederungshilfen, also Leistungen zur Teilhabe, müssen demnach von Leistungen zum Lebensunterhalt unterschieden werden: Die Eingliederungshilfe umfasst Leistungen zur medizinischen Rehabilitation, zur Teilhabe am Arbeitsleben und zur Teilhabe am Leben in der Gemeinschaft, also Aufwendungen und Kosten, die zusätzlich durch die Behinderung entstehen.

Um als Mensch mit Behinderung notwendige Hilfen in Anspruch nehmen zu können, ist es zunächst nicht erforderlich, einen bestimmten „Grad der Behinderung" nachzuweisen oder einen Schwerbehindertenausweis zu besitzen. Allerdings gibt es Ausnahmen (siehe Kap. 2.1.2). Welche Leistungsforderungen berechtigt sind, wird in jedem Einzelfall geprüft.
Die Kostenübernahme durch die Eingliederungshilfe wurde beispielsweise schon für folgende Leistungen abgelehnt:

- Eintrittspreise für Kultur- oder Sportveranstaltungen
- Fahrtkosten zu Großveranstaltungen in weiter Entfernung
- Finanzierung des Sexuallebens/Hausbesuche von Prostituierten
- Pflege eines Gartens

Derartige Ansprüche müssen vom eigenen Einkommen gedeckt werden und können nicht im Rahmen der Eingliederungshilfe übernommen werden. Den Besuch von Events in weit entfernten Großstädten zum Beispiel leisten sich auch Nichtbehinderte nur in Ausnahmefällen. Derartige kosten- und zeitintensive Ausflüge dienen also nicht vorrangig einer Integration in die Gesellschaft und müssen daher vom „selbst verdienten" Geld bezahlt werden.

Aufgaben

1. *Informieren Sie sich im Fach Recht nach den grundlegenden Änderungen des SGB IX und SGB XII in den letzten Jahren. Können Sie dort begriffliche Änderungen zur „personenzentrierten Hilfe" entdecken?*
2. *Der § 4 im SGB IX definiert „Leistungen zur Teilhabe". Welche Formen von Sozialleistungen werden dort aufgezählt?*

Die Eingliederungshilfe ist Bestandteil der Sozialhilfe und im Etat der Sozialhilfeausgaben der größte Posten. So entfielen z. B. im Jahre 2008 von den insgesamt knapp 22 Milliarden Euro Sozialhilfeausgaben ungefähr 12,5 Milliarden Euro auf die Eingliederungshilfe für Menschen mit Behinderung. Insgesamt erhielten im Jahresverlauf rund 670 000 Menschen mit Behinderung Leistungen der Eingliederungshilfe. Der überwiegende Teil davon (406 000) ist männlich. Knapp 200 000 der Leistungsberechtigten sind Kinder und Jugendliche und etwa 31 000 waren im Jahre 2008 älter als 65 Jahre. Nach wie vor erhalten überwiegend Menschen in Einrichtungen Leistungen der Eingliederungshilfe (460 000). Diese hohen Kosten für die Eingliederungshilfe sind darauf zurückzuführen, dass die Zahl der Menschen mit Behinderung seit Jahrzehnten ansteigt. Dieser Anstieg erklärt sich durch die große Zunahme der Zahl älterer Menschen mit Behinderung. Nach dem Ende der Nazidiktatur und dem Zweiten Weltkrieg erreichen nun erstmals Menschen das Rentenalter, die von Geburt an oder seit ihrer Kindheit mit einer Behinderung leben. 1967 erhielten erstmals mehr als 100 000 Menschen in der Bundesrepublik Deutschland Leistungen der Eingliederungshilfe, 1984 waren es erstmals mehr als 200 000. 1992 waren es etwa 345 000, bis zum Jahr 2008 hatte sich die Zahl fast verdoppelt auf rund 670 000 Menschen.

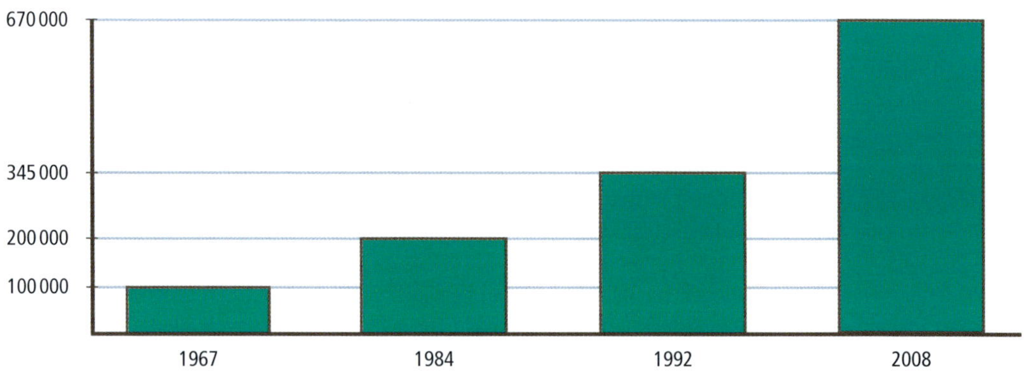

Eingliederungshilfe für Menschen mit Behinderung – Anzahl der Leistungsberechtigten

2.1.2 Der Schwerbehindertenausweis

Für Heilerziehungspflegerinnen oder Heilpädagogen in Einrichtungen der Behindertenhilfe gehören Schwerbehindertenausweise zum beruflichen Alltag. So sind in der Regel alle zu Betreuenden in einer Wohngruppe im Besitz eines sogenannten „Schwebis". Die Schwerbehindertenausweise werden zumeist zentral verwaltet und bei Bedarf vom Menschen mit Behinderung selbst bzw. vom Betreuer mitgenommen.

„Schwerbehinderung" ist weder ein pädagogischer noch ein medizinischer Begriff. Er ist vielmehr eine rechtlich relevante Kategorie, um in Besitz eines individuell entsprechenden Ausweises mit bestimmten Merkzeichen zu gelangen. Die Bezeichnung „schwerbehindert" ist daher zu unterscheiden von den Fachbegriffen „schwerstbehindert" oder „schwerst- und mehrfachbehindert", die z. B. durch die Arbeiten und Veröffentlichungen von Andreas Fröhlich oder Winfried Mall im Bereich der Förderung und Begleitung von Menschen mit besonders umfassender Behinderung geprägt wurden.

In Deutschland besitzen ungefähr sechs Millionen Menschen einen Schwerbehindertenausweis. Und da es keine Pflicht, sondern ein Recht ist, einen solchen Ausweis zu beantragen, scheint er den Besitzern bedeutende Vorteile zu bringen. Am wichtigsten sind

- steuerliche Vorteile,
- Hilfen zum Erreichen des Arbeitsplatzes,
- Beschaffung technischer Arbeitshilfen,
- mehr Urlaubstage,
- Vergünstigungen im öffentlichen Personennahverkehr,
- Vorteile bei der Parkplatzsuche mit dem eigenen Pkw,
- Erlass der TV-Gebühren,
- Erlass der Gebühren in öffentlichen Einrichtungen (z. B. Bibliotheken),
- preiswerterer Eintritt in Schwimmbäder und
- häufig auch Preisreduzierung beim Besuch von Kultur- oder Sportveranstaltungen.

Welche Vorteile im Einzelnen gewährt werden müssen, ist durch sogenannte **Merkzeichen** erkennbar, die Bestandteile eines Ausweises sind. Diese Merkzeichen werden bei bestimmten gesundheitlichen Beeinträchtigungen und Behinderungen eingetragen. In Kurzform bedeuten sie:

G	=	Bewegungsfähigkeit im Straßenverkehr erheblich eingeschränkt
aG	=	außergewöhnlich gehbehindert
H	=	hilflos
Bl	=	blind
Gl	=	gehörlos
B	=	berechtigt zur Mitnahme einer Begleitperson
RF	=	Rundfunkgebührenbefreiung und Telefongebührenermäßigung
VB/EB	=	kriegsbeschädigt

Das Merkzeichen **„B"** erhält man nur, wenn zudem ein „G" oder „aG" festgestellt wurde. Die Begleitung wird als erforderlich angenommen, wenn man regelmäßig Hilfen beim Ein- und Ausstieg benötigt – z. B. im öffentlichen Personennahverkehr, im Fernverkehr oder auch in einem öffentlichen Schwimmbad – oder bei Orientierungsstörungen wie z. B. bei Sehbehinderung oder bei geistiger Behinderung. Auch Menschen mit Epilepsie oder Menschen mit einer Querschnittslähmung können das Merkzeichen „B" erhalten.

Das Merkzeichen **„G"** erhält man, wenn die Bewegungsfähigkeit erheblich eingeschränkt ist. Das ist in vielen Fällen mit einer Beeinträchtigung der Gehfähigkeit zu begründen (z. B. bei Versteifung des Hüftgelenks, Schädigung der Lendenwirbelsäule oder arteriellen Erkrankungen). Auch „innere Erkrankungen" wie Herzschäden oder Epilepsie können zu einer erheblichen Bewegungsbeeinträchtigung führen. Ebenfalls bewegungsbeeinträchtigt können Menschen sein, die in ihrer Orientierung gestört sind (z. B. bei geistiger Behinderung, Sehbehinderung oder hochgradiger Schwerhörigkeit).

Das Merkzeichen **„aG"** erhalten Menschen, deren Fortbewegung auf das Schwerste eingeschränkt ist (die Beeinträchtigung des Orientierungsvermögens allein reicht nicht aus). Hierzu zählen u. a. Menschen, die zur Bewegung immer auf einen Rollstuhl angewiesen sind, z. B. bei einer Querschnittslähmung.

Als hilflos (Merkzeichen **„H"**) ist ein Mensch anzusehen, der für eine Reihe alltäglicher Verrichtungen und/oder zur Sicherung seiner persönlichen Existenz stets die Hilfe anderer Menschen benötigt. Zu diesen Alltagsverrichtungen gehören An- und Auskleiden, Nahrungsaufnahme, Körperpflege oder auch Verrichten der Notdurft. Der Umfang der Hilfen muss erheblich sein (dauernd, für zahlreiche Verrichtungen, häufig und regelmäßig). Bei Blindheit, hochgradiger Sehbehinderung, Querschnittslähmung und anderen Beeinträchtigungen, die auf Dauer auch innerhalb des Wohnraums die Nutzung eines Rollstuhls erfordern, wird auf Antrag stets ein „H" erteilt. Führt eine Behinderung zu einer dauernden Bettlägerigkeit („Krankenlager"), wird ebenfalls Hilflosigkeit angenommen.

Wenn der Schwerbehindertenausweis einen orangefarbenen Flächenaufdruck hat (linke Seite grün, rechte Seite orange), nennt man ihn auch „Freifahrtausweis". Den Freifahrtausweis erhalten

- Gehbehinderte (G),
- außergewöhnlich Gehbehinderte (aG),
- Hilflose (H),
- Gehörlose (Gl),
- Blinde (Bl).

Der Begriff „Freifahrtausweis" bedeutet, dass der Besitzer – in der Regel nach Bezahlung einer Gebühr – bestimmte Strecken im öffentlichen Nahverkehr kostenlos nutzen kann. Das können durchaus viele verschiedene Strecken sein, aber nur in Ausnahmefällen in einer Länge von mehr als 50 km im Umkreis des Wohnortes.

Die einmal dokumentierte Schwerbehinderung kann in bestimmten Situationen auch hinderlich sein, z. B. bei der Suche nach einem Arbeitsplatz. Denn manche Arbeitgeber scheuen sich, Arbeitnehmer mit Schwerbehinderung einzustellen: Sie hätten mehr Urlaubstage im Jahr, sie würden eher krank und sie hätten einen besonderen Schutz vor Kündigung. Der Arbeitgeber sollte aber Folgendes bedenken: Wer keine schwerbehinderten Arbeitnehmer eingestellt hat, muss regelmäßig Abgaben über das zuständige Integrationsamt an einen Ausgleichsfonds abführen, der vom Bundesministerium für Arbeit und Soziales verwaltet wird. Die Mittel des Ausgleichsfonds werden ausschließlich zur Eingliederung von Menschen mit Schwerbehinderung und Teilhabe am Arbeitsleben verwendet. Näheres dazu regelt die „Schwerbehinderten-Ausgleichsabgabeverordnung" (siehe § 41 SchwbAV).

Aufgaben

1. *Besorgen Sie sich ein Buch oder eine Broschüre zum Schwerbehindertenausweis. Am Ende dieses Kapitels gibt es Hinweise, wo man diese kostenlos beziehen kann.*
2. *Wie unterscheiden sich die Definitionen der ähnlich klingenden Begriffe „schwerbehindert" und „schwerst- und mehrfachbehindert"? Zu welchen Fachdisziplinen „gehören" diese Begriffe?*
3. *Welche steuerlichen Vorteile können Besitzer eines Schwerbehindertenausweises geltend machen?*
4. *Welche Nachteilsausgleiche hat ein Kfz-Besitzer mit Schwerbehinderung?*
5. *Was ist der Unterschied zwischen „erheblich gehbehindert (G)" und „außergewöhnlich gehbehindert (aG)"?*
6. *Wann gilt ein Mensch als „blind"? Wann gilt ein Mensch als „gehörlos"?*
7. *Wann gilt ein Mensch als „hilflos" im Sinne der Schwerbehinderung?*
8. *Welche Merkzeichen könnte ein Mensch mit der ausschließlichen Diagnose „geistig behindert" erhalten? So kann er z. B. in jedem Fall auch ein „G" bekommen. Warum wohl?*
9. *Welche Merkzeichen kann ein querschnittsgelähmter Mensch erhalten?*
10. *Wie wird das Merkzeichen „RF" begründet?*
11. *Könnte man auch mit einem Grad der Behinderung von weniger als 50 Merkzeichen erhalten?*

Beantragung eines Schwerbehindertenausweises

Wer den Ausweis ausgestellt bekommen möchte, muss seine Schwerbehinderung nachweisen können. Schwerbehindert im Sinne des SGB IX sind Menschen,

- bei denen ein **Grad der Behinderung (GdB) von wenigstens 50** vorliegt,
- die ihren Wohnsitz, ihren gewöhnlichen Aufenthalt in Deutschland haben oder in Deutschland beschäftigt sind
- und deren Beeinträchtigung mit hoher Wahrscheinlichkeit länger als sechs Monate andauern wird.

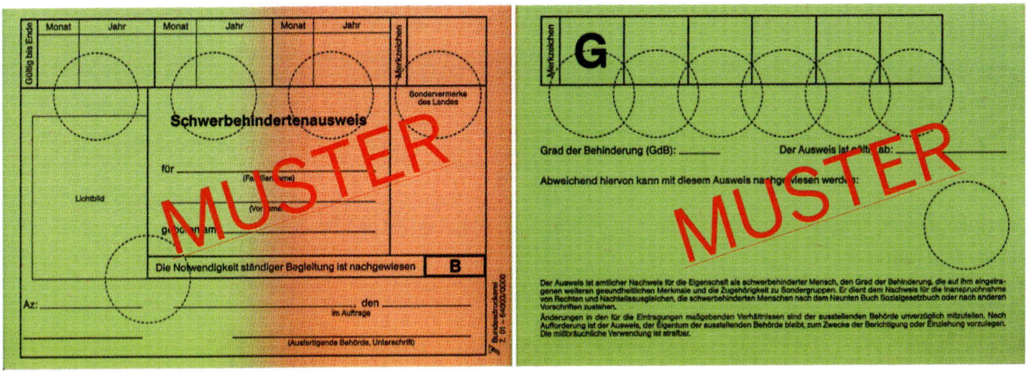

Vorder- und Rückseite eines Schwerbehindertenausweises

Der Begriff „Grad der Behinderung" bezieht sich auf die „Bewertungstabellen zum GdB", die jeder Interessierte einsehen kann. Diese Tabellen werden herausgegeben vom Bundesministerium für Arbeit und Soziales und heißen im exakten Wortlaut „Anhaltspunkte für die ärztliche Gutachtertätigkeit im sozialen Entscheidungsrecht und nach dem Schwerbehindertenrecht" (AHP). Diese Tabellen sind zumeist auch Bestandteil von Büchern zum Schwerbehindertenausweis, die man kostenlos beziehen kann. Am Ende dieses Kapitels finden Sie Informationen zu einer kostenlosen Bezugsmöglichkeit eines solchen Buches.

Die folgende Tabelle zeigt eine (sehr kleine) Auswahl von Schädigungen, Beeinträchtigungen und Behinderungen und ihren jeweiligen Grad der Behinderung:

	Grad der Behinderung
Hirnschäden / Nervensystem und Psyche	
Hirnschaden mit schwerer Leistungsbeeinträchtigung	70–100
Hirnschaden mit mittelschwerer Leistungsbeeinträchtigung	50–60
Hirnschaden mit geringer Leistungsbeeinträchtigung	30–40
Leichte Aphasie, Apraxie oder Agnosie	30–40
Globale Aphasie	90–100
Hemiplegie	100
Epileptische Anfälle: sehr selten (mit Pausen von mehr als einem Jahr)	40
Epileptische Anfälle: mittlere Häufigkeit (mit Pausen von Wochen)	60–80
Epileptische Anfälle: häufig (wöchentlich, täglich oder Serien)	90–100
Legasthenie im Schul- und Jugendalter	0–50
Langdauernde Psychose (über ein halbes Jahr anhaltend)	50–100
Schwere Zwangserkrankung	50–100

	Grad der Behinderung
Sinnesbeeinträchtigungen	
Linsenverlust, Verlust eines Auges	10–40
Angeborene Taubheit	100
Tinnitus	0–50
Chronische Mittelohrentzündung	0–20
Stoffwechselerkrankungen	
Diabetes mellitus Typ 1	40–50
Mukoviszidose	20–100

Die GdB-Tabellen sind sehr ausführlich. So gibt es z. B. auch Angaben zu den Bereichen
- Herz und Kreislauf,
- Verdauungsorgane,
- Brüche,
- Harnorgane,
- Geschlechtsorgane,
- innere Sekretion,
- Blut, Immunsystem,
- Haltungs- und Bewegungsorgane.

Die Bereiche sind alle weiter differenziert. Im Bereich „Nervensystem und Psyche" finden sich z. B. Angaben zu
- Hirnschäden,
- Entwicklungsstörungen,
- geistigen Beeinträchtigungen,
- Hirntumoren,
- psychischen Behinderungen im Kindesalter,
- Neurosen, Persönlichkeitsstörungen,
- Drogenabhängigkeit,
- Rückenmarksschäden,
- Multipler Sklerose u. a. m.

Wer in seinem Antrag auf Ausstellung eines Schwerbehindertenausweises z. B. zwei Beeinträchtigungen aufzählt, kann nicht davon ausgehen, dass einzelne Grade der Behinderungen addiert werden. In der Regel zählt zunächst einmal **nur** der höchste Grad der Behinderung. Dann wird gutachterlich entschieden, ob z. B. eine zweite Angabe in Wechselwirkung zu dem höchsten Grad der Behinderung steht. Ist das nicht der Fall, wird diese zweite Beeinträchtigung nicht weiter berücksichtigt. Kann diese doch berücksichtigt werden, dann zählt der dortige Grad der Behinderung bei der Berechnung eines Gesamt-GdB häufig zur **Hälfte** mit. Gibt es z. B. noch eine dritte zu berücksichtigende Beeinträchtigung, so zählt diese häufig zu einem **Drittel** bei der Gesamtberechnung des GdB.

Der GdB bezieht sich nicht auf Einschränkungen im Arbeitsleben, sondern auf Auswirkung der Behinderung in allen Lebensbereichen. Daher ist der GdB auch unabhängig von der ausgeübten Erwerbstätigkeit zu beurteilen. Das bedeutet, dass jemand mit einem maximalen GdB von 100 noch lange nicht berufs- oder erwerbsunfähig sein muss.
Bei der Antragstellung sind folgende „Stationen" zu durchlaufen:
- Antragsteller: Antragsformular besorgen
- Antragsteller: Antrag stellen
- Versorgungsamt: Antrag bearbeiten, GdB feststellen
- Versorgungsamt: Bescheid und Schwerbehindertenausweis verschicken

Antragsformular besorgen
Antragsformulare kann man an vielen Stellen am Wohnort oder in der Kreisstadt erhalten, z. B. bei einer Servicestelle, beim Gesundheitsamt, beim Versorgungsamt oder beim Sozialamt. Auch im Verwaltungsbereich einer Werkstatt für Menschen mit Behinderung sowie im Personalbereich eines größeren Betriebes oder auch beim Ortsverein eines überregionalen Behindertenverbandes können die Formulare in der Regel ausgehändigt werden. Die Antragstellung ist vielerorts auch per Internet möglich. In Nordrhein-Westfalen z. B. können bereits seit 2005 „**El**ektronische **S**chwerbehinderten-**A**nträge" unter der Adresse www.elsa-nrw.de gestellt werden.

↓

Antrag stellen
Das relativ umfangreiche Formular muss vollständig ausgefüllt werden und es ist ein Lichtbild beizufügen. Besondere Sorgfalt ist natürlich auf die Angaben zu den Gesundheitsstörungen zu legen. Wichtig ist dabei: Jede angegebene Gesundheitsstörung muss mit ärztlichen Bescheinigungen belegt werden. Der ausgefüllte Antrag wird zusammen mit den ärztlichen Dokumenten beim Versorgungsamt des Kreises oder einer kreisfreien Stadt eingereicht.

↓

Antrag bearbeiten
Der Antragsteller erhält zunächst eine schriftliche Eingangsbestätigung. Dann wird der Antrag bearbeitet. Das Versorgungsamt prüft den Antrag zunächst auf Vollständigkeit. Die beigelegten ärztlichen Bescheinigungen oder eventuell beigelegte Befundberichte eines Krankenhauses werden ebenfalls geprüft. Die Sachbearbeiter können dazu auch weitere Auskünfte bei den genannten Ärzten anfordern. Erfahrungsgemäß schicken manche Ärzte Unterlagen nur sehr zögernd. Es empfiehlt sich für den Antragsteller, beim eigenen Arzt nachzufragen, ob die Unterlagen bereits übersandt worden sind.
Der Grad der Behinderung (GdB) wird nach den wechselseitigen Auswirkungen der Beeinträchtigungen in ihrer Gesamtheit und unter ärztlicher Mitwirkung festgestellt.

↓

Bescheid verschicken und Ausweis ausstellen (GdB von 50 oder mehr)
Nach Abschluss der ärztlichen Begutachtung und Überprüfung der weiteren Voraussetzungen (Wohnort oder Arbeitsplatz in Deutschland) wird ein Feststellungsbescheid verschickt. Dem Antrag auf Ausstellung des Schwerbehindertenausweises wird stattgegeben, wenn der GdB mindestens 50 entspricht. Außerdem wird festgestellt, welche Merkmale eingetragen werden. Die genaue Bezeichnung der Behinderungen und Beeinträchtigungen wird ebenfalls im Bescheid genannt (auf dem Ausweis selbst finden sich lediglich die Merkmale, nicht aber die genauen Bezeichnungen der Behinderungen und Beeinträchtigungen).

In der Regel werden die Ausweise für fünf Jahre ausgestellt. Ist eine wesentliche Änderung nicht zu erwarten, ist auch eine unbefristete Ausstellung möglich. Bei Kindern wird der Ausweis bis zur Vollendung des zehnten Lebensjahres, bei Jugendlichen bis zur Vollendung des 20. Lebensjahres befristet.

Tipp

In Deutschland gibt es zahlreiche Ministerien, überregionale oder regionale Ämter und Behörden sowie Verbände, die Interessierten Bücher zum Thema Schwerbehindertenausweis anbieten. Diese Veröffentlichungen beinhalten zum Teil als Anlagen auch die relevanten Gesetzestexte und vor allem die umfassende und differenzierte GdB-Tabelle mit Hinweisen zu den Prozentzahlen aller Erkrankungen und Behinderungen. Der Bezug dieser Bücher ist zumeist kostenfrei möglich. Es könnte sich lohnen, anzufragen, ob die Broschüre auch als „Klassensatz" versandt wird. Einzelpersonen bekommen Broschüren oder Bücher z. B. auch am örtlichen Versorgungs-, Integrations- oder Gesundheitsamt.

Aufgaben

1. *Suchen Sie verschiedene Anlaufstellen (Telefonnummern, E-Mail-Adressen etc.), bei denen kostenlos Bücher und Broschüren zum Thema Schwerbehinderung bzw. Schwerbehindertenausweis angefordert werden können.*

2. *Besorgen Sie sich ein Buch mit GdB-Tabellen und Gesetzestexten zum Schwerbehindertenausweis. Beantworten Sie anhand des Buches die folgenden Fragen:*
   a. *Was bedeutet die Abkürzung GdB?*
   b. *Wo bekommt man an Ihrem Schulort ein Antragsformular für einen Schwerbehindertenausweis?*
   c. *Welche Behörde ist für die Genehmigung oder Ablehnung zuständig?*
   d. *Können neben körperlichen auch geistige oder seelische Beeinträchtigungen angegeben werden?*
   e. *Wer erstellt die genaue Berechnung eines GdB?*
   f. *Schützt eine Schwerbehinderung vor Kündigung aufgrund zahlreicher Krankheitstage?*
   g. *Ab welchem Grad der Behinderung wird ein Schwerbehindertenausweis ausgestellt?*
   h. *Ist jemand mit einem GdB von 100 automatisch erwerbsunfähig?*
   i. *Wird bei blinden Menschen automatisch Hilflosigkeit angenommen?*
   j. *Wird bei einem querschnittsgelähmten Menschen das Erfordernis einer „ständigen Begleitung" automatisch angenommen?*
   k. *Kann man mit einem „G" eine Kfz-Steuerermäßigung erhalten?*
   l. *Kann man mit einem „G" gleichzeitig eine Steuerermäßigung und „Freifahrten" erhalten?*
   m. *Kosten die „Freifahrten" etwas? Wenn ja, wie viel?*
   n. *Finden Sie den GdB bei folgenden Beeinträchtigungen:*
      - *Verlust eines Daumens*
      - *Epilepsie, sehr selten, generalisiert und fokal*
      - *Stottern*
      - *Ausfall einer Niere bei Gesundheit der anderen Niere*
      - *Kleinwuchs bis 140 cm*

3. *Besorgen Sie sich ein Formular zur Beantragung eines Schwerbehindertenausweises und durchlaufen Sie fiktiv den Prozess einer Antragstellung. Bearbeiten Sie dazu die folgenden Aufgaben:*
   a. *„Erfinden" Sie eine Person mit einer Behinderung und füllen Sie für sie den Antrag komplett aus.*
   b. *Erfinden Sie auch Angaben zu den Gesundheitsstörungen und fertigen Sie erfundene ärztliche Bescheinigungen dazu an. Legen Sie diese Bescheinigungen dem Antrag bei. Erstellen Sie auch ein allgemeines Anschreiben zu Ihrem Antrag.*
   c. *Tauschen Sie den ausgefüllten Antrag (mitsamt Bescheinigungen und Anschreiben) mit dem ausgefüllten Antrag einer anderen Studierenden. Wechseln Sie jetzt in eine andere Rolle: Werden Sie zum Sachbearbeiter im Amt und überprüfen Sie den Ihnen vorgelegten Antrag. Gehen Sie den Antrag sorgfältig Punkt für Punkt durch. Entscheiden Sie über den GdB und die Merkzeichen. Erstellen Sie zum Schluss ein Schreiben an die Antragstellerin („Bescheid"). Begründen Sie den GdB und die vergebenen Merkzeichen.*
   d. *Kommen Sie mit der „Antragstellerin" anschließend ins Gespräch. Wo war der Antrag korrekt ausgefüllt, was war falsch und was hat gefehlt?*

2.1.3 Leben mit weniger Barrieren

Im 2002 in Kraft getretenen Behindertengleichstellungsgesetz (BGG) lautet das Schlüsselwort „Barrierefreiheit". Diese soll gewährleisten, dass zahlreiche unterschiedliche Tatbestände, die im Leben eines Menschen zu Barrieren werden können, in den Blick genommen und gegebenenfalls verändert werden: Beispielsweise müssen an manchen Stellen Treppen und Stufen beseitigt, zu enge Passagen für Rollstuhlfahrer und Menschen mit Gehbehinderung verbreitert oder fehlende Kommunikationsmöglichkeiten für blinde und gehörlose Menschen geschaffen werden.

Verschiedene Lebensbereiche können im Hinblick auf „Barrierefreiheit" untersucht werden:
- Häuser, Wohnungen und Bauten aller Art
- die Verkehrsinfrastruktur
- Busse, Züge und alle anderen Beförderungsmittel im Personennahverkehr
- technische Gebrauchsgegenstände des Alltags
- Systeme der Informationsverarbeitung

Typische Barrieren in „ganz normalen" (Miet-)Wohnungen sind
- kleine oder enge Bäder,
- schmale Flure,
- zu kleine Balkone,
- Schwellen zu einem Balkon,
- ungünstige Anordnung von Sanitärgegenständen,
- mehrere Stufen vor der Haustür,
- halbe Treppen zum Erdgeschoss,
- ungünstig angebrachte Bedienelemente im Bad und in der Küche,
- fehlender Stauraum in der Küche.

Wurden diese oder andere bestehende Barrieren in größtmöglichem Umfang abgebaut und konnte dennoch keine gänzliche Barrierefreiheit ermöglicht werden, gilt die Wohnung als „barrierearm". Diese Kennzeichnung gilt für bestehende Häuser, Wohnungen, Plätze oder Gegenstände, die in der bestehenden Form nicht weiter geändert werden können. Sogenannte „barrierearme Anpassungen" sind also definiert als ein Bündel von Maßnahmen, die eine bestmögliche Alltagstauglichkeit für den Menschen mit Behinderung bewirken.

Auch in Wohneinrichtungen der Behindertenhilfe gibt es Barrieren, die sich anhand des folgenden Fragebogens gut ermitteln lassen:

	ja	nein
Kann man den Zugang zum Haus vom öffentlichen Fußweg aus barrierefrei erreichen?		
Ist der Fußweg von allen Seiten einsehbar? Ist er gut beleuchtet? Ist der Untergrund des Fußweges barrierefrei?		
Ist der gesamte Hauseingangsbereich stufenfrei und schwellenfrei?		
Sind die Hauseingangstüren mindestens 90 cm breit?		
Gibt es eine Gegensprechanlage?		
Sind Lichtschalter im Hausflur/Treppenhaus in optimaler Höhe (85 cm) angebracht?		
Ist der Bodenbelag im Hausflur/Treppenhaus rutschfest?		
Ist der Treppenlauf im Treppenhaus mit fühlbarem Anfang und Ende versehen?		
Sind beidseitige Handläufe an den Treppen abgebracht?		
Sind die Stufenkanten im Treppenhaus kontrastreich?		
Sind die Lichtschalter im Treppenhaus kontrastreich erkennbar?		
Ist der Aufzug ausreichend groß (mindestens 1,10 m breit und 1,40 m tief)?		
Ist die Aufzugtür breit genug (mind. 90 cm)?		
Ist ein Spiegel im Aufzug gegenüber der Aufzugtür angebracht?		
Gibt es genügend Bewegungsfläche vor der Aufzugtür (1,50 m x 1,50 m)?		
Kann in einem Ein-Personen-Haushalt eine helfende Person bei Bedarf übernachten?		
Kann das Bett so gestellt werden, dass es bei Bedarf von drei Seiten zugänglich ist?		

	ja	nein
Ist die Küche für einen Rollstuhlfahrer ausreichend groß?		
Gibt es höhenverstellbare Hängeschränke?		
Können die Küchenwände gegebenenfalls höhenverstellbare Hängeschränke tragen?		
Ist die Arbeitsfläche für das Arbeiten im Sitzen (Rollstuhl) geeignet?		
Ist die Bedienhöhe von Kühlschrank, Backofen, Herd etc. für einen Rollstuhlfahrer geeignet?		
Ist die Waschmaschine ausreichend hoch gesetzt („rückenschonende Höhe")?		
Gibt es eine bodengleiche Dusche?		
Ist das Badezimmer groß genug, um bei Bedarf einen Lifter zu montieren?		
Ist die Tür des Badezimmers nach außen zu öffnen und im Notfall auch von außen zu öffnen?		
Besteht unter dem Waschbecken genügend Beinfreiheit für einen Rollstuhlfahrer?		
Sind die Armaturen am Waschbecken vom Rollstuhl aus erreichbar?		
Gibt es in der Dusche einen Klappsitz und Haltegriffe?		
Kann man in der Dusche einen Klappsitz und Haltegriffe anbringen?		
Wurde das WC in angemessener Sitzhöhe angebracht (48 cm)?		
Ist der Spiegel über dem Waschbecken ausreichend tief (bis zum Becken) einsehbar?		
Ist der Zugang zu Balkon oder Terrasse schwellen- und stufenfrei?		
Ist der Bodenbelag wetterbeständig und rutschsicher?		
Sind alle Bodenbeläge innerhalb der Wohnung rutschhemmend?		
Sind alle Fenstergriffe leicht zu bedienen?		
Sind alle Rollläden leicht, evtl. elektrisch, zu bedienen?		
Kann das ganze Jahr über geheizt werden?		
Sind alle Heizkörperventile gut erreichbar?		
Ist eine ausreichende Anzahl von Steckdosen in allen Räumen vorhanden?		
Gibt es Anschlussdosen für das Telefon in mehreren Räumen?		
Gibt es vor dem Haus einen „Behindertenparkplatz"?		
Gibt es einen (eigenen) Parkplatz in unmittelbarer Nähe des Hauseingangs?		
Gibt es für ein (Sonder-)Fahrrad einen ebenerdigen und abschließbaren Unterstellplatz am Haus?		

„Barrierefreiheit" bezieht sich nicht nur auf das unmittelbare Wohnumfeld, sondern auf alle Lebensbereiche. Sie wird im Behindertengleichstellungsgesetz (§ 4) wie folgt definiert:

> Barrierefreiheit ist die Auffindbarkeit, Zugänglichkeit und Nutzbarkeit der gestalteten Lebensbereiche für alle Menschen. Der Zugang und die Nutzung müssen für Menschen mit Behinderung in der allgemein üblichen Weise, ohne besondere Erschwernis und grundsätzlich ohne fremde Hilfe möglich sein.

Eine barrierefreie Gestaltung ist darum auch nicht so sehr die Rücksichtnahme auf Menschen mit einer bestimmten Behinderung, sondern das bewusste Einbeziehen aller Menschen nach dem Grundsatz: Es ist ganz normal, verschieden zu sein.

Barrierefreiheit beschreibt also die Möglichkeit zur uneingeschränkten Nutzung aller Gegenstände, Gebrauchsgüter und Objekte – und zwar für alle Menschen, unabhängig von Behinderungen. Ein Schild mit tastbarer Schrift („Braille") beispielsweise stört keinen Sehenden, hilft aber einem blinden Menschen bei der Orientierung. Ein Fahrstuhl ermöglicht einem Gehbehinderten das Erreichen von Etagen, bedeutet eine Erleichterung für Eltern mit Kinderwagen und er stört niemanden, der lieber das Treppenhaus benutzen möchte.

Für Behörden des Bundes und der Länder bestehen in Folge des BGG einige Verpflichtungen:

- Die Belange von Menschen mit Behinderung müssen bei allen Maßnahmen des Bundes und der Länder mit bedacht werden.
- Neue Gebäude müssen barrierefrei gestaltet sein.
- Bei Wahlen muss der Zugang zum Wahllokal allen Menschen mit Behinderung möglich sein.
- Beim Aus- und Umbau des Straßen- und Wegenetzes müssen die Belange der Menschen mit Behinderung berücksichtigt werden.
- Menschen mit Hör- oder Sprachbehinderung erhalten auf Anfrage einen Gebärdendolmetscher zugeteilt, um mit Bundesbehörden kommunizieren zu können.
- Bescheide oder Vordrucke und alle allgemeingültig wichtigen Informationen müssen blinden Menschen oder Menschen mit Sehbehinderung zugänglich gemacht werden.
- Internetauftritte dieser Behörden müssen so gestaltet sein, dass sie von Menschen mit Behinderung grundsätzlich und uneingeschränkt genutzt werden können.
- Behindertenverbände können mit Kommunen in Verhandlungen über Zielvereinbarungen treten und ihre Vorschläge und Einwände müssen Gehör finden, z. B. im Bereich des öffentlichen Personennahverkehrs.

Nach Vorgabe des BGG muss die Bundesregierung eine Person als Beauftragten für die Belange behinderter Menschen auf Bundesebene benennen („**Behindertenbeauftragter**"). Auch in den Bundesländern muss es in jeder Legislaturperiode jeweils einen Behindertenbeauftragten geben. Und in vielen Kommunen werden ebenfalls Personen benannt, die die Interessen von Menschen mit Behinderung auf dieser Ebene vertreten und gegebenenfalls auch durchsetzen. Diese Personen sollen überwachen, dass die Vorschriften des BGG auch eingehalten werden – andernfalls müssen deren Empfehlungen zur Durchsetzung der Rechte angehört werden.

Aufgaben

1. *Überprüfen Sie Ihr Wohnumfeld: Wo finden Sie Barrieren? Wo können Sie Barrierefreiheit erkennen?*
2. *Fragen Sie die Leitung einer Wohneinrichtung der Behindertenhilfe, ob Sie anhand des Fragebogens die Barrierefreiheit überprüfen dürfen. Wenn möglich, beziehen Sie die Bewohner in Ihre Recherche mit ein.*
3. *Überprüfen Sie den Internetauftritt einer Behörde des Bundes oder Landes auf uneingeschränkte Nutzung („Barrierefreiheit"). Wo können Sie Hilfreiches für Menschen mit Behinderung entdecken?*
4. *In jeder Kommune gibt es Personen, die bei Wahlen (z. B. für den Bundestag) für die korrekte Vorbereitung und Durchführung sorgen. Suchen Sie dazu einen Ansprechpartner in Ihrem Wohnort. Fragen Sie diese Person nach Wahlzetteln bzw. Wahlhilfen für blinde und sehbehinderte Menschen. Präsentieren Sie diese Informationen im Klassenverband. Vergleichen Sie Ihre Erfahrungen.*

5. *Vereinbaren Sie mit einen zuständigen Mitarbeiter in einem neu gebauten oder umgebauten Gebäude des Bundes oder Landes in Ihrer Umgebung einen Besuchstermin. Untersuchen Sie nun folgende Aspekte:*
   a. *Wo wurden in dem Gebäude Aspekte der Barrierefreiheit umgesetzt?*
   b. *Wie hatte man sich dort damals in der Planungs- und Bauphase kundig gemacht?*
   c. *Was hat sich als wichtig und richtig für Menschen mit Behinderung erwiesen? Was hat sich in der Wirklichkeit nicht bewährt?*
   d. *Was hätte man im Nachhinein gerne anders gestaltet? Was soll noch geändert werden?*
6. *In Nordrhein-Westfalen kann man sich über die Aufgaben und Tätigkeiten des Behindertenbeauftragten im Internet unter www.lbb.nrw.de informieren. Auch in allen anderen Bundesländern und in vielen Kommunen können diese Aufgaben und Tätigkeiten erfragt werden. Informieren Sie sich diesbezüglich in Ihrem Bundesland und in Ihrer Kommune.*
7. *Informieren Sie sich, ob es in der Kommune Ihrer Ausbildungsstätte einen „Behindertenbeauftragten" (o. Ä.) gibt. Laden Sie diese Person zum Gespräch ein und lassen Sie sich über deren Tätigkeiten und Vorhaben berichten. Bereiten Sie hierzu einen Fragenkatalog vor.*
8. *Erstellen Sie einen Vortrag bzw. eine Präsentation zum Thema „Aufgaben und Tätigkeiten des Behindertenbeauftragten". Entscheiden Sie sich dabei für eine der folgenden Zielgruppen:*
   a. *Klassenverband*
   b. *eine Gruppe von Menschen mit Behinderung*
   c. *eine Gruppe von Menschen mit geistiger Behinderung*
   d. *die Mitarbeiter einer Wohngruppe in der Behindertenhilfe*
   e. *eine Selbsthilfegruppe*
   f. *Eltern von Kindern mit Behinderung 9. Die Ministerien in den Bundesländern, die für Bauen, Wohnen und Verkehr zuständig sind, bieten häufig (kostenlose) Informationen zum Thema „Barrierefreiheit" an. Informieren Sie sich: Welche Ministerien? Welche Bundesländer? Welche Informationen?*
10. *Sichten Sie die Informationen und wählen Sie Aufgabe a oder b:*
    a. *Erstellen Sie eine Präsentation zum Thema „Barrieren im Alltagsleben".*
    b. *Teilen Sie in einer Arbeitsgruppe verschiedene Themen zu „Barrierefreiheit" auf und planen Sie dazu eine Unterrichtsreihe mit ausreichend Material für alle (viele Broschüren der Länder können auch in „Klassenstärke" kostenfrei bezogen werden).*

Tipp

*Das Bundesministerium für Arbeit und Soziales bietet zu den Themen **Recht auf Selbstbestimmung behinderter Menschen, Teilhabe und Gleichstellung in allen Bereichen der Gesellschaft** eine Fülle von Fachbeiträgen, Broschüren und Büchern an. Alle Interessierten können diese Informationen kostenlos beziehen. Manche Werke werden regelmäßig neu aufgelegt, manche verändern im Laufe der Auflagen ihre Titel und manche sind vergriffen und werden nicht wieder neu aufgelegt. Sehr zu empfehlen ist z. B. der knapp 500 Seiten starke **„Ratgeber für Menschen mit Behinderung"**, der seit einigen Jahren vom Referat Information, Publikation, Redaktion des genannten Ministeriums herausgebracht und immer noch vertrieben wird (Stand: 2010). Das gebundene Buch beinhaltet die jeweils aktuellen Gesetzestexte und, nach Stichworten sortiert, eine Vielfalt an Anspruchs- und Hilfemöglichkeiten. Es kann sowohl dem Menschen mit Behinderung selbst als auch den betreuenden Heilerziehungspflegern eine große Hilfe sein. Der Ratgeber soll Menschen mit Behinderung, ihre Betreuer oder auch Verbände und Selbsthilfegruppen dabei helfen, „Experten in eigener Sache" zu werden. Er kann über Telefon (0180 5151510), per E-Mail (info@bmas.bund.de) oder über die Internetseite www.bmas.de bestellt werden. Auch die Abgabe als Klassensatz ist möglich.*

2.1.4 Persönliches Budget

Der Begriff „Budget" wird hierzulande in allen Bereichen der Finanzwirtschaft, der öffentlichen Haushalte und in nahezu allen Dienstleistungsbereichen benutzt. Mit Budget ist stets eine Finanzplanung, also alle Einnahmen und Ausgaben innerhalb eines bestimmten Zeitabschnittes, gemeint. Im Bereich des öffentlichen Gesundheitswesens wurden z. B. im Jahr 1994 Budgets festgelegt, um die steigenden Kosten der Gesundheitsversorgung zu stoppen. Damit wurden maximale Ausgabegrenzen für Ärzte und Krankenkassen eingeführt. Seit einigen Jahren gibt es auch im Bereich der Kinder- und Jugendhilfe Initiativen, die fordern, Budgets statt Einzelfallfinanzierungen zu verwenden.

Das Persönliche Budget im Sozialgesetzbuch IX

Das Persönliche Budget im Bereich der Rehabilitation und Pflege, und damit auch in der Behindertenhilfe, ist eine Folgeerscheinung des im Jahre 2001 neu eingeführten Sozialgesetzbuches (SGB) IX. Bis zum 31. Dezember 2007 war das Persönliche Budget eine sogenannte Kann-Leistung, die bundesweit in acht Modellregionen erprobt wurde. Seit dem 1. Januar 2008 können alle Menschen mit Behinderung das Persönliche Budget verlangen.

Das Persönliche Budget ist wohlgemerkt kein „Taschengeld" und auch keine zusätzliche Leistung, sondern eine andere Form der Leistungserbringung. Es ist auch keine Leistung zum Lebensunterhalt, sondern die Form der Deckung des behinderungsbedingten Mehrbedarfs zur Teilhabe am Leben in der Gesellschaft.
Im SGB IX wurden unmissverständlich die Ziele der „Rehabilitation" und „Eingliederung" um die neuen Ziele der „Teilhabe" und „Selbstbestimmung" ergänzt. Ein Baustein dieser Modernisierung ist die Einführung des Persönlichen Budgets. Es heißt dazu im SGB IX:

Selbstbestimmung und Teilhabe am Leben in der Gesellschaft
Behinderte oder von Behinderung bedrohte Menschen erhalten Leistungen [...], um ihre Selbstbestimmung und gleichberechtigte Teilhabe am Leben in der Gesellschaft zu fördern, Benachteiligungen zu vermeiden oder ihnen entgegenzuwirken.
(Kapitel 1, § 1)

Leistungen zur Teilhabe
Die Leistungen zur Teilhabe umfassen die notwendigen Sozialleistungen, um unabhängig von der Ursache der Behinderung

1. die Behinderung abzuwenden, zu beseitigen, zu mindern, ihre Verschlimmerung zu verhüten oder ihre Folgen zu mindern,
2. Einschränkungen der Erwerbsfähigkeit oder Pflegebedürftigkeit zu vermeiden, zu überwinden, zu mindern oder eine Verschlimmerung zu verhüten [...],
3. die Teilhabe am Arbeitsleben entsprechend den Neigungen und Fähigkeiten dauerhaft zu sichern oder
4. die persönliche Entwicklung ganzheitlich zu fördern und die Teilhabe am Leben in der Gesellschaft sowie eine möglichst selbstständige und selbstbestimmte Lebensführung zu ermöglichen oder zu erleichtern.

(Kapitel 1, § 4)

Ausführung von Leistungen, Persönliches Budget
Auf Antrag können Leistungen zur Teilhabe auch durch ein Persönliches Budget ausgeführt werden, um den Leistungsberechtigten in eigener Verantwortung ein möglichst selbstbestimmtes Leben zu ermöglichen. Bei der Ausführung des Persönlichen Budgets sind nach Maßgabe des individuell festgestellten Bedarfs die Rehabilitationsträger, die Pflegekassen und die Integrationsämter beteiligt. [...] An die Entscheidung ist der Antragsteller für die Dauer von sechs Monaten gebunden.

(3) Persönliche Budgets werden in der Regel als Geldleistung ausgeführt, bei laufenden Leistungen monatlich. In begründeten Fällen sind Gutscheine auszugeben. Persönliche Budgets werden [...] so bemessen, dass der individuell festgestellte Bedarf gedeckt wird und die erforderliche Beratung und Unterstützung erfolgen kann. Dabei soll die Höhe des Persönlichen Budgets die Kosten aller bisher individuell festgestellten, ohne das Persönliche Budget zu erbringenden Leistungen nicht überschreiten.
(Kapitel 2, § 17)

Aufgaben

1. *Finden Sie heraus, was der Begriff „Budget" ursprünglich bedeutet. Etymologische Wörterbücher können Ihnen dabei eine Hilfe sein.*
2. *Was bedeutet „Rehabilitation"?*
3. *Wo und wie erleben Sie in Ihrem Leben „Teilhabe"? Finden Sie verschiedene Beispiele aus unterschiedlichen Lebensbereichen (z. B. Wohnen, Arbeit/Schule/Ausbildung, Freizeit). Kann es mal mehr und mal weniger Teilhabe geben? Wenn ja, warum?*
4. *Was bedeutet „Gleichberechtigung"*
   a. *für Sie persönlich?*
   b. *ganz allgemein?*
5. *Erstellen Sie eine Präsentation zum Thema „Aufgaben eines Integrationsamtes".*
6. *Welche „Rehabilitationsträger" gibt es?*

Geldleistung statt Sachleistung

Der Gesetzgeber möchte mit dem Persönlichen Budget das in der Behindertenhilfe seit Jahrzehnten bestehende Sachleistungsprinzip durch ein Geldleistungsprinzip ersetzen. Eine der Nebenwirkungen des Sachleistungsprinzips ist von jeher eine stationäre Dominanz in allen Bereichen der Behindertenhilfe und Sozialpsychiatrie. So waren die Verhältnisse von ambulanten zu stationären wohnbezogenen Hilfen in Nordrhein-Westfalen im Jahr 2007 wie folgt:

ambulant : stationär

geistige Behinderung	seelische Behinderung	Suchterkrankung	Körperbehinderung
17:83	62:38	59:41	27:73

Da aber stationäre wohnbezogene Hilfen kostenintensiver sind als ambulante Hilfen, ist das Sachleistungsprinzip eine teure Form in der Behindertenhilfe. Vor diesem Hintergrund bekommt der Aufruf „ambulant vor stationär", wie er vonseiten des Gesetzgebers seit Jahren propagiert wird, eine finanzielle Komponente: Das Geldleistungsprinzip, wie es durch das Persönliche Budget verwirklicht werden soll, ist die preiswertere Form der Behindertenhilfe und sollte daher von möglichst vielen Menschen mit Behinderung in Anspruch genommen werden.

Aufgaben

1. *Interpretieren Sie die beiden folgenden Grafiken. Was hat sich beim Geldleistungsprinzip gegenüber dem Sachleistungsprinzip geändert? Beachten Sie insbesondere die Beziehungen zwischen Leistungsträger und Leistungsempfänger und zwischen Leistungsträger und Leistungserbringer.*

Sachleistungsprinzip

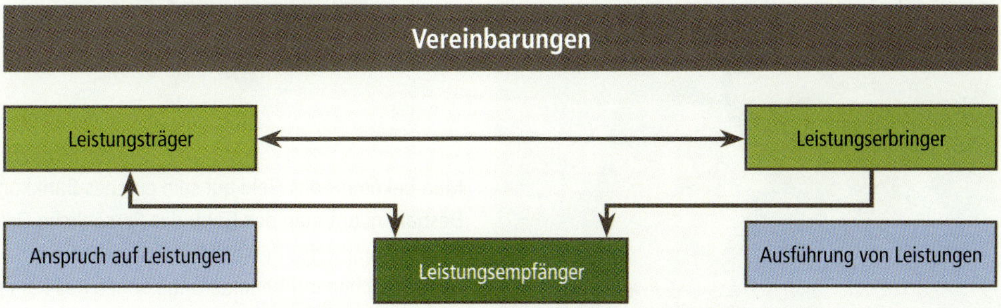

Geldleistungsprinzip

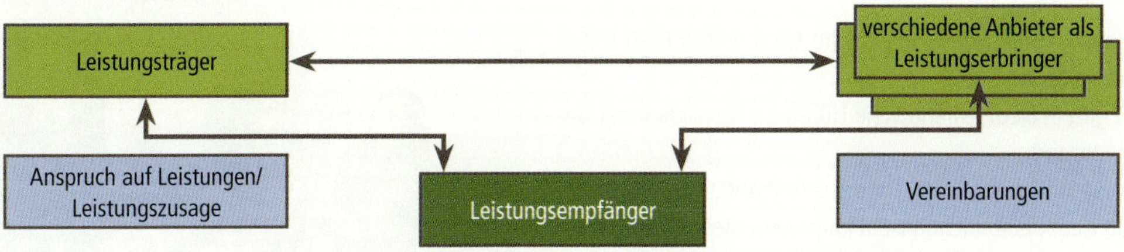

2. *Informieren Sie sich über die Form der Bezahlung von Wohnheimplätzen, wenn diese nicht von Budgetnehmern bezahlt werden. Laden Sie dazu einen Verwaltungsfachmann bzw. eine Verwaltungsfachfrau einer großen Einrichtung der Behindertenhilfe ein. Lassen Sie sich erklären, welche Wege die „Geldströme" nehmen. Wie wird die korrekte Abrechnung überprüft? Erstellen Sie im Klassenverband einen ausgiebigen Fragenkatalog zu diesem Besuch.*

Einfache Sprache

Für Menschen mit Behinderung gibt es für alle Fragen zum Persönlichen Budget kostenlose Beratungsangebote. Hinweise zu den nächstgelegenen Beratungsstellen kann man z. B. über das Bürgertelefon des Bundesministeriums für Arbeit und Soziales bekommen.

Mehrere Ministerien, Träger der Behindertenhilfe, Vereine und Selbsthilfeorganisationen bieten zum Persönlichen Budget auch Informationen in einfacher Sprache an. Sie liegen als Broschüren, Präsentationen oder auch als Präsenzen im Internet vor. Interessierte können sie in Schriftform, mit Piktogrammen versehen, in Bildsprache oder in vorgetragener Sprachform erhalten. Am Ende des Kapitels finden Interessierte einige Kontakt- und Bezugsmöglichkeiten. Solche Informationen in leichter Sprache könnten wie folgt aussehen:

Budget ist ein schweres Wort.
Man spricht es so aus: B ü d sch e e.
Budget ist ein anderes Wort für Geld.

Man bekommt das Geld auf sein eigenes Bankkonto.
Deshalb nennt man das Geld: das Persönliche Geld.
Man bekommt das Persönliche Geld vom Staat.
Alle Menschen mit Behinderung können das Persönliche Geld bekommen.
Egal, ob man noch zur Schule geht oder ob man arbeitet oder ob man schon älter ist.

Man bekommt das Persönliche Geld, wenn man Hilfen braucht.
Es gibt in Deutschland viele Hilfen für Menschen mit Behinderung.
Diese Hilfe nennt man Hilfe zur Teilhabe.
Mit dem Persönlichen Geld kann man diese Hilfen selbst bezahlen.

Zum Beispiel:
- Hilfe für das Wohnen,
- Hilfen am Arbeitsplatz,
- Hilfe bei der Pflege,
- Hilfe, um in der Freizeit das zu machen, was man möchte.

Wenn man viel Hilfe braucht, bekommt man viel Geld.
Wenn man weniger behindert ist, bekommt man weniger Geld.
Das Geld muss für eine bestimmte Zeit reichen, meistens muss es für einen Monat reichen.

Manchmal bekommt man das Geld auch nur einmal, zum Beispiel, wenn man einen Rollstuhl braucht oder eine besondere Badewanne.

Aufgaben

Einen Sachverhalt in leichter Sprache zum Ausdruck zu bringen ist gar nicht so einfach.

1. *Fertigen Sie zu einem der folgenden Themenbereiche einen Vortrag in leichter Sprache an:*
   ***Tiere** (z. B.: „Ein Hund für unsere Wohngruppe? Was ändert sich dann für uns alle?"),*
   ***Fernsehen** (z. B.: „Wollen wir in unserer Gruppe mal eine Woche lang auf den Fernseher verzichten?"),*
   ***Urlaub** (z. B.: „Wo sollen wir im nächsten Sommer gemeinsam Urlaub machen?"),*
   ***sparen** (z. B.: „Wenn wir in Urlaub fahren wollen, dann müssen wir auf andere Dinge verzichten"),*
   ***Krankenhaus** (z. B. „Guido muss morgen ins Krankenhaus. Er wird am Blinddarm operiert."), „wohnen" (z. B.: „Wer möchte in der neuen Wohngruppe welches Zimmer beziehen?").*
   Halten Sie anschließend diesen Vortrag.
2. *Berichten Sie im anschließenden Reflexionsgespräch in der Klasse über die Schwierigkeiten und besonderen Herausforderungen.*

Zum Verfahren

Das Persönliche Budget ist ein bestimmter Geldbetrag, den ein antragstellender Mensch mit Behinderung bekommt. Die Höhe des Geldbetrages richtet sich nach dem Hilfebedarf, der zuvor ermittelt wurde. Mit diesem Geld kann der Antragsteller die gewünschten Hilfen selbstständig organisieren und bezahlen. Das bedeutet, dass sich dem Budgetnehmer, also dem Menschen mit Behinderung, völlig neue Möglichkeiten eröffnen. Interessant ist das Persönliche Budget vor allem für Menschen, die Leistungsansprüche gegenüber unterschiedlichen Leistungsträgern haben, beispielsweise für einen mehrfach behinderten jungen Mann, der folgende Leistungen bekommt:

- Grundpflege (nach SGB XI)
- häusliche Krankenpflege (nach SGB V, § 37)
- Eingliederungshilfe (zur Förderung der beruflichen Ausbildung)

Das Verfahren zum Erhalt eines Persönlichen Budgets verläuft (in Kurzform) wie folgt:

1. Antragstellung
2. Feststellung des Bedarfs
3. Bestimmung und Rolle des Beauftragten
4. Unterrichtung der beteiligten Leistungsträger
5. Einholung der Stellungnahmen der beteiligten Leistungsträger
6. Zielvereinbarung
7. Bescheide

Antragstellung

Jeder behinderte oder von Behinderung bedrohte Mensch kann Informationen zum Persönlichen Budget einholen und ein Persönliches Budget beantragen. Das Persönliche Budget ist eine „Kann-Leistung". Die Antragstellung erfolgt also freiwillig und ist unabhängig von der Art, dem Schweregrad oder der Ursache der Behinderung. Man kann sich zur Information und zur Antragstellung an einen Leistungsträgers seiner Wahl wenden:

- Integrationsamt
- Jugendhilfeträger
- Sozialhilfeträger
- Bundesagentur für Arbeit
- Gesetzliche Krankenversicherung
- Soziale Pflegeversicherung
- Rentenversicherung
- Unfallversicherung

Darüber hinaus kann sich ein Antragsteller auch an die örtlich zuständige Servicestelle wenden. Servicestellen gibt es in allen Landkreisen und kreisfreien Städten. Dort erhalten Antragsteller und sonstige Interessierte Beratung und Unterstützung zu allen Fragen bezüglich des Persönlichen Budgets.
Ein Antrag auf die Berechnung eines Persönlichen Budgets wird bei einem dieser Leistungsträger bzw. bei der Servicestelle gestellt.

Tipp

Die Bundesarbeitsgemeinschaft für Rehabilitation (BAR) mit Sitz in Frankfurt gibt seit 2008 ein Handbuch „Gemeinsame Servicestellen" heraus. Dieses Handbuch richtet sich zwar vorrangig an die in den Servicestellen tätigen Mitarbeiterinnen und Mitarbeiter, aber natürlich erhalten auch interessierte Fachleute einen Überblick über das Leistungsspektrum der Leistungsträger. Nähere Informationen sind auch im Internet unter www.bar-frankfurt.de zu finden.

In der folgenden Tabelle ist eine Auswahl wichtiger Leistungen aufgelistet:

Art der Leistung	Zuständiger Träger
stationäre Eingliederungshilfe	Sozialhilfeträger
ambulante Eingliederungshilfe	Sozialhilfeträger
Teilhabe am Leben in der Gemeinschaft	Sozialhilfeträger
Teilhabe am Arbeitsleben	Sozialhilfeträger
Arbeitsassistenz	Agentur für Arbeit, Rentenversicherung
Reisekosten	Agentur für Arbeit
Haushaltshilfe; Kosten für Kinderbetreuung	Agentur für Arbeit, Rentenversicherung
häusliche Krankenpflege	Krankenversicherung
Fahrtkosten	Krankenversicherung
Rehabilitationssport/Funktionstraining	Krankenversicherung, Rentenversicherung
Pflegegeld	Pflegeversicherung
Pflegesachleistung	Pflegeversicherung (Gutscheine)
zum Verbrauch bestimmte Hilfsmittel	Pflegeversicherung
Tages- und Nachtpflege	Pflegeversicherung (Gutscheine)

Leistungen, die der Existenzsicherung dienen, wie die Hilfe zum Lebensunterhalt, die Grundsicherung bei Erwerbsminderung und die Grundsicherung für Arbeitssuchende, können nicht dem Persönlichen Budget zugerechnet werden.

Feststellung des Bedarfs und der Höhe des Persönlichen Budgets

Vertreter der Servicestelle und aller angefragten Leistungsträger kommen mit dem Antragsteller, der häufig von einer Person seines Vertrauens unterstützt wird, zusammen und stellen den Hilfebedarf fest. Wenn der Antragsteller bisher schon Leistungen bezogen hat und nun lediglich auf die Leistungsform des Persönlichen Budgets umsteigen will, wird dies wahrscheinlich relativ leicht erreicht werden, da der Bedarf ja bereits in der Vergangenheit ermittelt wurde. In einem solchen Fall geht es nur um eine „Verpreislichung", d. h. den Preis für den neuen Ankauf bestimmter Leistungen festzulegen. Bei Neuanträgen wird der Bedarf in einem „Hilfeplanverfahren" bzw. in einer „Budgetkonferenz" ermittelt, wie auch bei Leistungen, die nicht als Persönliches Budget beantragt werden. Ziel dieser Zusammenkunft ist die Zusammenführung der verschiedenen Hilfen zu einem Gesamtbudget. Daher wird bereits im Vorfeld dieser Konferenz ermittelt, welche Leistungen in welchem Umfang zur Deckung des festgestellten Bedarfs benötigt werden.

Ein Beauftragter statt mehrerer Kostenträger

Für die trägerübergreifende Koordinierung der Leistungserbringung ist grundsätzlich der Leistungsträger verantwortlich, bei dem der Antrag gestellt wurde. Er wird damit „Beauftragter" und ist verpflichtet, innerhalb von zwei Wochen festzustellen, wer für was sachlich und örtlich zuständig ist. Stellungnahmen werden eingeholt und es wird klargestellt, welcher Bedarf im Rahmen des Budgets gedeckt ist. Das folgende Beispiel zeigt, wie sechs verschiedene Leistungen von fünf verschiedenen Trägern zukünftig von einer Stelle aus koordiniert werden könnten:

Träger	Leistungen	
Sozialhilfe Krankenversicherung Rentenversicherung Pflegeversicherung Integrationsamt	Leistungen zur häuslichen Pflege Rehabilitationssport Beförderungskosten Pflegesachleistungen (Gutscheine) zum Verbrauch bestimmte Hilfsmittel Arbeitsassistenz	→ trägerübergreifendes Persönliches Budget

Zielvereinbarungen

Sobald der Bedarf von den Leistungsträgern ermittelt und vom Leistungsnehmer akzeptiert wurde, wird eine Zielvereinbarung abgeschlossen. Sie regelt die Ausrichtung der individuellen Förderziele und Leistungsziele und enthält die Regelung, ob und wie der Einsatz der Geldmittel nachgewiesen werden soll. Ausreichend ist in der Regel eine Ergebnisqualitätskontrolle. Diese sollte in möglichst einfacher und unbürokratischer Form stattfinden. So soll auch die Bereitschaft des Budgetnehmers zur Eigenverantwortung und Selbstbestimmung gestärkt werden. Die Zielvereinbarungen sollen

- spezifisch,
- so konkret wie möglich,
- messbar,
- realistisch,
- terminiert und
- anspruchsvoll sein.

Möglichkeiten des Persönlichen Budgets

Der Budgetnehmer hat relativ große Entscheidungsspielräume zur Umsetzung des festgestellten Bedarfs. Er allein legt fest, wann, wo, durch wen und zu welchem Preis die Leistungen erbracht werden sollen. Dabei hat er Wahl- und Kombinationsmöglichkeiten in Bezug auf

- Sachleistungen und Geldleistungen,
- professionelle und nicht professionelle Unterstützungen (z. B. Therapeuten, Bekannte, Nachbarn),
- stationäre und ambulante Leistungen,
- verschiedene Leistungserbringer bzw. einen einzigen Leistungserbringer (z. B. alle Leistungen aus einer einzigen Einrichtung der Behindertenhilfe oder von verschiedenen Dienstleistern in der Stadt).

Chancen und Vorteile des Persönlichen Budgets

Die Behindertenhilfe in Form des Persönlichen Budgets bietet einige Vorteile:

- personenbezogene Beratung und zentrale Ansprechpartner
- „schlankes" Verwaltungsverfahren
- Transparenz der Budgetbemessung
- flexible Nutzung der bewilligten Gelder
- Mitbestimmung, Teilhabe und dadurch auch mehr Selbstbestimmung
- mehr Kontrolle über das eigene Leben durch mehr Unabhängigkeit von Diensten oder Angehörigen
- bei schlechter Leistung des Anbieters problemlose Möglichkeit, woanders einzukaufen

Die Chancen des Persönlichen Budgets bestehen darin, dass

- die Verpreislichung von Leistungen den Preiskampf der Anbieter fördert, wodurch möglicherweise eine größere Auswahl für den Leistungsberechtigten entsteht,
- die Leistungsberechtigten lernen, selbstständiger zu leben, da deren Autonomie im Vordergrund steht.

Schwierigkeiten und Nachteile des Persönlichen Budgets

- Es besteht die Gefahr der „Unterversorgung", wenn man vergisst, Wichtiges zu beantragen oder wenn das Budget auch für budgetfremde Leistungen ausgegeben wird.
- Die Verpreislichung von Leistungen fördert den Preiskampf der Anbieter, was eine schlechtere Qualität der sozialen Arbeit zur Folge haben kann.
- Die Verantwortung kann zur Überforderung des Leistungsberechtigten führen.
- Die Verwaltung des Persönlichen Budgets ist mit einem gewissen Aufwand verbunden.
- Die Nachweispflicht muss beachtet werden.
- Die relativ kurze Laufzeit des Budgets führt zu Unsicherheiten bezüglich der Kontinuität.
- Das Persönliche Budget ist noch wenig bekannt.
- Örtlich kann es schwierig oder unmöglich sein, passende Dienstleister zu finden.
- Viele werden ohne eine Budgetassistenz nicht in der Lage sein, ein Persönliches Budget zu beantragen und zu führen.

Beispiel

Frau Becker (36 Jahre alt) lebt seit sechs Monaten allein in einer kleinen Wohnung und arbeitet vormittags in der Kreativgruppe einer Werkstatt für Menschen mit Behinderung im Nachbarort. Sie ist psychisch krank und seit vielen Jahren in Behandlung. Einige kritische Lebenssituationen führten in der Vergangenheit zu stationären Klinikaufenthalten. Bis vor einem halben Jahr lebte Frau Becker drei Jahre lang in einer speziellen Wohngruppe für psychisch Erkrankte. Sie beantragte Unterstützungen im Arbeitsbereich, im psychosozialen Bereich, in der Haushaltsführung und im Bereich des lebenspraktischen Trainings. Ihr wurden 600 € pro Monat bewilligt. Laut Frau Becker gehe es ihr in den letzten Monaten ganz ausgezeichnet. Sie fühle sich sehr zufrieden, habe neue Bekannte kennengelernt und auch in der Werkstatt für Menschen mit Behinderung sei man mit ihr sehr zufrieden. Nach Rücksprache mit ihrem Neurologen nehme sie nur noch wenige Medikamente.

Im vergangenen Monat hat Frau Becker von ihrem Budget folgende Rechnungsbeträge bezahlt:

Bedarf	Dienstleister	Betrag
Beratung und Begleitung in der Haushaltsführung (2-mal pro Woche je 2 Stunden; 15 € pro Stunde)	persönliche Bekannte	240,00 €
Fahrtkosten für Haushaltsführung (176 km je 0,30 €)	persönliche Bekannte	52,80 €
Fahrtkosten (Fahrt zur WfbM und zurück; Monatskarte)	lokaler Verkehrsbetrieb	48,00 €
Telefon, Internet (Grundgebühr)	Telefonanbieter	24,00 €
Sportverein (Schwimmabteilung, Monatsbeitrag)	Sportverein	8,00 €
Musikschule (Unterricht Keyboard, Monatsbeitrag)	Musikschule	42,00 €
Fitnessstudio (für Frauen, Monatsbeitrag)	Betreiber Fitnessstudio	48,00 €
Yoga (Volkshochschule, Monatsbeitrag)	Volkshochschule	28,00 €
neue Sportbekleidung (Schuhe u. a.)	Einzelhandelsgeschäft	75,00 €
	Summe im Monat	**565,80 €**
Restbeitrag („Erspartes")	600 € minus 565,80 €	34,20 €

Aufgaben

1. *Was kostet ein Wohnheimplatz in einer Einrichtung der Behindertenhilfe? Informieren Sie sich und vergleichen Sie mindestens fünf Einrichtungen. Wie unterscheiden sich die Preise in stationären und ambulanten Wohnbereichen?*
2. *Was kosten die Leistungen zur Unterstützung im lebenspraktischen Bereich, in der psychosozialen Unterstützung oder in der Haushaltsführung in einer Wohngruppe? Fragen Sie in einer Einrichtung der Behindertenhilfe Ihrer Wahl nach.*
3. *Welche Kosten muss man berücksichtigen, wenn man ausrechnen möchte, was die regelmäßige Teilnahme an Freizeitaktivitäten in einer Einrichtung der Behindertenhilfe kostet (z. B. Schwimmen im eigenen Hallenbad, Bastelkurs o. Ä.)? Wer zahlt z. B. die Personalkosten für Betrieb und Wartung eines Schwimmbades?*
4. *Was würde es wohl monatlich kosten, wenn Frau Becker sich entscheiden würde, wieder in eine Wohngruppe einer Einrichtung der Behindertenhilfe einzuziehen? Erkundigen Sie sich.*
5. *Welche Lebensform ist im Fall von Frau Becker kostengünstiger: eine stationäre Betreuung, eine ambulante Betreuung in einer Wohngruppe einer Einrichtung oder das Leben mit dem Persönlichen Budget?*
6. *Informieren Sie sich über die Arbeit und die Aufgaben einer Servicestelle. Finden Sie heraus, wo sich die zuständigen Servicestellen für alle Studierenden Ihrer Klasse befinden. Vereinbaren Sie an einer Servicestelle einen Gesprächstermin oder laden Sie einen Mitarbeiter in die Schule zum Gespräch ein. Erstellen Sie zuvor einen Fragenkatalog.*
7. *Was genau sind „Leistungen, die der Existenzsicherung dienen"? Erkundigen Sie sich auch nach den Fachbegriffen „Hilfe zum Lebensunterhalt" und „Grundsicherung für Arbeitssuchende".*
8. *Stellen Sie Mutmaßungen darüber an, warum es Frau Becker derzeitig nach ihren Aussagen sehr viel besser geht.*
9. *Diskutieren Sie im Klassenverband die Vorteile und Nachteiles des Persönlichen Budgets.*
10. *Befragen Sie Mitarbeiter in einer Einrichtung der Behindertenhilfe zum Persönlichen Budget. Ist man dort allgemein gut informiert? Welchen Standpunkt hat die Leitung der Einrichtung zum Persönlichen Budget?*

Tipp

- *Unter www.budget-tour.de können zum Persönlichen Budget Informationen vom Bundesministerium für Arbeit und Soziales angefordert werden. Über www.behindertenbeauftragte.de kann dazu auch eine Broschüre in einfacher Sprache angefordert werden. Die Versandstelle ist unter 030 18 5271505 (Stand: 2010) erreichbar.*
- *Die Selbsthilfevereinigung „Netzwerk People First Deutschland e. V.", Kölnische Straße 99, 34119 Kassel, bietet ebenfalls Informationen in einfacher Sprache an. Kontaktmöglichkeiten: www.menschzuerst.de im Internet oder per Mail unter info@people1.de.*
- *Die Bundesvereinigung Lebenshilfe bietet im Internet unter www.pb-lebenshilfe.de eine Fülle von Informationen zum Persönlichen Budget, unter anderem auch einen Musterantrag (Stand: 2010). Beim Lebenshilfe-Verlag Marburg erscheint die Fachzeitschrift „Teilhabe" (ISSN 1867-3031). Dort sind bereits zahlreiche aktuelle Berichte zu Entwicklungen, Chancen und Risiken des Persönlichen Budgets erscheinen. Dr. Markus Schäfers, der seit Jahren zum Persönlichen Budget wissenschaftlich forscht, ist dort als Redakteur tätig.*
- *Zum Persönlichen Budget sind mittlerweile einige Fachbücher auf dem Markt. Mit wissenschaftlichem Anspruch ist von Elisabeth Wacker, Gudrun Wansing und Markus Schäfers „Personenbezogene Unterstützung und Lebensqualität" im VS Verlag für Sozialwissenschaften erschienen, Wiesbaden 2009 (2. Auflage). Dort gibt es u. a. viele Informationen zu Europäischen Erfahrungen und zu Modellversuchen zur Einführung des Persönlichen Budgets in Deutschland.*

2.1.5 Aktion Mensch

Zur Entstehung

Im Jahr 1956 starteten der Nord- und Westdeutsche Rundfunk erstmals eine Fernsehlotterie „zugunsten der ärmsten Kinder Berlins", wie es damals hieß. In den Folgejahren wurden im Fernsehen immer wieder Lotterien mit Anbindungen an soziale Zwecke angeboten und gesendet.

Am 9. Oktober 1964 startete im ZDF die Unterhaltungssendung „Vergißmeinnicht", eine Quizsendung mit vielen Unterhaltungselementen und einer Lotterie. Moderator war der damals sehr bekannte Showmaster Peter Frankenfeld. Direkt im Anschluss an „Vergißmeinnicht" wurde ebenfalls erstmals die Sendung „Aktion Sorgenkind" gezeigt. Sie sollte mit eindringlichen Bildern auf die schwierige Lebenssituation von Menschen mit Behinderung in der Bundesrepublik Deutschland aufmerksam machen. Hans Mohl, Leiter der Redaktion und Moderator der Sendung, rief die Zuschauer zu Spenden auf. Die Spenden sollten zusammen mit den Erlösen der Lotterie der Behindertenhilfe zugute kommen. Um sicherzustellen, dass die Gelder ordnungsgemäß verwendet werden, wurde vom ZDF und den sechs Spitzenverbänden der Freien Wohlfahrtspflege der Verein „Aktion Sorgenkind" gegründet. Die Geschäftsführung lag bei der Bundesarbeitsgemeinschaft der Freien Wohlfahrtspflege. Zum Vorsitzenden der „Aktion Sorgenkind" wurde seit Bestehen immer der jeweilige Intendant des ZDF ernannt. Der bekannteste Vorsitzende war Dieter Stolte, der der „Aktion Sorgenkind" 20 Jahre lang vorsaß (1982–2002). Als damals erstes Projekt bewilligte 1964 das Kuratorium 200 000 DM als Zuschuss zum Neubau eines Kurheims für Kinder mit geistiger Behinderung in Marburg. Bauträger war die Bundesvereinigung Lebenshilfe.

Contergan und die frühe Entwicklung der „Aktion Sorgenkind"

Das 1957 von der Firma Grünenthal unter dem Namen Contergan auf den Markt gebrachte Schlafmittel (Wirkstoff: Thalidomid) wurde auf Druck der Öffentlichkeit vier Jahre später wieder vom Markt genommen. Es stand fest, dass Contergan bei rund 5 000 Neugeborenen für erhebliche körperliche und geistige Schäden verantwortlich war. Durch eine intensive Berichterstattung in den Medien nahm die Öffentlichkeit großen Anteil an dem Schicksal dieser contergangeschädigten Kinder. In der Folge wurde das Thema „Behinderung" in der Bundesrepublik Deutschland erstmals verstärkt thematisiert und zu einer gesellschaftlichen Aufgabe aller Menschen erklärt. Ausgerechnet dieses schreckliche Ereignis um Contergan hat wesentlich zur Bekanntheit der „Aktion Sorgenkind" beigetragen, denn die Kombination von „Sorgen" und „Kind" passte leider ganz genau zu den durch Contergan geschädigten Säuglingen. Die „Aktion Sorgenkind" wurde schnell zum medialen Trichter des Protestes der Allgemeinheit gegen den Arzneikonzern – und darüber hinaus auch zu einem allgemeinen, grundsätzlichen massenmedialen Sprachrohr, zum Antreiber und vor allem zum „Geldeinsammler" einer gesamtgesellschaftlichen Aufmerksamkeit für die Bedürfnisse behinderter Menschen in der Bevölkerung. In allen Banken und Sparkassen lagen fortan die Lotterielose und Spendenaufrufe aus. An unzähligen Kassen in Einzelhandelsgeschäften und Kaufhäusern standen Spendendosen für „unsere Sorgenkinder". Der Begriff „Sorgenkind" wurde in der BRD zum Markenzeichen.

Eines der sogenannten „Contergan-Kinder", 1961

Das Symbol der „Aktion Sorgenkind" und später „Aktion Mensch" von den 1960ern bis heute.

Die Fernsehberichterstattung der „Aktion Sorgenkind" erregte weiter Aufsehen und schockierte mit Bildern und Beiträgen über unwürdige Verhältnisse in der deutschen Psychiatrie und Behindertenhilfe. Politische Parteien wurden dazu aufgefordert, ihrer Pflicht nachzukommen und gesetzgebende Änderungen zu initiieren. Und die Bevölkerung wurde weiterhin gebeten, zu spenden. Die Intention war deutlich. Viele Millionen Fernsehzuschauer sahen und hörten Hans Mohl, den Moderator von „Aktion Sorgenkind", mit Kommentaren wie diesem aus dem Jahr 1974:

> *„Die Kamera schwenkt über Betten, zerstrampelte Decken, zerknüllte Kopfkissen, über Gesichter, große Augen, ungelenke Gestalten, ein schmales Fenster, rissige Wände. Das ist der Schlafsaal eines Heimes für behinderte Kinder. Hier stehen 18 Betten, eng nebeneinander, in drei langen Reihen. Für 18 meist spastisch gelähmte Kinder im Alter zwischen acht und zwölf Jahren. Das ist ihre Heimat, ihr Kinderzimmer. Hat unsere Wohlstandsgesellschaft wirklich keinen besseren Platz für diese Kinder im Schatten des Lebens?"*
> ***(Menschen 3/2004, S. 29)***

Bis 1985 erhielten ausschließlich junge Menschen mit Behinderung direkt und indirekt Leistungen der „Aktion Sorgenkind". Seit 1984 gibt es die Altersbegrenzung (damals: bis 35 Jahre) nicht mehr. Als die „Aktion Sorgenkind" 1989 ihr 25-jähriges Bestehen feierte, wurden beeindruckende Daten veröffentlicht:

- 1978 wurde erstmals das Jahreslos zu den Lotterien der „Aktion Sorgenkind" angeboten und sorgte noch im gleichen Jahr für mehr als 100 Millionen DM Jahresumsatz
- Mehr als 1,5 Milliarden DM wurden seit Bestehen der „Aktion Sorgenkind" gesammelt und wieder ausgeschüttet.
- 17 786 Anträge wurden gefördert. Schwerpunkte der Förderung waren Baumaßnahmen von Wohn- und Werkstätten, heilpädagogischen Kindertagesstätten und Bildungshäusern sowie Frühfördereinrichtungen. Das Motto und Hauptziel wurde und wird als „Hilfe zur Selbsthilfe" bezeichnet.

Immer waren große Unterhaltungsshows im ZDF die populären Aushängeschilder und Werbeflächen für die „Aktion Sorgenkind". Nach „Vergißmeinnicht" (bis 1970) zählten dazu „3 x 9" (1970–1974) und zwanzig Jahre lang „Der große Preis" (1974–1994). Ab 1995 geriet die Lotterie der „Aktion Sorgenkind" durch sinkende Zuschauerzahlen in eine wirtschaftliche Krise: Die Shows „Goldmillion" und die von Dieter Thomas Heck moderierte Show „Das große Los" (1996–2000) waren wenig erfolgreich. Erst nach einer Neuausrichtung der „Aktion Sorgenkind" in den später 1990er Jahren und seit 2003 „Wetten dass ...?" zum Partner der „Aktion Mensch", der Nachfolgeorganisation der „Aktion Sorgenkind", wurde, kam es wieder zu positiven Entwicklungen.

Aus „Sorgenkindern" werden „Menschen"

Im Jahr 1995 warb die „Aktion Sorgenkind" mit einem neuen Slogan für eine veränderte Wahrnehmung der sozialen Rolle von Menschen mit Behinderung:

> *„Ich will kein Mitleid – ich will Respekt!"*

Man wollte sich nicht mehr als Bittsteller begreifen, sondern als angesehene und geachtete Bürger der Gesellschaft. Im Zuge dieser Diskussionen um neue Werte entstand heftige Kritik an dem Begriff „Sorgenkind". Selbsthilfeorganisationen behinderter Menschen protestierten laut und überzeugend. Die Bevölkerung wurde aufgerufen, neue Namensvorschläge einzureichen. Aus mehr als 5 000 eingesandten Vorschlägen wurde nach langwieriger Prüfung einer gewählt: Im Frühjahr 2000 bekam die „Aktion Sorgenkind" den Namen „Aktion Mensch". Die Änderung wurde in der Sendung „Wetten, dass ...?" offiziell bekannt gegeben.

Die Umbenennung muss im Zusammenhang mit dem Paradigmenwechsel in der Behindertenhilfe gesehen werden: Menschen mit Behinderung wollen sich nicht länger als Verursacher von „Sorgen" und als Almosenempfänger begreifen, sondern als gleichberechtigte Bürger und Menschen mitten im Leben der Gemeinschaft.

Die Namensänderung der „Aktion Sorgenkind" wurde zu einem Symbol für den Wandel. Eine neue Haltung zu Krankheit und Gesundheit, zu Behinderung und Benachteiligung zeigte sich auch in groß angelegten Kampagnen mit Bildern selbstbewusster und ernsthafter Menschen mit Behinderung. Die Umbenennung erzeugte aber nicht nur Zuspruch, sondern auch Ablehnung: Der alte Name sei doch so vertraut und auch gut gemeint gewesen.
Im Nachhinein kann jedoch festgestellt werden, dass die Umbenennung ein wichtiger Meilenstein für eine neue Behindertenpolitik war: weg von Aussonderungen, hin zur Teilhabe. Andreas Heinecke, Entwickler und Initiator der Ausstellungen „Dialog im Dunkeln" und „Dialog im Stillen", resümiert:

> *„Bedenkenträger verwiesen damals auf den Verlust des Mitleidsimpulses, der doch den Losverkauf anregt. [...] Was für ein Spagat: Geld versus Ethik oder Geld und Ethik? Am Ende ist es gelungen, diese Brücke zu schlagen und nach zehn Jahren hat sich die Marke Aktion Mensch etabliert. Die Aktion Mensch ist nicht nur ein Geldtopf. Dahinter stehen Persönlichkeiten, die für die Sache kämpfen, was in unserem Falle die Gleichstellung und Antidiskriminierung von Menschen ist, die nicht im Mainstream sind."*
> ***(Menschen 2/2010, S. 22)***

Gleichzeitig mit der Namensänderung erweiterte die „Aktion Mensch" ihr Förderspektrum um
Förderung von Projekten im Bereich der Kinder- und Jugendhilfe (erstmalige Förderung von nicht behinderten Menschen),

- Förderung von Basisstrukturen in Ost- und Südosteuropa,
- Förderung von Projekten zur Integration von Menschen mit Behinderung auf den ersten Arbeitsmarkt sowie
- Maßnahmen zur Aufklärung zum Thema Behinderung in der Öffentlichkeit.

Im Jahr 2004, also 40 Jahre nach Bestehen, wurden folgende Zahlen bekannt:

- Seit 1964 wurden fast 40 000 Projekte mit insgesamt über zwei Milliarden Euro gefördert.
- Der Jahresumsatz der „Aktion Mensch"-Lotterie beträgt 400 Millionen Euro.

- Mittlerweile nehmen rund sieben Millionen Menschen regelmäßig an den Ziehungen der Lotterie mit einem Los teil – das entspricht jedem fünften Haushalt in Deutschland.

Die große Beliebtheit der Lotterie ist auch das Ergebnis einer herausragenden Werbestrategie. Den Loskäufern wird verdeutlicht, dass ihr Geld entweder in die Gewinne der Lotterie oder direkt in die Behindertenhilfe fließt. Zwar gibt es bereits seit vielen Jahren einen hauptamtlichen Geschäftsführer, aber dennoch werden keine überdimensionalen Ausgaben für verwaltungstechnische Aufwendungen getätigt. Heute spielt die Lotterie jährlich etwa 450 Millionen Euro ein. Die Gelder werden folgendermaßen verwendet:

- 30 % Gewinnausschüttung an die Lotterieteilnehmer
- 17 % Lotteriesteuer an den Staat
- 15 % für den Lotteriebetrieb (Losdruck, Losvertrieb, Kommunikation und Werbung, Personalkosten),
- 38 % Förderung von Projekten der Behindertenhilfe und der Kinder- und Jugendhilfe sowie Kampagnen zur Aufklärung.

Aufgaben

1. *Was sind die „Spitzenverbände der Freien Wohlfahrtspflege"? Welche Bedeutung haben sie? Was sind ihre Ziele und Aufgaben?*
2. *Fragen Sie Ihre Eltern und Großeltern zu der „Aktion Sorgenkind" und den genannten Fernsehshows. Berichten Sie über deren Erinnerungen.*
3. *Informieren Sie sich ausführlich zu Contergan und den Conterganschädigungen. Fragen Sie auch Ihre Eltern und Großeltern zu diesem Thema. Suchen Sie dabei auch nach damaligen Veröffentlichungen in den Medien.*
4. *Gibt es den Wirkstoff Thalidomid noch heute?*
5. *Im Jahr 1997 startete die „Aktion Sorgenkind" zusammen mit zahlreichen anderen Organisationen die „Aktion Grundgesetz". Informieren Sie sich darüber. Was war das Ziel und die Aufgabe dieser Bewegung? Wer war dort vertreten? Was hat sie bewirkt?*
6. *Informieren Sie sich zum „1000Fragen-Projekt" der Aktion Mensch ab dem Jahr 2002. Was für eine Zielsetzung gab es? Welche Projekte wurden durchgeführt? Wie war der Erfolg?*
7. *Im Text zuvor tauchen die Titel „Dialog im Dunkeln" und „Dialog im Stillen" auf. Was verbirgt sich dahinter? Recherchieren Sie im Internet und stellen Sie Ihre Ergebnisse im Klassenverband vor.*

Die Förderungen der „Aktion Mensch"

Ziele der Förderung durch die „Aktion Mensch" bestehen immer darin,

- die Lebensqualität zu verbessern,
- Teilhabe zu erreichen und
- Wahlmöglichkeiten bzw. Alternativen zu schaffen.

Das Förderspektrum der „Aktion Mensch" umfasst Fördermöglichkeiten für

- Menschen mit Behinderung,
- Menschen mit besonderen sozialen Schwierigkeiten,
- Kinder und Jugendliche.

Die „Aktion Mensch" bietet Gelder und Unterstützungen in den Bereichen

- Investitionen,
- Projekte (kleinere Projekte: bis 4000 € möglich),
- Starthilfen,
- Förderung der Kinder- und Jugendhilfe,
- zeitlich befristete Förderaktionen.

Das bedeutet, dass organisierte Bürger und Bürgerinnen, Vereine bzw. freie gemeinnützige Einrichtungen und Organisationen sich an die „Aktion Mensch" wenden können, um Hilfen zu erhalten: Wer eine Idee hat, stellt diese vor, begründet den Antrag auf finanzielle Unterstützung und erstattet anschließend Bericht über die wirklich getätigten Ausgaben. Das klingt ganz einfach – und ist es eigentlich auch. Aber wie gesagt: Das kann nur dann funktionieren, wenn die Idee und der persönliche Einsatz auch überzeugen können!
Von Fördergeldern der „Aktion Mensch" ausgeschlossen sind privat-gewerbliche Organisationen, öffentlich-rechtliche Institutionen, stationäre und teilstationäre Einrichtungen, die einen Versorgungsvertrag mit den Pflegekassen abgeschlossen haben, Werkstätten in den alten Bundesländern sowie Privatpersonen.

Zur **Investitionsförderung** und zu **Starthilfen** zählen Angebote freier Träger in der Behindertenhilfe, um neue und moderne Angebote für Menschen mit Behinderung oder mit sozialen Schwierigkeiten realisieren zu können. So z. B. der Erwerb von Grundstücken, der Erwerb, Bau oder Umbau von Häusern für

- neue Wohnangebote,
- neue Arbeitsmöglichkeiten,
- neue ambulante Dienste,
- Umbauten für eine barrierefreie Umgebung.

Dazu zählen seit Langem auch die Unterstützung bei der

- Erstanschaffung von Fahrzeugen zur Mobilität der Menschen

sowie Starthilfen beim Aufbau oder bei der Errichtung

- neuer ambulanter Angebote,
- neuer Beratungsstellen,
- familienentlastender Dienste.

Zu den Starthilfen zählen auch komplexe Anschubfinanzierungen über mehrere Jahre für neue ambulante Dienste, die auf Dauer angelegt sind.

Ein besonderes Augenmerk in der Investitionsförderung legt die „Aktion Mensch" auf die Umwandlung von Groß- und Komplexeinrichtungen in differenzierte, gemeindenahe Wohnangebote. Dies geschieht im Einzelnen durch Unterstützungen bei

- der Konzeptentwicklung zukünftiger Wohnstrukturen mit den Bewohnern, ihren Angehörigen und Mitarbeitern,
- dem Erwerb, Bau und der Ausstattung neuer Wohneinheiten,
- dem Aufbau ambulanter Betreuungsstrukturen.

Die „Aktion Mensch" unterstützt **Projekte** und **zeitlich befristete Förderaktionen** für Menschen mit Behinderung, für Kinder und Jugendliche und für Menschen mit besonderen sozialen Schwierigkeiten zu den folgenden Themen:

- Arbeit und berufliche Qualifizierung mit dem Ziel der beruflichen Integration auf dem ersten Arbeitsmarkt
- Vermittlung von Wissen durch Fortbildungen
- Interessenvertretung und Aufklärung durch Veranstaltungen, Tagungen, Seminare und öffentliche Aktionen, um Vorurteile abzubauen
- Aktionen zu Kunst und Kultur mit Menschen mit Behinderung
- Kooperationsprojekte zur Schaffung geeigneter Basisstrukturen in Mittel-, Ost- und Südosteuropa
- zeitlich befristete und aktionsgebundene Projekte zur Förderung der Selbstbestimmung und Integration
- Sportveranstaltungen für Menschen mit Behinderung als Maßnahmen des Leistungssports, des Rehabilitationssports oder des Breitensports

- Vorbereitung und Durchführung von Ferien, die aufgrund von Behinderungen besonderer Maßnahmen oder Mehraufwendungen bedürfen
- Projekte für Kinder und Jugendliche, die sie in ihrer Entwicklung unterstützen und es ihnen ermöglichen, sich in die Gesellschaft einzubringen

Der Förderzeitraum muss bereits bei Antragstellung angegeben werden, die maximale Förderdauer für ein Projekt beträgt zwölf Monate. Im Internet unter http://antrag.aktion-mensch.de können genaue Informationen zu allen Aspekten der Förderung eingeholt werden. So gibt es dort z. B. Antworten auf die folgenden Fragen:

- Wofür darf das Geld ausgegeben werden?
- Wie berechnen sich Honorarkosten? In welcher Höhe sind Honorare förderfähig?
- Welche Sachkosten sind förderfähig?
- Was passiert, wenn das Projekt mehr als 4 000 € kostet?
- Welche Eigenleistungen müssen erbracht werden?
- Warum kann ein Antrag nachträglich nicht mehr geändert werden?
- Welche Unterlagen müssen schriftlich eingereicht werden?
- Wie lange dauert die Bearbeitung eines Antrages?
- Kann ein Projekt auch schon vor Bewilligung beginnen?

Aufgaben

1. *Finden Sie Antworten auf die vorstehenden neun Fragen.*
2. *Die „Aktion Mensch" hält viele Informationen bereit, unter anderem ein Merkblatt zur „Förderung von Fahrzeugen". Beschaffen Sie sich diese Informationen und erarbeiten Sie zu dem Thema eine (Power-Point-)Präsentation im Klassenverband.*

Im Folgenden werden einige Beispiele zu Förderaktionen und Projekten vorgestellt, wie sie dem Dokumentationsband „5 000 x Zukunft" entnommen werden können. Die 190 Seiten starke Broschüre kann bei der „Aktion Mensch" (per Internetbestellung) kostenlos bezogen werden.

Beispiele

Integratives Fußball-Camp
Antragsteller: Integrationswerkstätten Senftenberg, Brandenburg
Beschreibung: Fünftägiges Fußball-Camp mit täglichen Trainingseinheiten, Testspielen und anderen Freizeitaktivitäten wie einer Fahrt nach Berlin mit Führung im Berliner Olympiastadion und Besuch des Trainings von Hertha BSC Berlin.
Ziel: Teamfähigkeit fördern; Abbau von Defiziten im Sozialverhalten und in der allgemeinen Einstellung zum Lebensalltag; Ausdauer, motorische und intellektuelle Leistungsfähigkeit verbessern
Zielgruppe: Jugendliche und junge Erwachsene mit Interesse am Fußball von 14 bis 25 Jahren mit unterschiedlichen Behinderungen
Eigenleistung: Übungsleiter und alle sonstigen Helfer arbeiten honorarfrei. Die teilnehmenden Werkstattmitarbeiter werden vom Arbeitgeber für die Zeit des Camps von der Arbeit freigestellt.

Neue Chancen für Familien in Berlin-Karow
Antragsteller: „Freunde der Kita Busonistraße e. V."
Beschreibung: Für Familien aus dem Kiez werden neue Treffs eingerichtet, z. B. eine neue Spielgruppe. Eine Babysittervermittlung wird gegründet und Tauschbörsen für Kinderbekleidung (u. Ä.) werden eingerichtet.
Ziel: Kontaktmöglichkeiten für Eltern in Berlin-Karow schaffen, die bislang wenig Bezug zueinander und zum Stadtteil selbst hatten
Zielgruppe: Kinder mit und ohne Behinderung im Alter von sechs Monaten bis sechs Jahren und ihre Eltern
Eigenleistung: Mitarbeit der Vereinsmitglieder ehrenamtlich; Unterstützungen durch Logopäden, Ergotherapeuten, eine Köchin und einen Schreiner

Girlies-United

Antragsteller: Förderverein Ringstraßensiedlung e.V., 65479 Raunheim

Beschreibung: Die Teilnehmerinnen renovieren in Eigenarbeit einen großen Raum, den sie sich anschließend als Treffpunkt einrichten. In diesem eigenen, in sich abgeschlossenen Raum ist es den Mädchen mit Migrationshintergrund durch Eltern, Brüder oder Ehemänner gestattet, sich zu treffen und aufzuhalten.

Ziel: Die Mädchen möchten sich in ihrem Raum unterhalten, Sport treiben, tanzen, Musik hören, Nachhilfe erteilen und anderen Migrantinnen einen Raum geben, um aus der Isolation herauszukommen.

Zielgruppe: Mädchen mit Migrationshintergrund zwischen 14 und 20 Jahren

Eigenleistung: Die Stadt finanziert Miete, Heizung und Strom. Während der Renovierung gibt es weitere materielle Unterstützungen durch die Stadt.

Insgesamt gibt es 500 geförderte Projekte; einige der Titel lauten:

- *Geschichte des Kondoms – Entwicklung einer interaktiven Ausstellung*
- *Schulradio „Hugo" im Netz*
- *Wort und Schrift für Analphabeten*
- *Generationen im Gespräch*
- *Hund und Kind*
- *Geschwisterseminar für Geschwister behinderter Kinder*
- *Wir entdecken unseren Stadtteil*
- *Filmclub: „Wer ist hier behindert?"*
- *School Of Rock*
- *1000 und eine Nacht oder wo finde ich heute noch eine Wunderlampe?*

Aufgaben

1. *Erfragen Sie bei der „Aktion Mensch" die aktuellen Richtlinien mit den formalen Kriterien und qualitativen Voraussetzungen für die Förderungsmöglichkeiten insgesamt (Richtlinien) und das Spektrum im Einzelnen (Merkblätter). Infos dazu können auch im Internet eingesehen werden: http://foerderung.aktion-mensch.de.*
2. *Versetzen Sie sich in die Lage von Vertretern einer gemeinnützigen Organisation und erstellen Sie in Kleingruppen einen fiktiven Antrag auf eine Projektförderung Ihrer Wahl. Gehen Sie in folgenden Schritten vor:*
   a. *Benutzen sie zunächst in Kurzform die Einteilung: „Antragsteller – Beschreibung – Ziel – Zielgruppe – Eigenleistung".*
   b. *Füllen Sie einen Antrag aus, der unter der Adresse http://antrag.aktion-mensch.de im Internet zu finden ist.*
   c. *Stellen Sie Ihre Idee als PowerPoint-Präsentation im Klassenverband vor.*
   d. *Diskutieren Sie nach Vergleich aller Projekte: Was war überzeugend? Was nicht?*

2.2 Aufbaustrukturen in Organisationen

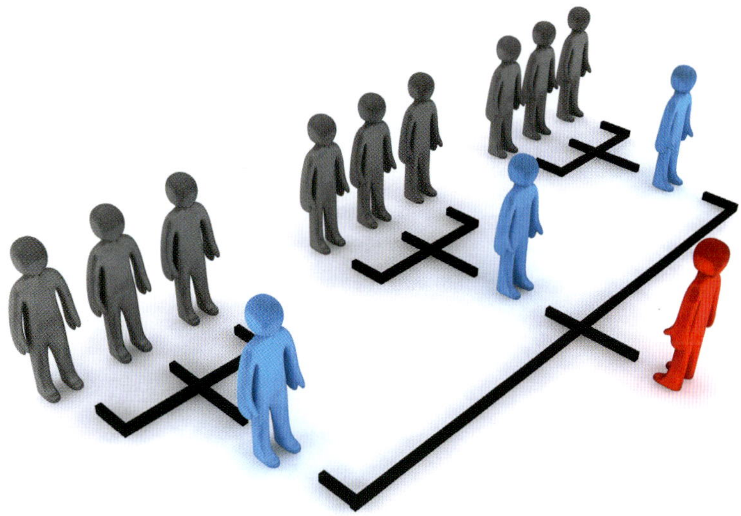

Aufbaustruktur, Hierarchie

Soziale Organisationen besitzen mehr oder weniger klare Strukturen, die die Arbeit in der Organisation verlässlich, planbar und vorhersehbar machen sollen. Man unterscheidet zwischen Aufbaustrukturen und Ablaufstrukturen.
Die **Aufbaustrukturen** geben Auskunft darüber, wie die verschiedenen Bereiche oder Abteilungen einer Organisation einander zugeordnet sind und welche Mitarbeiterinnen wem unterstellt sind. Dadurch sind auch unterschiedliche Aufgaben und Verantwortlichkeiten festgeschrieben.
Die **Ablaufstrukturen** in einer Organisation legen dagegen die typischen Arbeitsprozesse einer Organisation, die auch Kernprozesse genannt werden, fest und geben Wege der Entscheidungsfindung vor, die das Handeln der in der Organisation tätigen Personen mit einem hohen Maß an Verbindlichkeit und Verlässlichkeit auf die Ziele der Organisation hin ausrichten.

Die Aufbaustruktur sozialer Organisationen hat immer eine formale und eine informelle Seite. Die formale Struktur bestimmt Aufgaben, Kommunikations- und Entscheidungswege, Verantwortlichkeiten und Kompetenzen aller Mitarbeiterinnen und Mitarbeiter durch eine vorgegebene Hierarchie. Das griechische Wort „Hierarchie" für „heilige Herrschaft" oder auch „Priesterherrschaft" deutet darauf hin, dass hierarchische Strukturen in vielen Kontexten unantastbar sind. In sozialen Organisationen müssen hierarchische Strukturen klar und transparent sein, damit alle Organisationsmitglieder, aber auch ihre Klienten – die Besucher einer Beratungsstelle oder die Bewohnerinnen einer Wohngruppe – wissen, wer zuständig ist, wer die Verantwortung trägt und an wen sie sich mit ihren Fragen wenden können.
Gleichzeitig weist der Ursprung des Wortes „Hierarchie" auch darauf hin, dass es in hierarchischen Ordnungen immer auch um die Frage der Verteilung von Macht geht und dass die Macht, mit der Menschen aufgrund der hierarchischen Ordnung einer Organisation ausgestattet sind, immer auch missbraucht werden kann.

Die Notwendigkeit, Organisationen hierarchisch zu gestalten, entstand historisch an der Wende zum 20. Jahrhundert aufgrund der zunehmenden Komplexität, unter anderem im Bereich der öffentlichen Verwaltung. Das bürokratische Modell von Organisationen, das in den 1920er Jahren weite Verbreitung fand, geht auf den Soziologen Max Weber (1864–1920) zurück, der die **Bürokratie** für die wirkungsvollste Form hielt, Menschen auf ein gemeinsames Ziel hin auszurichten und ihr Handeln auf dieses Ziel hin zu koordinieren. Zudem ist die bürokratische Hierarchie eine Form legaler, d. h. durch eine gemeinsam verabredete Satzung gerechtfertigter Herrschaft. Die Ausbildung von Ämtern, die Aktenführung und die Rangordnung der Beamten mit klaren Entscheidungsbefugnissen und Dienstwegen sind Garanten für das verlässliche Funktionieren einer Bürokratie. Dabei hat Bürokratie nicht zwingend eine

von außen erkennbare Struktur und Ordnung zur Folge. Aber sie sind in hohem Maße funktional, d.h., sie unterstützen das verlässliche „Funktionieren" von Organisationen.
Max Weber betont, dass bürokratische Herrschaftsformen sinnvoller und effektiver sind als historische frühere Herrschaftsformen:

- Bürokratien arbeiten sehr präzise.
- Klare Abläufe sorgen dafür, dass die Arbeit schneller erledigt wird.
- Aufgaben sind eindeutig zugeordnet. So sind auch Erwartungen an den einzelnen Mitarbeiter eindeutig und klar.
- Die Arbeit verläuft stetig nach demselben Schema, was ein hohes Maß an Verlässlichkeit mit sich bringt.
- Wissen und Informationen werden dokumentiert und in Akten gespeichert und stehen so verlässlich auch anderen zur Verfügung, die in ihrer Arbeit auf diese Informationen angewiesen sind.
- Eine klare Rollenverteilung sorgt für Diskretion, weil nicht alle alles wissen und sich nicht alle um alles kümmern müssen.
- Die Erfüllung der Aufgaben erfolgt relativ gleichförmig, wodurch eine gewisse Routine entsteht.
- Die Arbeit und ihre Ergebnisse werden einigermaßen berechenbar.

(vgl. Weber, 1980)

Bürokratische Ordnungen hält Max Weber für die „formal rationalste Form der Herrschaftsausübung" (Weber, 1980, III.2). Sie sind universal einsetzbar und technisch effizient, sie schützen vor Willkür, sie erhöhen die Handlungssicherheit für alle Beteiligten und sind daher eine besonders stabile Herrschaftsform.
Nahezu jede Organisation besitzt ein formelles Organigramm, das die Zuordnung von Abteilungen und Mitarbeiterinnen darstellt.

2.2.1 Organigramme lesen und verstehen

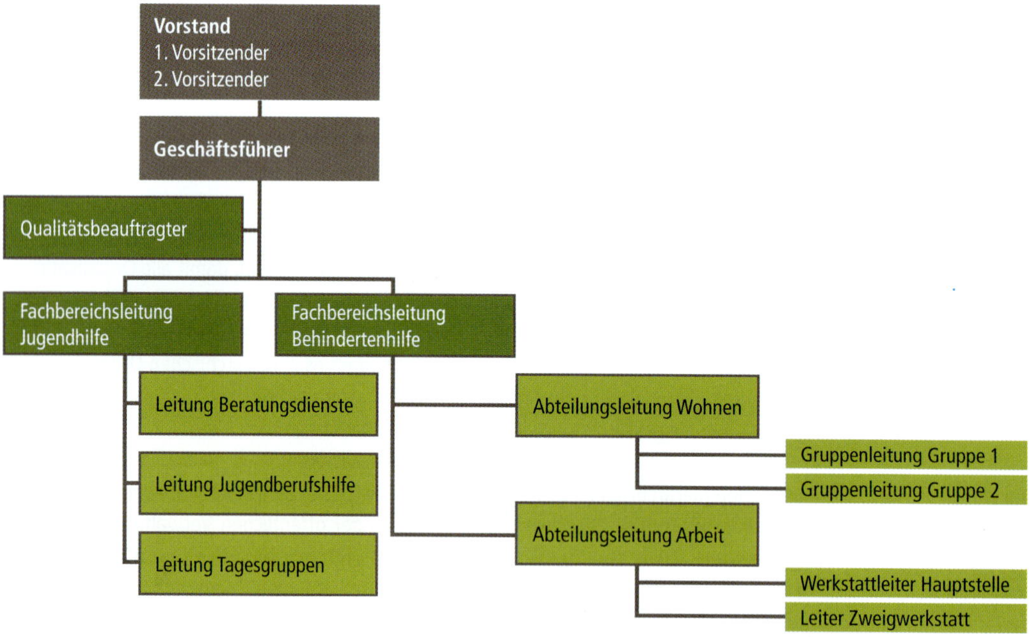

Mögliches Organigramm des Ortsvereins eines Verbandes der Freien Wohlfahrtspflege

Aufgaben

1. Besorgen Sie sich ein Organigramm der Einrichtung, in der Sie gerade tätig sind oder in der Sie zuletzt tätig waren. Welche Informationen können Sie dem Organigramm entnehmen?

2. Wo würden Sie sich selbst in der Rolle, in der Sie in der Organisation gearbeitet haben oder derzeit tätig sind, wiederfinden?

Tipp: Viele Organisationen veröffentlichen ihr Organigramm inzwischen auf ihrer Homepage.

Die hierarchischen Strukturen von Einrichtungen der Behindertenhilfe lassen sich ebenso wie die von Wirtschaftsunternehmen in verschiedene Typen einteilen, die jeweils mit bestimmten Vor- und Nachteilen verbunden sind (vgl. Wöhrle, 2000, S. 26 ff.).

Einliniensysteme

Einliniensysteme sind daran erkennbar, dass von „unten" nach „oben" nur eine Linie besteht. Das obige Beispiel ist ein solches Einliniensystem: Der Leiter der Zweigwerkstatt ist dem Abteilungsleiter Arbeit unterstellt, dieser der Fachbereichsleitung Behindertenhilfe und diese dem Geschäftsführer. Der Vorteil einer solchen Struktur besteht darin, dass die Verantwortlichkeiten klar geregelt sind und eindeutig erkennbar ist, wer wem gegenüber weisungsbefugt ist. Entscheidungen werden „von oben nach unten" getroffen, was die Befugnisse der „Untergebenen" beschränkt. Für die Vorgesetzten kann dies – je nach der Zahl der direkt unterstellten Mitarbeitenden – zu einer Konzentration von Entscheidungszwängen führen. Abstimmungsprozesse der untergebenen Mitarbeiterinnen und Mitarbeiter untereinander sind die Ausnahme. Das kann dazu führen, dass Mitarbeitende der „unteren" Ebenen wenig bereit sind, umfassende Verantwortung für ihr berufliches Handeln zu übernehmen: „Der Chef entscheidet ja doch, wie er will."

Linien- und Stabsstellensysteme

Im obigen Beispiel gibt es eine Stelle, die aus der Linie „herausfällt": Der Qualitätsbeauftragte ist dem Geschäftsführer unterstellt, aber kein Kollege der Fachbereichsleitungen, sondern steht seitlich von ihnen („Stab"). Sogenannte Stabsstellen haben häufig Personen inne, die eher beratende, ergänzende, zuarbeitende Aufgaben haben. Der Qualitätsbeauftragte ist in diesem Beispiel den Fachbereichsleitungen nicht vorgesetzt. Das verschafft ihm eine neutrale Position, die sich sowohl positiv als auch negativ auswirken kann: Einerseits sind die Mitarbeitenden der Fachbereiche vielleicht eher bereit, mit dem Qualitätsbeauftragten über sinnvolle Qualitätssicherungsmaßnahmen wie z. B. eine bestimmte Form der Dokumentation zu diskutieren, wenn er nicht gleichzeitig anordnen kann, wie solche Maßnahmen umzusetzen sind. Andererseits kann der Qualitätsbeauftragte im direkten Kontakt mit Mitarbeiterinnen und Mitarbeitern immer nur darum werben, dass sie bestimmte Maßnahmen umsetzen – anweisen kann sie nur der Fachbereichs- oder Abteilungsleiter.
In den meisten sozialen Organisationen finden sich Mischungen zwischen Linien- und Stabsstellensystemen.

Mehrliniensysteme

In Mehrliniensystemen führen mehrere Linien von „unten" nach „oben".

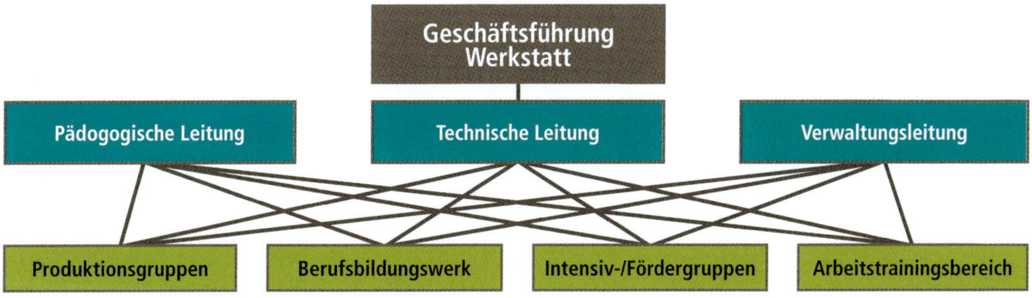

Mehrliniensystem

Aufgaben

1. Welche Gründe sprechen in diesem Beispiel einer Werkstatt für Menschen mit Behinderung aus Ihrer Sicht für eine Mehrlinienstruktur?

2. Welche Vor- und Nachteile sehen Sie
– aus der Perspektive der Geschäftsführung?
– aus der Perspektive der Mitarbeiterin in einer Fördergruppe?

2.2.2 Informelle Strukturen

Neben der formalen Struktur besitzen Organisationen immer eine informelle Struktur, die mit der formalen nicht identisch ist.

Beispiel

In der Wohngruppe Maximilian arbeitet ein Team von drei Heilerziehungspflegerinnen und einer Erzieherin mit heilpädagogischer Zusatzausbildung seit vielen Jahren eng zusammen. Als die Heilerziehungspflegerin Frau Krämer in Elternzeit geht, wird als Vertretung eine Diplom-Sozialpädagogin, Frau Schnieder, eingestellt. Sie macht auf die Kolleginnen einen sympathischen Eindruck. In vielen Fragen wendet sie sich an die Heilerziehungspflegerin Frau Sommer, die am längsten in der Einrichtung arbeitet und auch die Angehörigen der Bewohnerinnen am besten kennt. Nach einigen Wochen merkt Frau Sommer, dass die neue Gruppenleiterin immer wieder auf ihre langjährige Erfahrung zurückgreift. Einerseits ist Frau Sommer froh, denn sie weiß schließlich am besten, was für die Bewohnerinnen das Richtige ist. Andererseits beginnt sie skeptisch zu werden: Sie gerät in die Rolle einer „heimlichen" Gruppenleitung. Diese Rolle möchte sie aber auf Dauer gar nicht haben, zumal die Diplom-Sozialpädagogin ja eine Gruppenleitungszulage erhält. Was kann Frau Sommer tun, um aus diesem Dilemma herauszukommen?

Informelle Strukturen legen sich wie eine Folie über die formellen Strukturen und können diese mehr oder minder stark behindern. Für das eigene Handeln in Organisationen ist es wichtig, neben der formellen auch die informellen Strukturen wahrzunehmen und – wenn sie zu Schwierigkeiten in der Zusammenarbeit führen – diese zum Gegenstand von Gesprächen mit Vorgesetzten oder im Team zu machen.
Um sich informelle Strukturen etwa in einem Team zu verdeutlichen, kann es hilfreich sein, sie grafisch darzustellen. Dazu kann man sich der Symbolsprache für Systemzeichnungen aus der systemischen Familienarbeit bedienen:

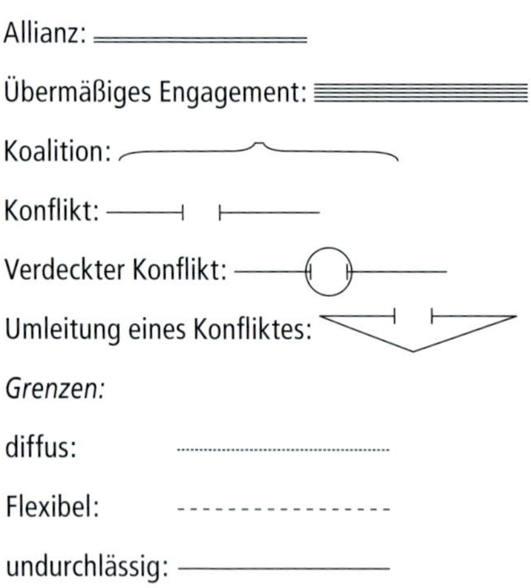

Allianz = Verbindung von Personen gleicher Interessen
Koalition = Verbindung von Personen gleicher Interessen, die sich gegen andere richtet

Symbolsprache für Systemzeichnungen (aus: Schlippe/Schweitzer, 1998, S. 133)

Beispiel

Der Heilpädagoge Bernd Thoma arbeitet seit einem Jahr in einer kleinen Wohneinrichtung. Er ist Gruppenleiter der Außenwohngruppe. Im Stammhaus gibt es drei Wohngruppen mit jeweils acht Plätzen, die Außenwohngruppe hat vier Plätze.

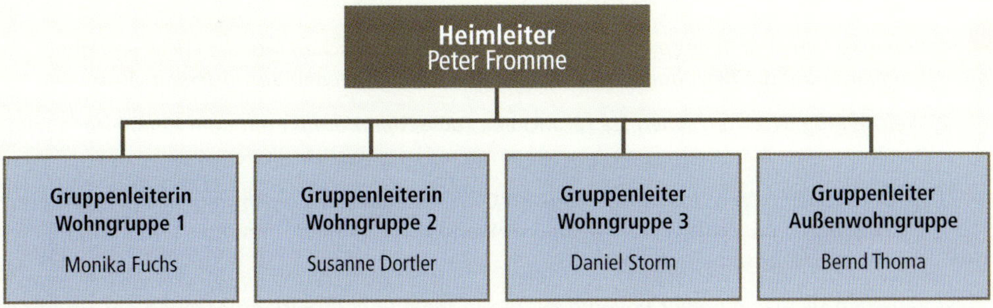

Das formale Organigramm zeigt, dass alle Gruppenleitungen auf einer Ebene stehen. Sie haben dieselben Aufgaben in ihrer jeweiligen Gruppe und stehen gleichberechtigt nebeneinander. Aber: Sie haben unterschiedliche Beziehungen sowohl zum Heimleiter wie auch zu anderen Bezugsgruppen. Mit dem Heimleiter Peter Fromme versteht sich Bernd Thoma sehr gut. Peter Fromme hat einen intensiven Draht zu den Eltern von zwei Bewohnerinnen der Wohngruppe 1: Frau Meinhold und Herr Streling haben seinerzeit die Wohneinrichtung als Vorstandsmitglieder des örtlichen Elternselbsthilfeverbandes auf den Weg gebracht und sind nach wie vor sehr aktiv im Vorstand des Vereins, der Träger der Einrichtung ist. Frau Meinhold und Herr Streling haben Peter Fromme als Heimleiter angestellt. Die Gruppenleiterin Monika Fuchs ist erst seit Kurzem in der Einrichtung. Sie tut sich schwer mit den aus ihrer Sicht ständigen Einmischungen der Eltern in den Alltag der Wohngruppe. Sie hat schon einige Male versucht, mit dem Heimleiter darüber zu sprechen und wünscht sich Unterstützung im Konflikt mit den Eltern. Er weicht ihr in diesem Punkt aber immer wieder aus und gibt ihr zu verstehen, dass sie das Verhalten der Eltern zu sehr dramatisiere. Die Dynamik, die sich hier zeigt, lässt sich anhand eines Organigramms, das die formellen und informellen Anteile zugleich darstellt, wie folgt abbilden.

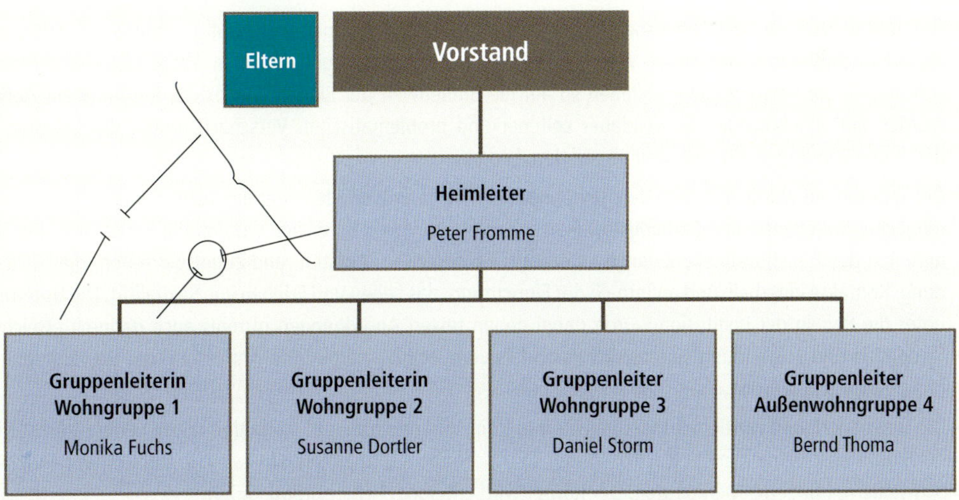

Diese Art der Darstellung gibt immer nur eine subjektive Einschätzung wieder und stellt meist eine Momentaufnahme dar. Aus der Perspektive einer der anderen Gruppenleiterinnen würde das informelle Organigramm vermutlich deutlich anders aussehen. Das informelle Organigramm soll nicht eine „objektive" Realität wiedergeben, sondern stellt dar, wie ein Mitglied der Organisation die aktuelle Beziehungs- und Konfliktdynamik wahrnimmt.

Aufgaben

1. *Wie wird sich in dem Beispiel vermutlich der Konflikt zwischen Monika Fuchs und dem Heimleiter auf die Beziehung zwischen ihr und ihrem Kollegen Bernd Thoma auswirken?*
2. *Welche Möglichkeiten sehen Sie für Monika Fuchs, den Konflikt mit dem Heimleiter anzugehen?*
3. *Zeichnen Sie ein (vereinfachtes) formelles Organigramm der Einrichtung, in der Sie zuletzt gearbeitet haben. Ergänzen Sie in einem zweiten Schritt die Beziehungs- und Konfliktlinien, die Ihnen bedeutsam erscheinen.*
4. *Tauschen Sie sich mit einer Kollegin aus Ihrem Team über Ihre Wahrnehmung der Situation aus. Würde Ihr Kollege/Ihre Kollegin dieselbe Darstellungsweise wählen?*

2.2.3 Organisationen und ihre Geschichte

Die Geschichte größerer heilpädagogischer Organisationen, die schon lange bestehen, ist häufig eine Geschichte mit Anteilen von sogenannten totalen Institutionen. Der amerikanische Sozialpsychologe Erving Goffman hat als „totale Institutionen" psychiatrische Anstalten, Gefängnisse, aber auch Klöster beschrieben.

> *„Eine totale Institution lässt sich als Wohn- und Arbeitsstätte einer Vielzahl ähnlich gestellter Individuen definieren, die für längere Zeit von der übrigen Gesellschaft abgeschnitten sind und miteinander ein abgeschlossenes, formal reglementiertes Leben führen."*
> ***(Goffman, 1973, S. 11)***

Die Hauptmerkmale „totaler Institutionen" galten bis in die 1980er Jahre hinein noch für viele Komplexeinrichtungen der Behindertenhilfe:

- Die übliche Trennung der Lebensbereiche Arbeit, Freizeit und Wohnen war häufig aufgehoben. Oft verfügten diese Einrichtungen neben einem Wohn- und Pflegebereich über eigene Schulen, Werkstätten und Freizeiteinrichtungen. Die Bewohnerinnen blieben so auf die Binnenwelt der Einrichtung fixiert, Kontakte zur Außenwelt wurden mit zunehmender Verweildauer seltener und problematischer. Verschärft wurde die Isolation häufig durch den Standort der Heime weit ab auf dem Land.
- Der Tagesablauf wurde nicht von den Bewohnerinnen bestimmt, sondern war am institutionellen Interesse größtmöglicher Rationalität und Reibungslosigkeit orientiert. In vielen Bereichen wurden die Bedürfnisse der Bewohnerinnen durch institutionelle Zwänge verdrängt: Essenszeiten, Aufsteh- und Zubettgehzeiten, die Art der Kleidung, Kontakte innerhalb und außerhalb der Einrichtung, das Leben und Erleben von Sexualität. Die Unterordnung unter die Regeln der Institution wurde dabei neben festen Anordnungen oftmals auch dadurch erreicht, dass Sympathie und Zuwendung seitens des Personals vom Wohlverhalten und Anpassung der Bewohnerinnen abhängig gemacht wurden.
- Die Bewohnerinnen wurden entpersönlicht, ihre Intimsphäre wurde auf vielfältige Weise verletzt. Ernst Klee hat die Situation in Heimen in der Nachkriegszeit so beschrieben: „Privatheit gibt es nicht. Der Körper gehört Ärzten, Schwestern, Pflegern, Therapeuten. Der Körper wird enteignet" (Klee, 1980, S. 24).
- Im Alltag der „Anstalt" bestand permanente Aufsicht und Beobachtung, sodass das Handeln des Einzelnen dauernder Beurteilung und Sanktionierung offen stand. Für das reibungslose Funktionieren der Institution war ein hohes Maß an Transparenz über alle die Bewohnerinnen betreffenden Informationen erforderlich. Persönliche Daten wurden nicht gegen Einblicke durch Unberechtigte geschützt.

- Das Verhältnis zwischen Betreuern und Betreuten war unter den Bedingungen totaler Institutionen zahlreichen Widersprüchen ausgesetzt. Dem Bedürfnis nach echten, vertrauensvollen Beziehungen stand die Tatsache gegenüber, dass die Bewohnerinnen keinen Einfluss auf die Wahl ihrer Bezugspersonen hatten – das ist vielfach bis heute der Fall. Ein weiteres Problem, das in vielen Einrichtungen bis heute besteht, ist die relativ hohe Mitarbeiterfluktuation. Sie macht Trennung und Abschied von vertrauten Personen zur alltäglichen enttäuschenden Erfahrung, was auf Dauer Misstrauen, Skepsis und ein Gefühl des völligen Ausgeliefertseins an die Betreuer produziert. „Die Gefahr ist groß, dass unter diesen Bedingungen Bindungs- und Beziehungsunfähigkeit geradezu herangezüchtet werden" (Gaedt, 1985, S. 135).

Ein spezifisches Problem von Menschen mit Behinderung, die lange Zeit in anstaltsmäßiger Unterbringung gelebt haben, ist das Fehlen jeglicher Perspektive. Die außerhalb der Einrichtung gesellschaftlich anerkannten und durch die Sozialisationsinstanzen geförderten Entwicklungsstufen vom Kindes- und Jugendalter hin zum Erwachsenenstatus sind im Anstaltsleben verkümmert oder wurden blockiert. Viele lebten auch als Erwachsene weiter wie Geschwister (Kinder!) in familienähnlichen Wohngruppen, die auch lange nach den Reformwellen in Einrichtungen als Idealbild galten.
Zentrale Versorgungsleistungen nehmen Menschen in Heimen viele alltägliche Handlungs-, Erlebnis- und Entscheidungsmöglichkeiten (z. B. das Einrichten ihres persönlichen Wohnraums, das Einkaufen und die Zubereitung von Mahlzeiten nach eigenen Vorlieben).
Das Normalisierungsprinzip galt in den 1970er Jahren unter anderem auch der Verdeutlichung solcher Wirkungen „totaler Institutionen", die die Lebensmöglichkeiten von Menschen mit Behinderung in stationären Einrichtungen extrem eingeschränkt haben. So forderte das Normalisierungsprinzip u. a. die Trennung der Lebensbereiche Arbeit, Wohnen und Freizeit/Bildung.

Viele Organisationen der Behindertenhilfe haben eine Organisationsgeschichte hinter sich, in der sie eine Phase als „totale Organisation" durchlaufen haben. Die Geschichte von Organisationen bildet sich manchmal in der architektonischen Gestalt ab. Aber auch, wenn alte Gebäude abgerissen und neuen Wohngruppen gewichen sind, wenn ehemalige „Anstalten" sogar ihre Kerngelände weitgehend auflösen und ihr Angebot sehr konsequent dezentralisieren, bleibt die Geschichte der Organisation bedeutsam: Viele zumindest ältere Bewohnerinnen haben diese Geschichte zum Teil leidvoll miterlebt, und auch viele der älteren Mitarbeiter sind durch die Geschichte geprägt: Sie haben in ihrer Berufsgeschichte extreme Veränderungen ihres beruflichen Selbstverständnisses durchlebt und sind in aller Regel froh, heute auch selbst mehr Spielräume in ihrer alltäglichen Arbeit zu haben. Manche sind aufgrund ihrer Erfahrungen in „totalen Institutionen" möglicherweise besonders sensibel für Strukturen und Arbeitsweisen, die sie und die Bewohnerinnen in ihren Freiräumen einschränken. Oder sie tun sich schwer, eine Haltung der Rund-um-Fürsorge aufzugeben, weil sie so ihre berufliche Verantwortung verstehen.
Es kann für die eigene Arbeit in Organisationen mit einer langen Geschichte hilfreich sein, etwas über diese Geschichte zu erfahren und mit Kolleginnen und Kollegen über ihre vielleicht schon langjährigen Erfahrungen in der Organisation ins Gespräch zu kommen.

Auch bei jüngeren Einrichtungen und Diensten, die noch nicht sehr lange bestehen, ist es wichtig, sich die Organisationsgeschichte bewusst zu machen:
- Wer hat die Initiative zur Gründung der Einrichtung oder des Dienstes ergriffen?
- Was war der Gründungsimpuls? Welches Interesse haben die „Gründerväter" und „Gründermütter" verfolgt?
- Haben die Gründer selbst auch die Trägerschaft übernommen?
- Welche Veränderungen hat es gegeben? Wer hat sie angestoßen? Wer war beteiligt?

Aufgaben

1. *Lesen Sie aufmerksam den folgenden Text.*
2. *Welche Informationen sollte Simone Kurz haben, um sich in der Konfliktdynamik richtig verhalten zu können? Was würden Sie in der Rolle von Simone Kurz von dem Leiter wissen wollen?*
3. *Welche Möglichkeiten würden Sie sehen, mit der Organisationsgeschichte angemessen umzugehen?*

Beispiel

In der Kleinstadt Burgdorf gibt es eine Förderschule mit dem Förderschwerpunkt geistige Entwicklung. Der Einzugsbereich der Schule ist flächenmäßig sehr groß, sodass die Kinder täglich weite Wege zur Schule zurücklegen müssen. Daher haben einige Eltern einen Elternverein gegründet, der sich für den Bau einer angegliederten Wohngruppe einsetzt, die auch Kurzzeitunterbringung ermöglicht. Nach langen Verhandlungen mit dem Schulträger, einem örtlichen Caritasverband, stimmt dieser zu, die Eltern bei der Durchsetzung ihres Anliegens beim Kostenträger zu unterstützen. Der Kostenträger verlangt aber, dass nicht der Elternverein selbst, sondern der Schulträger die Trägerschaft für die Wohngruppe übernimmt. Nach langjährigen Verhandlungen und langwierigen Spendenaktionen für die aufzubringenden Eigenmittel kann schließlich eine kleine Wohneinrichtung mit zwölf Plätzen in zwei Gruppen gebaut werden. Relativ frühzeitig in der Bauphase stellt der Träger einen Leiter für die Wohngruppen ein, der die Bauphase und die Phase der Aufnahme intensiv begleiten kann. Je näher der Einzug der ersten Kinder in die Wohngruppen rückt, umso deutlicher werden die Konflikte: Die Eltern möchten Einfluss nehmen auf die Zusammensetzung der beiden Wohngruppen. Einige Eltern wehren sich, als der Leiter entscheidet, eine Schülerin mit extrem herausforderndem Verhalten aufzunehmen. Ein Vater droht gegenüber dem Geschäftsführer des Caritasverbandes an, die Konflikte öffentlich zu machen.
Simone Kurz hat langjährige Erfahrung als Erzieherin in der integrativen Kindertagesstätte des Verbandes. Sie hat eine heilpädagogische Zusatzausbildung gemacht und bewirbt sich nun für die neue Wohngruppe.

2.2.4 Leitung – Führung – Herrschaft

Aufgaben

1. *Welche Erfahrungen haben Sie mit Führungspersönlichkeiten und Vorgesetzten bisher gemacht? Wie würden Sie einen idealen Vorgesetzten bzw. eine ideale Vorgesetzte beschreiben? Welche Aspekte des Verhaltens von Führungskräften, denen Sie unterstellt waren, haben Sie für die Erfüllung Ihrer Aufgabe eher als hinderlich erlebt?*
2. *Tauschen Sie Ihre Erfahrungen in Gruppen zu viert aus und sammeln Sie Ihre Eindrücke auf einem Flipchart:*

Leitung – Führung – Herrschaft	
Positive Erfahrungen → die ideale Führungsperson	Negative Erfahrungen → was Führungspersonen vermeiden sollten

Der Soziologe Max Weber (1864–1920) hat sich u. a. mit der Frage beschäftigt, auf welche Weise Herrschaft in modernen Gesellschaften ausgeübt wird und welche Art der Ausübung von Herrschaft in einer modernen Gesellschaft die effektivste ist. Er definiert Herrschaft folgendermaßen:

> *„Herrschaft soll heißen die Chance, für einen Befehl bestimmten Inhalts bei angebbaren Personen Gehorsam zu finden."*
> ***(Weber, 1980, 1. Teil, Kap. I, § 16)***

Max Weber unterscheidet drei Formen von Herrschaft, die von jeweils Beherrschten als legitim anerkannt werden.

Max Weber (1864–1920)

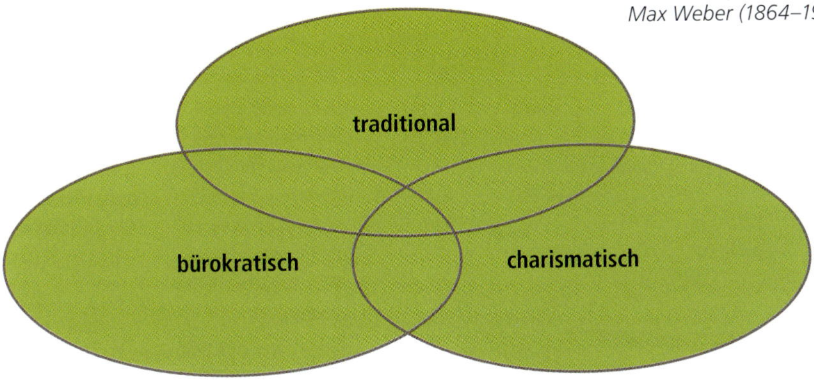

Formen von Herrschaft nach Max Weber

Die **traditionale** oder **patrimoniale** Form von Herrschaft findet sich in feudalen Gesellschaften. Die Untergebenen sind Knechte, Sklaven oder Diener. Die Herrschaft legitimiert sich durch eine gesetzte Ordnung, die häufig religiös untermauert wird (z. B. „heiliges römisches Reich") und Untergebenen, die den Gehorsam verweigern, mit scharfen Sanktionen droht. Totalitäre Staaten werden in der Regel patrimonial geführt: Jede Opposition wird unterdrückt, Regimegegner werden verfolgt oder gar vernichtet. Zur Legitimation der Unterdrückung dienen häufig Größenfantasien der Führer und Heilsversprechen an die gehorsamen Untertanen.

Formen **charismatischer** Herrschaft entstehen häufig in besonderen Krisensituationen, in denen Führungspersonen gebraucht werden, die in den Augen der Gefolgschaft über außergewöhnliche oder übernatürliche Fähigkeiten verfügen. Sie verfolgen eine bestimmte „Mission" oder „Sendung". Religionsgründer sind häufig solche charismatischen Führungspersönlichkeiten (Jesus von Nazareth, der Dalai Lama, Mutter Teresa). Sie besitzen häufig eine große Überzeugungskraft. Soziale Systeme mit charismatischen Führungspersönlichkeiten an der Spitze sind in ihrer Stabilität allerdings in hohem Maße abhängig vom Erfolg der Führungsperson. Wenn der charismatische Führer die Organisation verlässt, gerät die Organisation zunächst in eine tiefe Krise, bis eine Nachfolgeregelung gefunden ist, die sowohl vom scheidenden Charisma-Träger selbst als auch von „Untertanen" unterstützt wird. Im Zuge der Übergabe der Verantwortung wird das Charisma häufig versachlicht und institutionalisiert zu einem Amt, das auch andere innehaben können. Die Autorität ist dann nicht mehr an die Person, sondern an das Amt gebunden.

Der Typus der **bürokratischen** Herrschaft ist heute am weitesten verbreitet.

Auf modernde Führungs- und Leistungsstile übertragen lassen sich die Führungsstile nach Max Weber folgendermaßen darstellen:

Herrschaftstyp	**Herrschaft Ausübender**	**Beherrschte**	**Stab**	**Gehorsamsquelle**
traditional/ patrimonial	Herr	Untertanen	evtl. Diener	Person des „Herrn"
→ patriarchaler Leitungsstil	unumschränkter alleiniger Chef, streng hierarchische Ordnung	von den Entscheidungen des Leiters abhängige, unmündige Objekte von Fürsorge und/ oder Kontrolle	Untergebene, die nicht an Entscheidungen beteiligt werden	Autorität des Chefs legitimiert sich durch seine Person und Rolle, nicht durch Kompetenz
charismatisch	Führer	Anhänger, Jünger	Vertrauensmänner	Anerkennung der Autorität und Kompetenz des Führers
→ überzeugender Führungsstil	Leiter mit starker persönlicher Ausstrahlung	Klienten, die ernst genommen werden	Mitarbeiter, die in Entscheidung und Verantwortung einbezogen werden und an der Ausgestaltung der Arbeitsabläufe aktiv beteiligt sind	natürliche Autorität, Überzeugungskraft durch Kompetenz und persönliche Glaubwürdigkeit
bürokratisch	Vorgesetzter	Mitglieder	Festangestellte oder Beamte	Satzung, Vertrag, Vereinbarung
→ bürokratischer Führungsstil	Funktion ist nicht an eine Person gebunden, sondern auf Zeit verliehen und übertragbar	Kunden	Mitarbeiter, die auf der Basis von klaren Richtlinien, Stellenbeschreibungen und Dienstanweisungen handeln	Führungsanspruch leitet sich aus den bürokratischen Regeln ab

Formen legitimierter Herrschaft nach Max Weber (1980)

Aufgabe

Wenn Sie sich Ihren letzten Chef/Ihre letzte Chefin vor Augen führen: Welche Anteile der verschiedenen Typen legitimer Herrschaft haben sie bei ihm/ihr erlebt? Haben Sie sich selbst eher als „Untertanen" ohne eigene Rechte, als „Jünger", die einer überzeugenden Führungspersönlichkeit freiwillig folgen, oder als Mitglieder eines klar strukturierten Rahmens gesehen, der Ihre Pflichten und Rechte sehr genau beschreibt? Tauschen Sie sich mit Ihrem Nachbarn/Ihrer Nachbarin darüber aus, welche Anteile Ihrer eigenen Rolle Sie als angenehm und für Ihre Aufgabe förderlich erlebt haben, und welche Aspekte Ihnen die Arbeit eher erschwert haben.

Die Art und Weise, wie jemand – etwa eine Gruppenleiterin – die Leitungsrolle ausfüllt, ist von drei Komponenten bestimmt:

1. den **Führungsfunktionen**
2. dem persönlichen **Führungsstil**
3. der konkreten **Situation**

Eine wichtige Anforderung an Leitungskräfte besteht darin, immer wieder neu zu entscheiden, welche Führungsfunktion sie gerade primär wahrnehmen muss, welcher Führungsstil angemessen ist und welcher Handlungsspielraum ihr oder ihm in der konkreten Situation zur Verfügung steht.

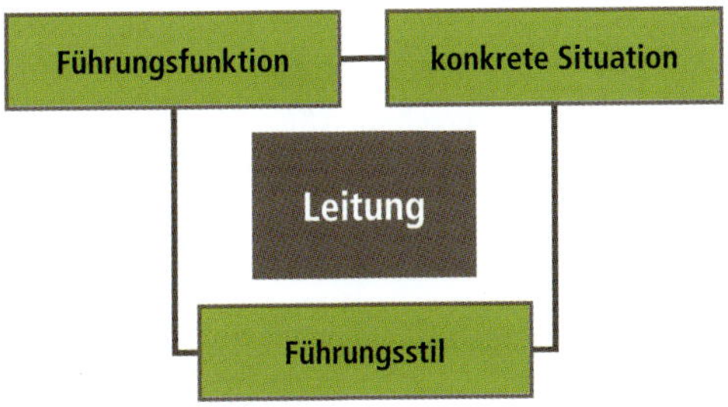

Bei den **Führungsfunktionen** unterscheidet man

- die **informationelle Funktion**: Die Heimleiterin sammelt und verbreitet alle für die alltägliche Aufgabenerfüllung ihrer Mitarbeiterinnen notwendigen Informationen innerhalb des Teams und sorgt für den Austausch von Informationen von „außen" nach „innen" und umgekehrt.
- die **interpersonelle Funktion**: Der Gruppenleiter sorgt für den Aufbau und die Aufrechterhaltung von Kontakten und Beziehungen innerhalb des Teams sowie zu Klienten, Angehörigen, Kooperationspartnern, zur Einrichtungsleitung oder zum Träger und zu den anderen Organisationseinheiten oder Teams.
- die **Entscheidungsfunktion**: In Organisationen und Teams müssen tagtäglich viele Entscheidungen getroffen werden. Der Leiter ist dafür verantwortlich, dass die notwendigen Entscheidungen getroffen werden. Er muss sie allerdings nicht alle selbst treffen, er kann sie auch delegieren. Manche Entscheidungen liegen nicht in seiner Zuständigkeit, sondern in der seiner Mitarbeiterinnen. Hier muss der Leiter sich vergewissern, dass diese Entscheidungen auch in angemessener Weise gefällt und umgesetzt werden. Die Entscheidungsfunktion beinhaltet auch die Entscheidung, an welchem Punkt die eigene Kompetenz des Leiters überschritten ist und er somit seinen eigenen Vorgesetzten in Entscheidungsprozesse einbeziehen oder Entscheidungen „nach oben" delegieren muss.

Diese drei Führungsfunktionen sind in unterschiedlichem Ausmaß Teil jeder Leitungsaufgabe. Menschen in Leitungsfunktionen entscheiden immer wieder neu, wie sie diese unterschiedlichen Funktionen wahrnehmen und miteinander vereinbaren können.

Die konkrete **Entscheidungssituation** ist dabei ein wichtiges Element. Der situative Entscheidungs- und Handlungsspielraum wird unter anderem durch die Art der Aufgabe bestimmt: Hat ein Team die Aufgabe, ein eigenes Konzept für die Gestaltung von Freizeit- und Bildungsangeboten für Klienten zu erstellen, oder besteht die Aufgabe darin, ein Konzept umzusetzen, das andere entwickelt haben? Gibt der Leiter einem Mitarbeiter den Auftrag, mit Angehörigen über die Besuchsregelung am Wochenende zu sprechen, oder ist es seine Aufgabe, einen grundsätzlichen Konflikt mit den Eltern zu klären?

Ein weiterer Faktor, der Einfluss auf die konkrete Wahrnehmung der Leitungsrolle in einer Situation hat, ist die Führungserfahrung, die ein Leiter oder eine Leiterin mitbringt. Sehr routinierte Leitungskräfte werden nicht mehr so leicht irritierbar sein durch Konflikte, die mit Leitungsaufgaben notwendigerweise verbunden sind. Andererseits verhindert es die Routine und Handlungssicherheit in manchen Situationen, Entscheidungen hinreichend zu erläutern und Mitarbeiterinnen „ins Boot zu holen". Auch die Bedürfnisse und die Einstellungen der Mitarbeiterinnen beeinflussen das Führungsverhalten: Treten Teams nach außen besonders geschlossen auf, muss der Leiter sich in seiner Rolle anders verhalten als gegenüber einem Team, das seine Leitungsintervention vielleicht übermäßig häufig einfordert, weil das Team selbst wenig entscheidungsfreudig oder entscheidungsfähig ist. Schließlich ist eine Leiterin in ihrem Leitungshandeln unmittelbar davon abhängig, wie sie selbst geleitet wird. Ein sehr rigoroser und kontrollierender Führungsstil eines Geschäftsführers wird es der Leiterin einer Kindertagesstätte nicht ermöglichen, selbst einen sehr offenen und kommunikativen Stil gegenüber ihren Mitarbeiterinnen umzusetzen: Sie wird manche Entscheidungen „von oben" mit ihren Mitarbeiterinnen nicht diskutieren können, wenn dies von der Leitungsebene über ihr nicht gewollt ist.

Die dritte Dimension des Leitungsverhaltens betrifft den **Führungs- oder Leitungsstil** einer Führungskraft, wie er zuerst von Max Weber beschrieben wurde. In der ersten Hälfte des 20. Jahrhunderts wurden die Forschungen zu Führungsstilen u. a. von dem Sozialpsychologen Kurt Lewin (1890–1947) fortgeführt. Er untersuchte die Wirkung verschiedener Führungsstile auf Gruppen (u. a. auf Atmosphäre, Gruppenzusammenhalt) (vgl. Lück/Lewin, 1996, S. 98).

Aufgabe

Nachfolgend sind die Merkmale der unterschiedlichen Führungsstile beschrieben. Beschreiben und diskutieren Sie mit einer Kollegin Vor- und Nachteile des jeweiligen Führungsstils im Hinblick auf Arbeitskontexte, die Sie kennen, aus der Perspektive der Mitarbeiterinnen.

Stil	Merkmale
Autoritärer Führungsstil	Alle Aktivitäten der Gruppen-/Teammitglieder werden durch den Leiter/die Leiterin bestimmt. Er/sie kommandiert, befiehlt, weist an. Er/sie kontrolliert die Umsetzung von Anweisungen rigoros. Die Verantwortung für das Gesamtgeschehen wird einseitig bei dem Leiter/der Leiterin verortet. Im Umgang mit Mitarbeitenden wird gelobt und getadelt, gedroht, eingeschüchtert, kontrolliert und zurechtgewiesen. Mitarbeitende werden wertend beurteilt. Das Verhalten des Leiters/der Leiterin ist für die Mitarbeitenden nicht vorhersehbar.
Kooperativer oder demokratischer Führungsstil	Verantwortung wird an Mitarbeitende delegiert. Mitarbeitende werden umfassend in Entscheidungsprozesse einbezogen. Wann und wie dies passiert, ist geklärt. Mitarbeitende erhalten zum Teil auch die Verantwortung für die Kontrolle ihrer Arbeit (z. B. Einhaltung von Dienstzeiten). Fremdkontrolle wird (teilweise) durch Eigenkontrolle ersetzt. Die Tätigkeit des Leiters/der Leiterin besteht primär darin, die Mitarbeitenden zu unterstützen, zu beraten, zu qualifizieren. Er/sie lobt und tadelt allenfalls sachbezogen, nie persönlich. Der/die Leiterin versteht sich als Teil des Teams.
Laissez-faire-Führungsstil	Die Mitarbeitenden arbeiten in allen Bereichen in voller Freiheit und auf eigenes Risiko. Der Leiter/die Leiterin schaltet sich nur sehr begrenzt ein. Eine Bewertung erfolgt in der Regel nicht. Der/die Leiterin verhält sich distanziert und neutral gegenüber dem Geschehen im Team.

Die Typologie von Lewin wurde erweitert durch das Führungsverhaltensgitter von Robert R. Blake und Jane S. Mouton (vgl. Blake/Mouton, 1978, S. 21). Sie stellen eine Verknüpfung von zwei Dimensionen des Führungsverhaltens her, indem sie nach der Sachorientierung einerseits und der Mitarbeiterorientierung andererseits fragen:

a) Wie sehr lässt sich ein Leiter/eine Leiterin von der Sache leiten – z. B. der Aufgabe, Menschen mit Behinderung im ambulant betreuten Wohnen optimal zu begleiten?
b) Wie sehr nimmt er oder sie Rücksicht auf die Konsequenzen, die das eigene Handeln für andere Menschen – Klientinnen/Klienten oder Mitarbeitende – mit sich bringt?

Daraus ergibt sich folgendes Schema:

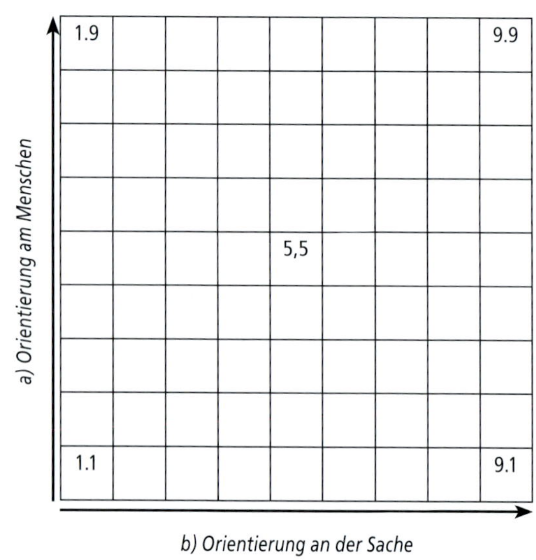

Position 1.1 stellt die „geringste mögliche Einwirkung auf die Arbeitsleistung und auf die Menschen" dar (Blake/Mouton, 1978, S. 33). Dieser Position entspricht in der Systematik von Kurt Lewin der Laissez-faire-Stil: Der Leiter/die Leiterin leitet nicht, nimmt in Entscheidungs- und Konfliktsituationen keine eigene Verantwortung wahr, sondern delegiert diese an untergebene Mitarbeiterinnen/Mitarbeiter.
Leiterinnen und Leiter, die sich auf der **Position 1.9** bewegen, führen sehr mitarbeiterorientiert. Es besteht eher ein harmonisches, stellenweise harmonisierendes Arbeitsklima. Die Arbeit leidet, das ist aber für den Leiter/die Leiterin nachrangig. „Sorgfältige Beachtung der zwischenmenschlichen Beziehungen führt zu einer bequemen und freundlichen Atmosphäre und zu einem entsprechenden Arbeitstempo" (Blake/Mouton, 1978, S. 33).
Eine Leiterin, die sich nicht deutlich positioniert und nicht entscheiden mag, bewegt sich sowohl in ihrer Mitarbeiter- wie in der Sachorientierung im Mittelfeld (**Position 5.5**). Es wird permanent nach Kompromissen gesucht, um die Balance zwischen Mitarbeiter- und Sachorientierung zu halten.
Die **Position 9.1** betont den Sachaspekt sehr deutlich und vernachlässigt den Blick sowohl auf Mitarbeiterinnen als auch auf Klienten. Diese Position kommt dem autoritären Führungsstil sehr nahe.
Auf der **Position 9.9** werden beide Orientierungen konsequent und kontinuierlich eingenommen. Mitarbeitende werden umfassend in Entscheidungsprozesse einbezogen, sind daher in der Regel hoch engagiert. Diese Position halten Blake/Mouton für das anzustrebende Ideal von Führung.

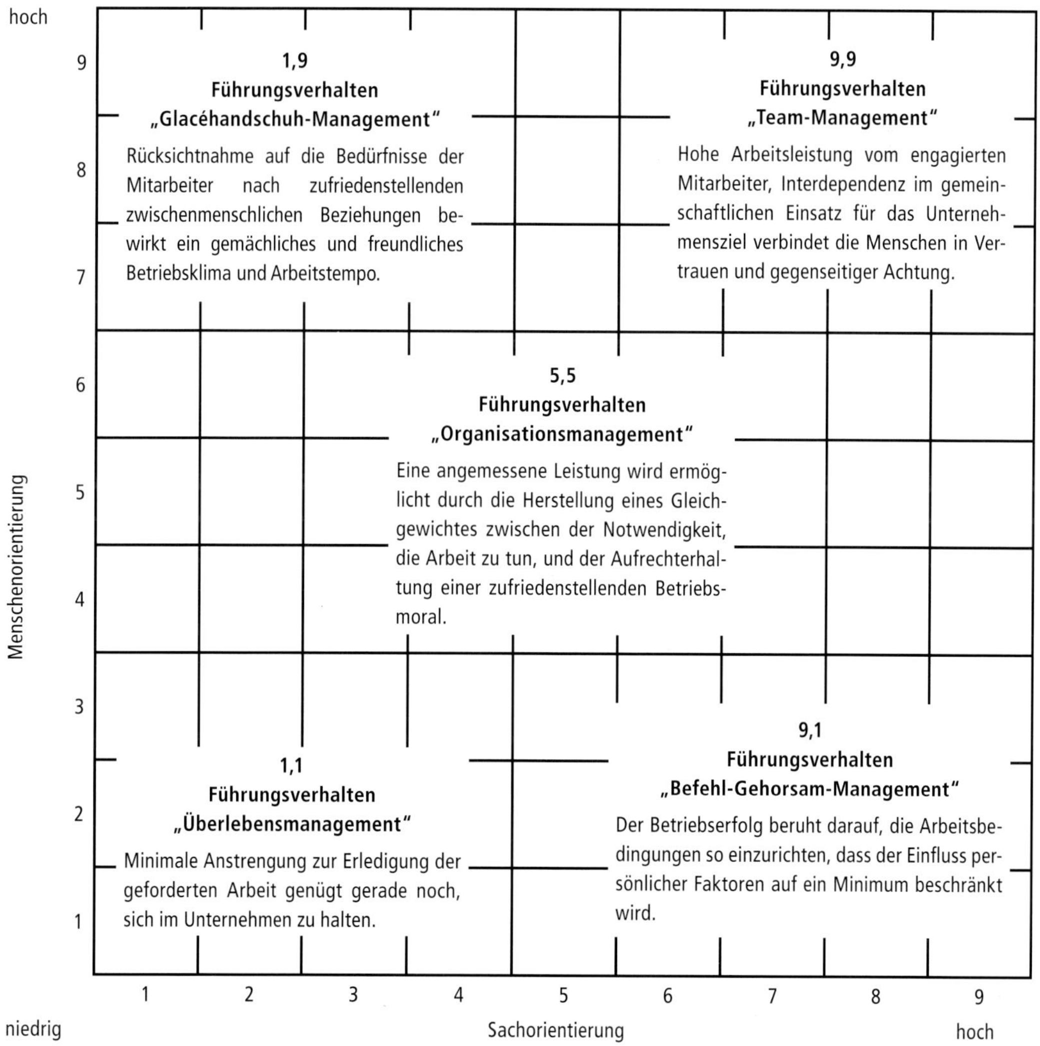

Das Führungsverhaltensgitter nach Blake/Mouton (1978, S. 28)

Aufgaben

1. *Vergegenwärtigen Sie sich Ihre letzte Chefin bzw. Ihren letzten Chef: Wie brachte/bringt er oder sie die Einhaltung der Sachorientierung und Menschenorientierung in Einklang? Welchem Führungstypus würden Sie ihn oder sie zuordnen?*

2. *Positionen Sie sich selbst: Welcher Führungstyp würden Sie selbst, wenn Sie in eine leitende Rolle kommen, am liebsten sein? Verteilen Sie „Platzkarten" mit den Führungstypen in einem Raster auf dem Fußboden. Ordnen Sie sich den Führungstypen zu und tauschen sich mit den anderen, die sich dort einfinden, aus: Warum halte ich diesen für den besten Platz für mich?*

Blake/Mouton (1978) erweiterten ihren Blick auf das Verhalten der Mitarbeitenden, die sich stellenweise zum Verhalten der Leitungsebene komplementär (ergänzend/bestätigend) verhalten.

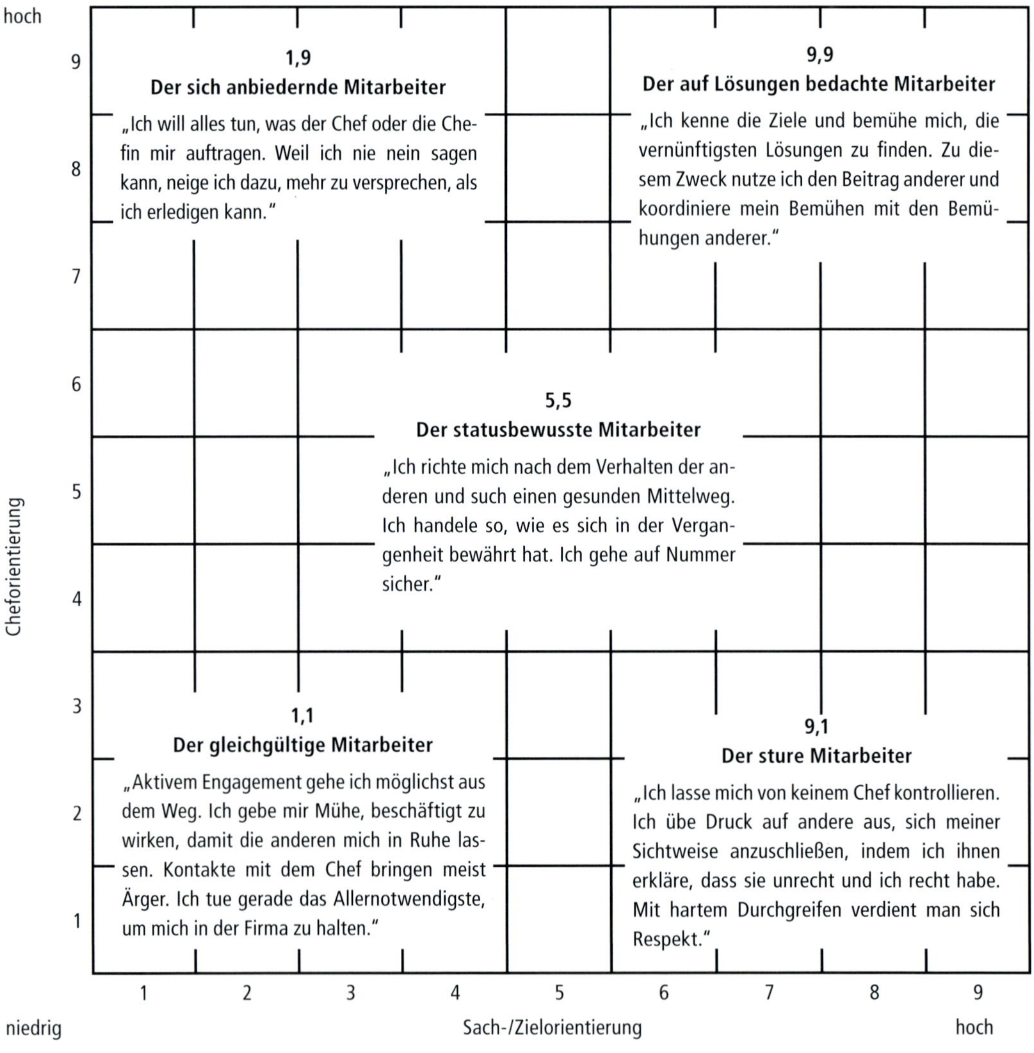

Verhalten der Mitarbeiter, nach Blake/McCanse (1992, S. 57)

Beispiel

Beispiel: Ein Mitarbeiter mit hoher Chef-Orientierung wird diesen eher hofieren und setzt bereitwillig alles um, was ihm aufgetragen wird. Er trägt dafür wenig Verantwortung selbst.

Die Modelle können hilfreich sein, um das Verhalten von Führungskräften und Mitarbeitenden besser einordnen und verstehen zu können. Sie sollten nicht wertend verstanden werden im Sinne einer Zuschreibung eines bestimmten Typus von Leiter oder Mitarbeiterin, den jemand ein für alle Mal verkörpert. Hilfreich können die Modelle vor allem zur Selbsteinschätzung sein.

Aufgabe

Diskutieren Sie Chancen und Grenzen der Modelle im Blick auf Erfahrungen mit Leitungspersonen und mit Leitungserfahrungen, die Sie selbst gemacht haben.

2.3 Ablaufstrukturen organisationaler Kernprozesse

In einer Organisation werden strukturelle Organisationsabläufe oder Geschäftsprozesse in der Regel in sogenannten Kernprozessen beschrieben. Darunter versteht man all die Tätigkeiten, die der direkten Erfüllung der Kundenbedürfnisse dienen. Kernprozesse leiten sich aus der Kernkompetenz einer Organisation ab, womit im Bereich der Eingliederungshilfe die Betreuung von Menschen mit Behinderung gemeint ist.

2.3.1 Personalgewinnung und Personalentwicklung

Zur Erbringung der vielfältigen Betreuungsaufgaben in sozialen Unternehmen ist die Ressource Mitarbeiter von zentraler Bedeutung. Dem Personalmanagement ist entsprechende Beachtung beizumessen. Verantwortliche in den Organisationen benötigen daher wirkungsvolle Verfahren zur Personalentwicklung und -gewinnung.

Maßnahmen zur Personalentwicklung verfolgen das Ziel, die Mitarbeiter oder die gesamte Organisation zu befähigen, ihre Aufgabe effizient zu bewältigen. Personalentwicklung hat die gezielte Förderung der Mitarbeiter im Blick und ist darauf ausgerichtet, die Unternehmensziele zu realisieren, ohne dabei die Bedürfnisse und die Qualifikation der Mitarbeiter zu vernachlässigen.

Vor der Personalentwicklung steht aber zunächst die Gewinnung von qualifizierten Mitarbeiterinnen und Mitarbeitern.

Personalgewinnung

Für die Erfüllung der Kernaufgabe – die Betreuung von Menschen mit Behinderung – benötigen soziale Einrichtungen qualifiziertes Personal. Zur Sicherstellung eines langfristigen Erfolges dieser Aufgabe ist es erforderlich, Mitarbeiter zu gewinnen, die neben der fachlichen Qualifikation auch persönliche und soziale Kompetenz mit einbringen können.

Mit dem Prozess der Personalgewinnung deckt ein Unternehmen seinen Personalbedarf. Grundlage für einen systematischen und strukturierten Prozess der Personalgewinnung ist daher die Erstellung von Anforderungsprofilen für die zu besetzenden Stellen. Sie sind die Basis für Personalauswahlverfahren und schaffen Klarheit bei Bewerbern darüber, welches Personal für welche Stelle gesucht wird.
Der Entwicklung eines erfolgreichen und effizienten Personalauswahl- und -einstellungsverfahren kommt daher zentrale Bedeutung zu. Solche Verfahren sind gekennzeichnet durch klar formulierte Anforderungskriterien sowie geeignete und aussagekräftige Auswahlinstrumente und ermöglichen so eine fundierte Auswahlentscheidung. Sie erfordern aber auch eine enge Kooperation zwischen der Leitung der Einrichtung, dem Mitarbeitervertretungsgremium oder weiteren am Einstellungsprozess Beteiligen wie z. B. Schwerbehindertenbeauftragten etc.
Die Auswirkungen eines effizient gestalteten Personalgewinnungsprozesses und deren Einfluss auf die Außenwirkung eines Unternehmens sind nicht zu unterschätzen. Durch die Art und Weise der Durchführung von Bewerbungsverfahren kann der Bewerber durchaus Rückschlüsse auf die Unternehmenskultur ziehen.

Vorbereitung der Stellenbesetzung

Die Personalgewinnung ist gebunden an die Personalkompetenz. In der Regel liegt diese bei dem Leitungspersonal einer Organisation. Der Leiter entscheidet im Rahmen seiner ihm zur Verfügung stehenden Ressourcen und seines Kompetenzbereiches über die Besetzung einer freien Stelle. Es liegt daher in seiner Verantwortung, vor der Einleitung eines Verfahrens zur Stellenbesetzung zu prüfen, ob eine freie Stelle wieder besetzt wird und wie das Anforderungsprofil aussieht.

- *Anforderungsprofil*
  Im Rahmen eines funktionierenden Qualitätsmanagementsystems finden sich die Anforderungsprofile in Organisationen in einem differenzierten System von Stellen-/ oder Funktionsbeschreibungen wieder. Sie geben Aufschluss über die Aufgaben und Tätigkeiten und die dafür erforderlichen und wünschenswerten Qualifikationen und Kompetenzen eines Mitarbeiters.
- *Stellenausschreibung*
  Auf der Grundlage eines Anforderungsprofils kann die Stellenausschreibung für die Besetzung der Stelle vorbereitet werden. Ziel einer Ausschreibung sollte sein, dass sich geeignete Personen durch eine Ausschreibung angesprochen fühlen und zur Bewerbung aufgefordert werden. Eine Ausschreibung sollte daher möglichst detailliert beschreiben und auflisten, welche Aufgaben und Tätigkeiten von dem künftigen Stelleninhaber erwartet werden und welche fachlichen und persönlichen Kompetenzen er mitbringen sollte.
  Bei der Ausschreibung einer Stelle sind bestimmte rechtliche Grundsätze zu beachten. Gemäß dem Landesgleichstellungsgesetz ist darauf zu achten, dass Menschen mit Schwerbehinderung oder Frauen nicht benachteiligt werden. Zudem sollten Formulierungen vermieden werden, die möglicherweise irgendwelche Personengruppen diskriminieren könnten. Dies könnte beispielsweise Merkmale zu Alter oder Herkunft betreffen.
- *Beteiligte*
  Die Entscheidung zur Besetzung einer Stelle liegt letztendlich bei demjenigen, der über die Personalkompetenz verfügt, jedoch sind an dem Einstellungsverfahren mehrere Personen zu beteiligen. In der Linie der Organisationsstruktur sind dies neben dem Leiter der Einrichtung meist Mitarbeiter auf Abteilungsleiter- und Gruppenleiterebene. Daneben hat das Mitarbeitervertretungsgremium ein Mitspracherecht. Dieses Gremium führt ebenfalls mit jedem Bewerber ein Vorstellungsgespräch. Möglicherweise sind auch Gleichstellungsbeauftragte oder Schwerbehindertenvertretungen zu beteiligen.
- *Ausschreibung*
  Grundsätzlich unterscheidet man zwischen interner und externer Ausschreibung. Bis auf die Stellen von mittlerer oder oberer Leitungsebene werden freiwerdende Stellen häufig zunächst **intern** (d. h. innerhalb der Einrichtung) über einrichtungseigene Informationswege (Aushänge etc.) ausgeschrieben. Bei der Vergabe einer neu zu besetzenden Stelle prüft der Leiter in der Regel auch Wechselwünsche von Mitarbeitern oder rückkehrende Mitarbeiter z. B. aus einer Elternzeit. **Extern** werden die Stellen ausgeschrieben, wenn sich aus dem Kreis der oben angesprochenen Personen niemand finden lässt oder es sich um eine völlig neu geschaffene Stelle oder eine

Stelle in mittlerer/gehobener Leitungsposition handelt. Formal sollten Ausschreibungen ein einheitliches Erscheinungsbild haben, damit die Einrichtung eindeutig identifiziert werden kann.

Auswahlverfahren

- *Zentrale/dezentrale Auswahlverfahren*
  Je nach Größe und Organisationsstruktur der Einrichtung gibt es unterschiedliche Personalauswahlverfahren. Große Einrichtungen und Unternehmen haben Personalabteilungen, die einen Großteil des Einstellungsverfahrens bearbeiten. In kleineren Einrichtungen wird möglicherweise das gesamte Einstellungsverfahren vom Leiter übernommen.
- *Vorauswahl*
  Nach Verstreichen der Bewerbungsfrist sichtet der für das Personalauswahlverfahren verantwortliche Mitarbeiter (in der Regel der Leiter) die eingegangenen Bewerbungen. Hilfreich ist es, für die eingehenden Bewerbungen einen sogenannten Bewerberspiegel anzulegen. Anhand der Anforderungskriterien lassen sich Kategorien (z. B. geeignet, bedingt geeignet etc.) entwickeln, die die Entscheidung erleichtern, welcher Bewerber zu einem Vorstellungstermin eingeladen wird.
- *Einladung zum Vorstellungsgespräch*
  Zum Vorstellungsgespräch werden alle Bewerber eingeladen, die dem Anforderungsprofil für die zu besetzende Stelle entsprechen und das Vorauswahlverfahren erfolgreich durchlaufen haben.

Vorstellungsgespräch

- *Terminfestlegung*
  Nach der Auswahl einer bestimmten Anzahl von Personen lädt der Leiter die Bewerber zu einem Vorstellungstermin ein. Er stimmt diesen mit den anderen am Einstellungsverfahren zu beteiligenden Personen ab. Diese Einladung kann schriftlich oder auch mündlich vereinbart werden. Möglicherweise kann es sinnvoll sein, dem Bewerber mit der Einladung weitere Informationen zur Einrichtung oder zu der zu besetzenden Stelle zukommen zu lassen.
- *Vorbereitung des Bewerbungsgespräches*
  Bewerbungsgespräche sollten einen vorher festgelegten strukturierten Verlauf haben. Ein an dem Anforderungsprofil orientierter Fragenkatalog kann sehr hilfreich sein und aussagekräftige Informationen über die Eignung eines Bewerbers liefern. Außerdem ist hierdurch eine gewisse Gleichbehandlung der Bewerber gesichert. Bei der Ausarbeitung von Fragestellungen sollte darauf geachtet werden, dass Fragen nicht suggestiv sind, sondern auf die Anforderungen bezogen und verhaltensorientiert. Sie sollten ebenfalls direkt auf die Stelle zugeschnitten sein. Fragen, die in der Regel gestellt werden, sind
  - Fragen zum persönlichen Werdegang/Biografie,
  - Fragen zur Motivation zum Wechsel des Arbeitsplatzes,
  - Fragen zur Vorstellung des neu zu besetzenden Arbeitsplatzes,
  - Fragen zum Anforderungsprofil,
  - Fragen des Bewerbers und
  - situative Fragen.

Nicht zulässig sind Fragen nach Partei- oder Gewerkschaftszugehörigkeit, Vorstrafen (wenn sie für die Tätigkeit ohne Bedeutung sind), Schwangerschaft oder Krankheiten etc.

- *Organisation*
  Gute Rahmenbedingungen bilden die Grundlage für ein ordentliches Vorstellungsgespräch. Sie ermöglichen einen offenen, sachlichen und vertrauensvollen Gesprächsverlauf. Zur Vorbereitung des Gespräches ist es daher erforderlich, einen geeigneten Raum zu reservieren, der Störungsfreiheit garantiert. Je nach zu besetzender Stelle wird für ein Bewerbungsgespräch zwischen 30 und 60 Minuten angesetzt.

Für das Setting eines Bewerbungsgespräches gibt es unterschiedliche Formen. Es kann eine Form des Gespräches gewählt werden, in dem der Bewerber einem Auswahlgremium von Mitarbeitern gegenübertritt. In einem anderen Setting finden mehrere Gespräche mit den einzelnen Personen hintereinander statt. So spricht z. B. zunächst der Leiter mit dem Bewerber, dann der Abteilungsleiter, in dessen Bereich die Stelle zu besetzen ist, und danach Vertreter des Mitarbeitervertretergremiums.

- *Durchführung des Bewerbungsgespräches*
  Entsprechend der Vorbereitung hat das Bewerbungsgespräch einen festgelegten Gesprächsverlauf:
  - Begrüßung des Bewerbers (Schaffung einer angenehmen Atmosphäre)
  - Vorstellung des Ablaufs des Bewerbungsverfahren und der am Prozess beteiligten Personen
  - Rückfragen zu den Unterlagen des Bewerbers
  - Vorstellung des Bewerbers (Motivation für die Bewerbung)
  - Ermittlung der Position des Bewerbers zu dem ausgeschriebenen Arbeitsplatz
  - Vorstellung des Arbeitsplatzes durch den Leiter (einschließlich Aussagen zur tariflichen Bezahlung)
  - Überprüfung des Bewerbers im Hinblick auf die Eignung für die Stelle (z. B. anhand des vorher erarbeiteten Fragenkataloges)
  - Besprechung arbeitsrechtlicher Fragestellungen
  - Raum für Rückfragen des Bewerbers
  - Hinweise zum weiteren Verlauf des Bewerbungsverfahrens (Hospitation, Entscheidungswege)
  - Verabschiedung

Bei dem Gesprächsverlauf sollte darauf geachtet werden, dass die Gesprächsanteile des Bewerbers höher sind als die des Leiters oder des Auswahlgremiums, damit der Bewerber ausreichend Gelegenheit hat, seine Vorstellungen und Überzeugungen zu präsentieren und seine Eignung für die ausgeschriebene Stelle unter Beweis zu stellen. Im Anschluss an das Gespräch kann eine Besichtigung des Arbeitsplatzes sinnvoll sein.

Auswertung des Vorstellungsgespräches

Auf der Basis des Anforderungsprofils, der Auswertung des Fragenkataloges und des persönlichen Eindrucks des Bewerbers trifft der für das Auswahlverfahren verantwortliche Leiter eine Entscheidung zu dem oder den Bewerbern, die in die engere Auswahl kommen. Hierzu berät er sich mit den anderen am Auswahlverfahren beteiligten Personen und holt deren Stellungnahme zur Eignung der einzelnen Bewerber ein. Für die dann ausgewählten Bewerber kann im weiteren Verfahren eine Hospitation zum Kennenlernen des Arbeitsplatzes vereinbart werden. Nach einer solchen Hospitation werden die Eindrücke mit den Bewerbern und anderen Personen zusammengetragen, um zur endgültigen Entscheidung für die Besetzung des Arbeitsplatzes zu kommen.
Vor der endgültigen Entscheidung des Leiters muss die Zustimmung des Mitarbeitervertretungsgremiums eingeholt werden. Ohne diese Zustimmung kann die Stelle nicht besetzt werden.

Einstellung

Auf der Grundlage des oben beschriebenen Verfahrens spricht der Mitarbeiter mit der entsprechenden Personalkompetenz die Zusage für die Besetzung einer Stelle gegenüber dem ausgewählten Bewerber aus.
Der Leiter teilt dem Bewerber die Nachricht schriftlich mit und gibt den Dienstbeginn bekannt. Am Tag des Dienstbeginns wird der neue Mitarbeiter vom Leiter begrüßt. Er händigt ihm den Dienstvertrag aus. Danach wird der neue Mitarbeiter von weiteren in der Hierarchie der Organisation relevanten Mitarbeitern (Abteilungsleiter, Gruppenleiter) begrüßt und an seinen Arbeitsplatz begleitet.
Das Einstellungsverfahren ist nach Ablauf der Probezeit beendet. In der Regel gelten hierfür sechs Monate. Erst danach ist der Arbeitsplatz besetzt.

Personalentwicklung

Unter Personalentwicklung versteht man im Allgemeinen alle Maßnahmen der Bildung, der Förderung und der Organisationsentwicklung, die von einer Organisation oder Person zielorientiert geplant, realisiert und evaluiert werden (vgl. Becker, 2005, S. 4).

Inhaltlich befasst sich Personalentwicklung mit der Aus- und Weiterbildung sowie der Schulung von Mitarbeitern. Hinzu kommen aber auch Maßnahmen, die der Förderung der Unternehmensentwicklung und der Realisierung deren Zielsetzung dienen. Personalentwicklung hat die Aufgabe, Mitarbeiter aus- und weiterzubilden, um ihre fachlichen, sozialen und auf ihren Aufgabenbereich bezogenen methodischen Kompetenzen zu fördern.

Ziele der Personalentwicklung

Personalentwicklung fokussiert daher folgende Ziele. Sie soll

- Mitarbeiter bestmöglich auf ihren jeweiligen Einsatzbereich vorbereiten,
- Mitarbeiter bestmöglich über aktuelle Anforderungen im Einsatzbereich informieren und weiterbilden,
- Mitarbeiter im Hinblick auf zukünftige Anforderungen schulen,
- Wissen und Erfahrung im Hinblick auf soziale und fachlichen Kompetenzen vermitteln,
- den Nachwuchs fördern und sichern,
- die Motivation und das Bildungsinteresse der Mitarbeiter erhöhen,
- die Sicherstellung der Erreichung der Unternehmensziele verbessern (gute Betreuung),
- die Fluktuation von Mitarbeiten vermindern,
- das Führungsverhalten sichern und verbessern sowie
- die Außenwirkung des Unternehmens sichern und verbessern.

Der Personalentwicklung kommt daher in einem Unternehmen besondere Bedeutung zu. Durch gezielte Personalentwicklungsmaßnahmen ist es für ein Unternehmen leichter, sich an veränderte äußere Bedingungen wie Änderungen in der Gesetzgebung bezüglich der Behindertenpolitik (z. B. Persönliches Budget) anzupassen oder auch Umstrukturierungsprozesse durch geänderte Unternehmensbedingungen innerhalb der Einrichtung anzustoßen. Auch die Ausschöpfung der verfügbaren Ressourcen wird sich verbessern.
Mitarbeiter profitieren ebenfalls von einem gut strukturierten Personalmanagement. Sie sichern ihren Qualifikationsstand, halten diesen aktuell und verbessern dadurch ihre Chancen auf dem Arbeitsmarkt. Durch Aus- und Weiterbildungsmaßnahmen kann sich der Mitarbeiter für höhere Positionen in der Einrichtung qualifizieren. Die kontinuierliche Teilnahme an Maßnahmen der Weiterbildung steigert zudem die persönliche und geistige Beweglichkeit der Mitarbeiter.

Becker unterscheidet drei zentrale Bereiche der Personalentwicklung:

Bildung	Förderung	Organisationsentwicklung
• Berufsausbildung • Weiterbildung • Führungsbildung • Umschulung • Anlernung • …	• Auswahl und Einarbeitung • Arbeitsplatzwechsel • Auslandseinsatz • Nachfolge- und Karriereplanung • Leistungsbeurteilung • Coaching • …	• Teamentwicklung • Projektarbeit • sozio-technische Systemgestaltung • …
PE im engen Sinne = Bildung	**PE im weiteren Sinne** = Bildung + Förderung	**PE im weiten Sinne** = Bildung + Förderung + Organisationsentwicklung (OE)

Inhalte der Personalentwicklung (aus: Becker, 2005, S. 4)

I **Bildung**

Klassisch hat die Personalentwicklung zentral die Berufsbildung, die allgemeine und fachliche Weiterbildung, Fertigkeiten, die Fortbildung von Mitarbeitern in Leitung und deren Führungsverhalten und Methodik sowie die systematische Bildung im Hinblick auf die Ausübung bestimmter Tätigkeiten im Fokus.

II **Förderung**

Neben der Bildung steht der Aspekt der Förderung im Vordergrund. Sie folgt dem Prinzip der Individualisierung auf der Basis von strukturierten Mitarbeitergesprächen (Zielvereinbarungsgespräch), persönlicher Karriereplanung etc. Sie zielt ab auf eine für den Mitarbeiter oder auch Gruppen von Mitarbeitern abgestimmte und den Anforderungen entsprechende Entwicklung, aber auch auf die Beratung zur Arbeitsgestaltung. Förderung soll der Sicherung des Unternehmens an sich ändernde Anforderungen dienen. Ihr kommt daher eine immer wichtigere Bedeutung zu. Es reicht nicht aus, nur detaillierte, differenzierte Funktionsbeschreibungen für alle Mitarbeiter zu haben, da sie ohne Anpassungsprozesse statisch sind.

III **Organisationsentwicklung**

Organisationen müssen sich in Bezug auf die Erledigung ihrer Kernaufgaben ständig auf sich verändernde Anforderungen und Bedingungen einstellen. Beispielsweise können sich Anforderungsprofile für Tätigkeiten der Mitarbeiter grundlegend ändern (z. B. durch die Einführung des computergestützten Arbeitsplatzes in der Betreuung). Durch die Etablierung des ambulant betreuten Wohnens mussten in vielen Einrichtungen bisherige Teamkonzepte verändert werden.

Viele Arbeiten werden heute nicht mehr zwangläufig in der hierarchischen Organisationstruktur erledigt, sondern auf der Basis von Projektarbeit.

Organisationsentwicklung ist originäre Aufgabe von Mitarbeitern in Leitungsfunktion. Diese haben den Auftrag, im Sinne der Unternehmensstrategie einerseits die Mitarbeiter durch Bildung und Förderung, andererseits die gesamte Organisation an den aktuellen Erfordernissen zur bestmöglichen Erledigung der Aufgabe auszurichten und entsprechende personelle, strukturelle Anforderungen anzuregen und anzupassen.

Personalentwicklung in der Praxis

Im Folgenden werden exemplarisch zwei zentrale Elemente der Personalentwicklung dargestellt, die sich im beruflichen Alltag eines Heilerziehungspflegers wiederfinden:

Einarbeitung neuer Mitarbeiter

Der sorgfältigen Einarbeitung neuer Mitarbeiter kommt elementare Bedeutung zu. Sie sollen befähigt werden, ihren Dienst kompetent und verantwortungsbewusst wahrzunehmen. Damit kann die Basis für eine dauerhafte Zufriedenheit am Arbeitsplatz geschaffen werden.

Der neue Mitarbeiter erhält mit seiner Anstellungszusage genaue Informationen zu seinem ersten Arbeitstag, welche persönlichen Papiere er wo vorzulegen hat und wie das Prozedere der Begrüßung vonstatten geht. Das Ablaufschema eines Einarbeitungsprozesses könnte folgendermaßen aussehen:

Der erste Arbeitstag beginnt mit der Begrüßung durch die Leitung der Einrichtung. Dies kann je nach Größe und Struktur der Einrichtung z. B. der Heimleiter, der Wohnbereichs-, Abteilungs-, Gruppenleiter etc. sein. Es folgt die Besprechung und Aushändigung des Dienstvertrages, die Aushändigung des Leitbilds der Einrichtung (Leitbilder enthalten Aussagen zu den Unternehmenszielen), gegebenenfalls werden weitere erforderliche Informationen gegeben oder der neue Mitarbeiter erhält z. B. die Berechtigung zur Aushändigung von Einrichtungsschlüsseln für den Zugang zum Arbeitsplatz.

Einrichtungsabhängig ist eine Vorstellung in der Personalabteilung erforderlich, um dort persönliche Unterlagen wie Lohnsteuerkarte oder Krankenversicherungskarte vorzulegen. Zur Sicherung des Datenschutzes ist in der Regel eine Erklärung zur Verschwiegenheit zu unterzeichnen. Weiterhin erhält der Mitarbeiter Informationen und Erläuterungen zu Abläufen, die gerade bei Dienstantritt von Bedeutung sind.

Danach begrüßt der zuständige Wohnbereichs- oder Abteilungsleiter den neuen Kollegen und begleitet ihn zur Einsatzstelle. Dort wird er von dem Mitarbeiter in der Einsatzstelle (z. B. dem Gruppenleiter) erwartet und begrüßt.
In der Einsatzstelle sollte ein Mitarbeiter benannt werden, der verantwortlich die Einarbeitung des neuen Kollegen übernimmt. Der Mitarbeiter erhält seinen Dienstplan. Anhand einer Checkliste wird die weitere Einarbeitung besprochen. Solche Checklisten benennen Aspekte, die für eine effiziente Einarbeitung von Bedeutung sind. Dies sind in der Regel grundlegende Informationen zur Arbeitsaufgabe in der Einsatzstelle, zu Arbeitsabläufen, Absprachen zu Terminen für Reflektionsgespräche oder Probezeitgespräche etc.

In der **Einarbeitungsphase** (ca. acht Wochen) arbeitet der für die Einarbeitung verantwortliche Mitarbeiter anhand der oben benannten Checkliste den neuen Kollegen auf der Basis gemeinsamer Dienste ein. Dieser lernt die anderen Kollegen des Mitarbeiterteams kennen. Er erhält grundlegende Informationen zu der zu betreuenden Klientel und wird mit den elementaren Arbeitsabläufen in der Einsatzstelle vertraut gemacht. In regelmäßigen Reflexionsgesprächen vergewissern sich Anleiter und der neue Kollege über den Stand der Einarbeitung. Ergänzend erhält der neue Kollege möglicherweise noch gezielte Schulungen, die die Einrichtung für die Einarbeitung neuer Mitarbeiter im Hinblick auf die zu erledigende Aufgabe für besonders bedeutsam hält (z. B. Schulungen im Umgang mit besonders herausforderndem Verhalten von Bewohnern). Während dieser Zeit ist der Anleiter mit seinem Vorgesetzten im Austausch und informiert ihn regelmäßig über den Stand der Einarbeitung.

Die **Probezeit** ist eine Bewährungszeit und dient dazu, eine gemeinsame Arbeitsbasis miteinander zu entwickeln. Die verschiedenen Tarifsysteme sehen bei einer Anstellung meist eine Probezeit von sechs Monaten vor. Die Probezeit dient auch dazu, sich aufeinander einzustellen und die jeweiligen Stärken und Schwächen kennenzulernen. Während dieser Zeit haben beide Vertragspartner die Möglichkeit, das Anstellungsverhältnis ohne Angabe von Gründen zum Monatsende zu kündigen.
Arbeitsrechtlich ist vorgesehen, dass der Vorgesetzte zum Ende der Probezeit das sogenannte Probezeitgespräch mit dem neuen Mitarbeiter durchführt. Im gemeinsamen Gespräch wird die Checkliste im Hinblick auf die vollständige Erledigung der dort aufgeführten Aspekte überprüft. Auf dieser Grundlage und aus den Rückmeldungen des Anleiters sowie der anderen Teammitglieder nimmt der Vorgesetzte eine Einschätzung vor und entscheidet über die Weiterbeschäftigung des neuen Kollegen. Das Ergebnis wird schriftlich fixiert und zur Personalakte genommen.
Für den Prozess der Einarbeitung ist es förderlich, bereits nach ca. der Hälfte der Probezeit ein gemeinsames Gespräch zwischen dem neuen Kollegen, dem Anleiter und dem Vorgesetzten zu führen. Dies wirkt vertrauensbildend und der Mitarbeiter hat gegebenenfalls noch Zeit, innerhalb der Probezeit an seinem Arbeitsverhalten zu arbeiten.
Mit der Entscheidung zur Übernahme ist die Einarbeitung des neuen Mitarbeiters abgeschlossen. Er ist nun in der Lage, die volle berufliche Verantwortung in seiner Einsatzstelle zu übernehmen.

Das Mitarbeitergespräch

Im beruflichen Alltag eines Heilerziehungspflegers gehört das Führen von Gesprächen in unterschiedlichster Form zum Arbeitsalltag. Gespräche zwischen Mitarbeiter und Vorgesetztem zählen auch dazu und sind wesentlicher Bestandteil einer effektiven und vertrauensvollen Zusammenarbeit.
Viele Dienstgespräche dienen der Erledigung der täglichen Arbeit. Sie bieten aber selten den Rahmen, umfassender und grundlegender zu dem Aufgabenbereich des Mitarbeiters, zur Zusammenarbeit zwischen Mitarbeiter und Vorgesetztem oder aber über Entwicklungsperspektiven für den Mitarbeiter zu sprechen. Mitarbeitergespräche mit einer solchen Ausrichtung sind zentrales Führungsinstrument eines Leiters. Solche Gespräche werden auch Führungsgespräche oder Zielvereinbarungsgespräche genannt.

Sinn und Zweck dieser Gespräche ist es,

- die Kommunikation zwischen Vorgesetztem und Mitarbeiter zu thematisieren und so zu gestalten, dass eine vertrauensvolle Zusammenarbeit auch langfristig angestrebt und sichergestellt wird,
- die Leistungsfähigkeit und die Arbeitszufriedenheit des Mitarbeiters zu erhalten und zu erhöhen,
- die Aufgaben und Verantwortlichkeiten des Mitarbeiters und der damit verbundenen Aufgabenschwerpunkte und Ziele zu klären,
- die Arbeitsergebnisse des Mitarbeiters durch den Vorgesetzten in einer angemessenen Form zu bewerten und zu beurteilen, Stärken und Schwächen zu benennen sowie Vorschläge für geeignete Maßnahmen zur Verbesserung und Qualifizierung darzulegen,
- die Umsetzung der Einrichtungsziele und der zentralen Aufgabenstellung sicherzustellen.

Das Mitarbeitergespräch schafft Klarheit für den Mitarbeiter im Hinblick darauf, welche Erwartungen an ihn gestellt werden. Es basiert auf Kooperation und gegenseitigem Respekt. Der Dialog setzt auf klare Rückmeldungen zur Arbeitssituation, zur Arbeitsbeziehung, zur Arbeitsatmosphäre, zum persönlichen Verhalten und zu den Leistungen. Den Gesprächspartnern ist bewusst, dass es sich bei den Rückmeldungen immer um subjektive Einschätzungen nach individuellen Maßstäben handelt. Eine offene Gesprächsatmosphäre sorgt aber für eine transparente Darstellung von Problemen und ist so Basis für Absprachen zur Verbesserung. Rückmeldungen sollten sich dabei immer auf konkrete Sachverhalte, Verhaltens- oder Leistungsaspekte beziehen und durch die Benennung von Beispielen für den Gesprächspartner nachvollziehbar sein.

Mitarbeitergespräche finden in der Regel einmal jährlich statt und haben folgende **Inhalte**:

- *Jahresrückblick*
  Der Vorgesetzte und der Mitarbeiter halten eine Rückschau auf das zurückliegende Jahr. Wichtige Themen und Aufgaben des vergangenen Jahres werden dabei in den Blick genommen. Die damaligen Zielvereinbarungen werden mit dem erreichten Stand verglichen und bewertet.
- *Auswertung und Schlussfolgerung/Vorgesetzten-Feedback*
  Es findet eine gemeinsame Auswertung und Schlussfolgerung aus der Rückschau verbunden mit einem Feedback des Vorgesetzten statt. Aus der gemeinsamen Analyse benennt der Vorgesetzte die Stärken und Schwächen des Mitarbeiters –verbunden mit Vorschlägen und Wünschen an seine Entwicklungsmöglichkeiten (z. B. Teilnahme an einer gezielten Fortbildungsmaßnahme). Darüber hinaus können auch eine Bewertung der Stellenanforderung des Mitarbeiters sowie möglicherweise notwendige Veränderungen angesprochen werden. Eine derartige Gesprächsführung erfordert von beiden Gesprächspartnern die Fähigkeit zur Selbst- und Fremdkritik.

- *Feedback des Mitarbeiters an den Vorgesetzten*
  Der Mitarbeiter sollte die Gelegenheit haben, seinem Vorgesetzten ein Feedback zu seinem Führungsverhalten zu geben. Er weist dabei auf fördernde oder behindernde Bedingungen im Hinblick auf die Aufgabenerfüllung hin. Der Vorgesetzte erhält so eine Rückmeldung, wie hilfreich oder auch lückenhaft seine Arbeits- und Orientierungshilfen sind.

- *Analyse der Rahmenbedingungen am Arbeitsplatz*
  Die Analyse der Rahmenbedingungen am Arbeitsplatz zielt darauf ab, die vorhandenen Ressourcen und Strukturen auf ihre Auswirkungen auf die Arbeitsleistung des Mitarbeiters hin zu untersuchen und zu besprechen.

- *Festlegung einer Zielvereinbarung für das kommende Jahr*
  Gemeinsam vereinbaren der Vorgesetzte und sein Mitarbeiter Ziele für den nächsten Planungszeitraum. Die Vereinbarung von Zielen ist sowohl auf die Aufgaben des Mitarbeiters hin ausgerichtet als auch auf seine persönliche Entwicklung. Individuell abgestimmte Ziele sind dabei immer einzubinden in die Gesamtziele der Organisation.
  Aufgabenorientierte Ziele enthalten konkrete inhaltliche und zeitliche Vereinbarungen. Solche Zielvereinbarun-

gen finden sich auch in den Stellen- oder Arbeitsplatzbeschreibungen der Mitarbeiter wieder. Dort sind bereits Aussagen zu Kernaufgaben beschrieben. Insgesamt ist zwischen Leistungs-, Funktions- und Persönlichkeits- bzw. Verhaltenszielen zu unterscheiden.
Mit der Festlegung von Leistungszielen können Arbeitsergebnisse messbar gemacht werden. Bei der Festlegung von Funktionszielen geht es darum, Ziele zu vereinbaren, die sich auf die Gestaltung des Aufgabenspektrums des Mitarbeiters beziehen. Die Vereinbarung von Persönlichkeits- oder Verhaltenszielen ist ausgerichtet auf das Entwicklungspotenzial eines Mitarbeiters. Im Gegensatz zu den Leistungszielen ist es schwierig, Funktions- und Persönlichkeitsziele exakt überprüfbar zu machen. Sie bedürfen der gemeinsamen Definition, Beobachtung und Bewertung.
Grundsätzlich sollten Ziele immer konkret und nachvollziehbar formuliert sein. Vereinbarte Ziele sollten für den Mitarbeiter erreichbar sein. Immer sollten sie konkrete Aussagen über Inhalt und Ausmaß der zu bewältigenden Aufgabe enthalten und in direktem Zusammenhang mit dem Aufgabengebiet des Mitarbeiters stehen. Zielvereinbarungen sollten dem Mitarbeiter immer auch einen Handlungsspielraum lassen.

Struktur des Mitarbeitergespräches

Der Vorgesetzte ist verantwortlich für die Durchführung des Mitarbeitergespräches mit seinen direkt nachgeordneten Mitarbeitern. Die Gespräche finden auf Anordnung des Vorgesetzten statt, können aber auch vom Mitarbeiter eingefordert werden.
Das Gespräch ist vertraulich. Inhalte des Gesprächs können nur nach gemeinsamer Vereinbarung an Dritte, z. B. den nächsthöheren Vorgesetzten, weitergegeben werden.
Der Vorgesetzte lädt den Mitarbeiter mit einer ausreichenden Vorlaufzeit (mindestens 14 Tage) ein. Für das Gespräch sollte genügend Zeit zur Verfügung stehen. Das Gespräch findet in der Regel im Büro des Vorgesetzten statt und sollte frei von äußeren störenden Einflüssen sein.
Die Inhalte und Ergebnisse werden in einem Protokoll dokumentiert. Mitarbeiter und Vorgesetzter unterzeichnen als Zeichen des Einverständnisses mit den Inhalten das Protokoll und erhalten jeweils eine Ausfertigung.

Aufgaben

1. *Welche Bedeutung hat Ihrer Meinung nach Personalentwicklung für ein Unternehmen? Beschreiben Sie wesentliche Inhalte.*
2. *Erstellen Sie ein Anforderungsprofil für einen Arbeitsplatz in einem stationären oder ambulanten Setting.*
3. *Entwickeln Sie daraus eine Ausschreibung für diesen Arbeitsplatz.*
4. *Bereiten Sie ein Vorstellungsgespräch vor. Entwickeln Sie dazu eine Checkliste für die Durchführung eines Vorstellungsgespräches.*
5. *Führen Sie vor der Gruppe exemplarisch ein Vorstellungsgespräch durch.*
6. *Welche weiteren Elemente der Personalentwicklung kennen Sie?*

2.3.2 Personaleinsatzplanung und Dienstplangestaltung

Die wichtigste Ressource, die in der Betreuung und Begleitung von Menschen mit Behinderung zur Verfügung steht, ist die Arbeitszeit der Mitarbeiter. Deshalb muss diese sorgfältig geplant und sinnvoll eingesetzt werden. Gleichzeitig unterliegt die Personaleinsatzplanung und Dienstplangestaltung verschiedenen Gesetzen, Regelungen, persönlichen und nicht zuletzt fachlichen Ansprüchen.

Die Ziele einer guten Personaleinsatzplanung und Dienstplangestaltung sind daher
- eine möglichst gute Betreuung und Begleitung der Klienten,
- unter Berücksichtigung der verschiedenen rechtlichen und organisatorischen Vorgaben,
- bei möglichst großer Arbeitszufriedenheit der Mitarbeiter.

Diese Ziele sind immer miteinander vernetzt und aufeinander bezogen:

Ziele einer guten Personaleinsatzplanung und Dienstplangestaltung

An der Unterschiedlichkeit der Ziele, die nicht immer gleichzeitig zu erfüllen sind, wird deutlich, dass es sich um eine sehr komplexe Aufgabe handelt, deren Bewältigung die Kenntnis der verschiedenen Rahmenbedingungen voraussetzt.

Betreuung und Begleitung der Klienten

Je nach Arbeitsbereich bezieht sich die Aufgabe der Betreuung und Begleitung auf ganz verschiedene Themen. In der Werkstatt für Menschen mit Behinderung steht der Aspekt einer sinnerfüllenden Arbeit im Vordergrund. In einem Wohnheim liegt dagegen der Schwerpunkt auf der alltäglichen Lebensgestaltung und in einem Kindergarten u. a. auf dem Ermöglichen vielfältiger Lernerfahrungen. Allen Bereichen aber ist gemeinsam, dass sie eine Planung der Betreuung mit je individuellen Zielen für den Einzelnen voraussetzen.
Unter dem Aspekt der Personaleinsatzplanung ist also zu bestimmen, welcher Zeitaufwand für die konkrete Umsetzung der geplanten Betreuung erforderlich ist: Wie viel Zeit ist beispielsweise für die Körperpflege eines Menschen mit komplexer Mehrfachbehinderung erforderlich? Wie viel Zeit erfordert das Reichen des Frühstücks? Welche Zeit nimmt der zu begleitende Weg von der Wohngruppe zur Werkstatt für Menschen mit Behinderung in Anspruch? Dazu kommt aber auch der Aufwand für die Planung (z. B. Bezugsbetreuung, Teamgespräche, Informationssammlung, Aktenstudium, Dokumentation), für vor- und nachbereitende Arbeiten (z. B. Arbeitsvorbereitung, Materialbeschaffung oder -erstellung, Aufräumarbeiten), für die Arbeit im bzw. mit dem Umfeld (z. B. Gespräche mit Angehörigen, Fachdiensten, Behörden, Hilfsmittelversorgung) sowie für weitere Arbeiten wie z. B. hauswirtschaftliche Tätigkeiten etc.
Neben der konkreten, direkten Arbeit mit den Klienten gibt es also zahlreiche weitere Aufgaben, die Arbeitszeit erfordern und bei der Personaleinsatzplanung und Dienstplangestaltung berücksichtigt werden müssen.

Rechtliche und organisatorische Vorgaben

Rechtliche Vorgaben

Die Gestaltung eines Dienstplanes unterliegt verschiedenen rechtlichen Vorgaben.
Zum einen ist das Arbeitszeitgesetz zu beachten. Dieses Gesetz dient dazu, die Sicherheit und den Gesundheitsschutz der Arbeitnehmer bei der Arbeitszeitgestaltung zu gewährleisten und die Rahmenbedingungen für flexible Arbeitszeiten zu verbessern sowie den Sonntag und die staatlich anerkannten Feiertage als Tage der Arbeitsruhe und der seelischen Erhebung der Arbeitnehmer zu schützen. Es beschreibt den Umfang der täglichen Arbeitszeit, schreibt Pausen und Ruhezeiten vor, die Anzahl von Arbeitstagen innerhalb einer Woche, Möglichkeiten von Mehrarbeit und deren Ausgleich etc. In unterschiedlichen Tarifverträgen und Betriebsvereinbarungen wird dieses Gesetz oftmals ergänzt.
Zum anderen sind aber auch Vorgaben anderer für die jeweilige Einrichtung relevanter Gesetze zu beachten wie beispielsweise das Wohn- und Teilhabegesetz von Nordrhein-Westfalen. In diesem Gesetz ist in § 12 Abs. 3 geregelt, „dass mindestens die Hälfte der mit betreuenden Tätigkeiten beauftragten Beschäftigten Fachkräfte sind" (Kittner/Pieper, 2006, S. 14). Hier ist also die sogenannte Fachkraftquote zu beachten.

Der Dienstplan ist aber auch für den Mitarbeiter aus arbeitsrechtlicher Sicht ein wichtiges Dokument. Über den Dienstplan führt der Mitarbeiter Nachweis über seine Arbeitszeiten. Eine nicht genehmigte, eigenmächtige Veränderung der Arbeitszeiten kann arbeitsrechtliche Folgen nach sich ziehen. Auch Haftungsfragen, z. B. bei einem Unfall auf dem Weg zur bzw. von der Arbeit, können anhand eines Dienstplanes geklärt werden.

Organisatorische Vorgaben

Weitere Vorgaben für den Personaleinsatz sind organisatorischer Natur. So darf bei der Personaleinsatzplanung und Dienstplangestaltung nur die tatsächlich zur Verfügung stehende Arbeitszeit verplant werden. Für Urlaub, Fortbildung und Krankheitstage der Mitarbeiter (ca. 20 % der Gesamtarbeitszeit) wird ebenfalls Arbeitszeit angerechnet, die aber nicht verplant werden kann. Um mit den vorhandenen Ressourcen auszukommen, ist es also unbedingt notwendig, diese Zeiten in der Planung zu berücksichtigen.

Eine weitere organisatorische Anforderung stellt beispielsweise der Einsatz von Praktikanten dar. So sollen in Ausbildung befindliche Heilerziehungspfleger bei ihren Praktika eine qualifizierte Anleitung erhalten. Das bedeutet bei der Planung des Personaleinsatzes, dass Praktikanten nur dort eingesetzt werden können, wo eine fachlich qualifizierte Anleitung sicherzustellen ist. Darüber hinaus müssen auch gemeinsame Arbeitszeiten von Praktikant und Anleiter sowie Zeiten für Anleitungs- und Reflexionsgespräche mit eingeplant werden.

Nicht zuletzt ist die Planung des Urlaubs eine wichtige organisatorische Anforderung. Der Urlaub dient der Erholung und dem Ausgleich. Es sollte also jeder Mitarbeiter rechtzeitig und ausreichend lange Urlaub nehmen können. Bei der Planung ist zu berücksichtigen, dass eine ausreichende Zahl von Mitarbeitern für die Erledigung der Arbeit zur Verfügung steht und nach Möglichkeit auch Unvorhergesehenes wie die Erkrankung von Mitarbeitern ausgeglichen werden kann.

Arbeitszufriedenheit der Mitarbeiter

Ein wesentlicher Aspekt bei der Personaleinsatzplanung und Dienstplangestaltung ist die Arbeitszufriedenheit der Mitarbeiter. Jeder Mensch hat unterschiedliche Vorlieben und Abneigungen, ist unterschiedlich belastbar und reagiert auf herausfordernde, stressbehaftete Situationen anders.
Dienstplanungen, die diese Gegebenheiten nicht berücksichtigen, führen auf Dauer zu Überforderung der Mitarbeiter. Das wiederum hat langfristig eine abnehmende Identifikation mit der Arbeit, vermehrte Krankheitszeiten bis hin zu einer hohen Mitarbeiterfluktuation zur Folge.
Für die Personaleinsatzplanung ist es demnach wichtig zu wissen, wie belastbar der einzelne Mitarbeiter ist, womit er gut und womit er weniger gut zurechtkommt, wo seine Stärken liegen. Dies bezieht sich auf die konkreten Arbeitszeiten. So sind für manche Menschen wechselnde Dienste, wie sie vor allem bei Wohnangeboten häufig vor-

kommen, auf Dauer gesundheitlich belastend. Sie brauchen einen verlässlichen, regelmäßigen Arbeitsrhythmus. Für andere wiederum sind Dienstzeiten, die mehr als acht Stunden umfassen, kaum leistbar, sodass vermehrte lange Dienstzeiten zu einer Überlastung führen können.
Neben den Zeiten ist aber auch die Art der Aufgaben, die jemand zu erfüllen hat, von zentraler Bedeutung für die Arbeitszufriedenheit. Wer sich mit Zahlen und Berechnungen schwer tut, wird auf Dauer ungern Aufgaben wie Verwaltung von Taschengeldern übernehmen. In der Planung sind diese individuellen Faktoren also ebenfalls zu berücksichtigen, um Arbeitszufriedenheit der Mitarbeiter herzustellen.

Aufgaben

1. Welche Ziele hat eine Personaleinsatzplanung und Dienstplangestaltung?

2. Welche rechtlichen Vorgaben sind Ihnen bekannt oder finden in Ihrer Arbeits- oder Praktikumsstelle Berücksichtigung?

3. Prüfen Sie sich selbst:
- *Welche Arbeitsrhythmen haben Sie schon erlebt (Schichtdienst, feste Dienstzeiten, flexible Zeiten)?*
- *Welcher Rhythmus ist für Sie am besten?*
- *Wo sind Ihre Belastungsgrenzen?*

4. Schreiben Sie gemeinsam mit mehreren Mitschülern einen Dienstplan für einen Monat für eine Wohngruppe. Beschreiben Sie die Aufgaben neben der direkten Betreuung und versuchen Sie, dafür entsprechende Zeiten mit einzuplanen

2.3.3 Aufnahme und Entlassung von Klienten und Nutzern

In einer stationären Einrichtung der Behindertenhilfe sind die Vorgänge der Aufnahme, der Entlassung und des Umzug von Klienten und Nutzern elementare Bestandteile der organisatorischen Abläufe und stellen damit Kernprozesse dar.

Das SGB XII regelt die Eingliederungshilfe für Menschen mit Behinderung. Hiernach haben Menschen, die durch eine Behinderung wesentlich in ihrer Fähigkeit, an der Gesellschaft teilzuhaben, gehindert oder davon bedroht sind, einen Anspruch auf Leistungen. Diese Leistungen können in einer Einrichtung der Behindertenhilfe ambulant oder stationär erbracht werden.

Der Kernprozess „Aufnahme", dargestellt am Beispiel einer stationären Betreuungseinrichtung, könnte folgendermaßen aussehen:

Grundsätzliches

Aufgenommen werden erwachsene Personen beiderlei Geschlechts, die aufgrund der Schwere ihrer geistigen oder mehrfachen Behinderung gemäß §§ 53, 54 SGB XII der Eingliederungshilfe bedürfen. Allen Bewohnern wird seitens des Trägers ein lebenslanges Wohnrecht eingeräumt. Aufnahmevoraussetzungen sind der Wunsch oder die Zustimmung des Menschen mit Behinderung, ein stationäres Betreuungsangebot in Anspruch nehmen zu wollen, die Gewährleistung der Kostenübernahme sowie der Abschluss eines Wohn- und Betreuungsvertrages. Über die Aufnahme und Entlassung entscheidet der Leiter der Wohneinrichtungen der Behindertenhilfe.

Aufnahmeanfragen

Sind die nach dem SGB XII vorgegebenen Kriterien erfüllt, kann sich der Hilfesuchende an eine Einrichtung wenden und nach deren Betreuungsmöglichkeiten fragen. Entspricht das Leistungsangebot seinen Vorstellungen, stellt er einen formlosen Aufnahmeantrag an die Einrichtung und gleichzeitig einen Sozialhilfegrundantrag an die zuständige Behörde.

Aufnahmeanfragen werden von den dafür zuständigen Mitarbeitern der Einrichtung in einem Erstgespräch entgegengenommen. Solche Gespräche finden häufig am Telefon statt. Anhand der Aufnahmekriterien wird geprüft, ob eine Aufnahme grundsätzlich möglich ist. Ist dies nicht der Fall, so wird eine Absage ausgesprochen.

Es gelten folgende Aufnahmekriterien:

- Aufnahme finden Menschen mit geistiger Behinderung. Als sekundäre Behinderung können hinzukommen: Körper-, Sinnesbehinderungen, Anfallsleiden, Verhaltensstörungen, autistische Verhaltensweisen, psychische Behinderungen etc.
- Es wird zwischen einem regionalen und einem überregionalen Einzugsbereich unterschieden. Die Verantwortung für die Bereitstellung eines Wohnangebotes nimmt dabei mit zunehmender Entfernung zur Einrichtung ab.

Die Möglichkeiten zur Aufnahme sind grundsätzlich vom zur Verfügung stehenden Platzangebot im Bereich Wohnen abhängig.

Der Anfragende erhält ein Aufnahmeantragsformular, mit welchem neben den persönlichen Daten der individuelle Hilfebedarf und die Wünsche des Antragsstellers abgefragt werden. Daneben können weitere Informationen zusammengestellt werden, die für die Bereitstellung eines stationären Angebotes von Bedeutung sein können:

- aktuelle Vorberichte
- Aktenvermerk Erstgespräch
- Gutachten des Medizinischen Dienstes der Krankenkasse (MDK) oder andere medizinische oder psychologische Stellungnahmen

Ist die anfragende Person in der Einrichtung bereits aufgrund bestehender Kontakte bekannt und stehen intern Informationen zur Verfügung, werden diese mit Zustimmung des Antragstellers zusammengestellt. Ist der Anfragende nicht bekannt, werden weitere Informationen angefordert.

Anhand der eingereichten Unterlagen wird entschieden, ob die Realisierung der Anfrage grundsätzlich möglich erscheint. Ist dies der Fall, wird der Antragsteller zu einem Perspektivgespräch eingeladen.

Perspektivgespräch

Das Perspektivgespräch findet statt, wenn ein stationärer Wohnplatz in den nächsten ein bis zwei Jahren für die angefragte Person umgesetzt werden soll. Ausgehend von dem individuellen Hilfebedarf des Menschen mit Behinderung wird überprüft, welche Wohnformen infrage kommen und zu welchem Zeitpunkt die Umsetzung realisiert werden könnte. Ziel des Gesprächs ist eine gemeinsame Einschätzung, Begründung und Planung der benötigten Wohnperspektive.
An dem Gespräch nehmen folgende Personen teil:

- Hilfesuchender und sein gesetzlicher Vertreter
- Leiter der Betreuungseinrichtung
- aktuell und in der Folge zuständige Mitarbeiter aus der Betreuungseinrichtung
- gegebenenfalls Vertreter anderer Betreuungseinrichtungen

In begründeten Fällen kann die Beteiligung auch in anderer Form (z. B. gesonderte Gespräche, Briefverkehr, Telefonate) sichergestellt werden.

Zu den Inhalten des Perspektivgespräches gehört

- die Feststellung des Anlasses, der Wunsch des Antragstellers,
- die Beschreibung/Überprüfung des Hilfebedarfs und des Hilfeanspruchs,
- die Feststellung der benötigten Hilfen (Art, Umfang und Dauer),
- die Planung von Hilfen durch die Betreuungseinrichtung oder anderer Hilfen,
- die Einschätzung des Betreuungsaufwandes.

Die Ergebnisse des Gesprächs werden protokolliert und in einer anzulegenden Personenakte archiviert. Als Ergebnis des Perspektivgesprächs sind folgende Entscheidungen möglich:

a. Eine Aufnahme in ein von der Einrichtung vorgehaltenes stationäres Betreuungsangebot ist nicht möglich. Eine Absage wird begründet ausgesprochen.
b. Die Aufnahme in ein Betreuungsangebot ist prinzipiell möglich, die konkrete Realisierung jedoch erst mittel- oder langfristig angestrebt. Der Antragsteller wird in einer Interessentenliste geführt. Mitarbeiter der Einrichtung bleiben in der Verantwortung der Kontakthaltung zum Antragsteller und seiner Familie und beachten die Frist zur Wiedervorlage sowie erneuten Vergewisserung der Anfrage.
c. Die Aufnahme in ein stationäres Betreuungsangebot ist innerhalb eines vereinbarten Zeitraumes gewünscht und umsetzbar. Der Antragsteller wird in eine verbindliche Aufnahmeliste aufgenommen und die Realisierung der stationären Aufnahme vorbereitet. Der Leiter der Betreuungseinrichtung ist in diesem Fall der Ansprechpartner in allen Fragen, die die Bereitstellung eines Betreuungsangebotes und die konkrete Aufnahmevorbereitung betreffen. Er versucht, einen Aufnahmetermin mit einem Vorlauf von drei Monaten mitzuteilen. Mit Bekanntgabe des Aufnahmetermins beginnen die Vorbereitungen zur Antragsstellung beim Kostenträger durch den Antragsteller. Mitarbeiter der Einrichtung unterstützen den Antragsteller bei Bedarf.

Im Nachgang zum Perspektivgespräch legt der Leiter der Wohneinrichtung den geplanten Leistungstyp (LT) und die Hilfebedarfsgruppe (HBG) für die Beantragung der Kostenübernahme fest.

Hilfeplanverfahren

Mitarbeiter der Betreuungseinrichtung unterstützen den Antragsteller bei der Vorbereitung des Hilfeplanverfahrens. In Absprache mit dem Antragsteller oder seinem rechtlichen Betreuer erstellen sie die erforderlichen Standardunterlagen des Kostenträgers und beantragen die Übernahme der Kosten für ein Betreuungsangebot. Ebenso unterstützen die Mitarbeiter der Betreuungseinrichtung den Antragsteller bzw. seinen rechtlichen Betreuer bei Bedarf dabei, den Grundantrag auf Sozialhilfe bei der zuständigen Behörde (Sozialamt) zu stellen. Sie halten die Termine für die Hilfeplankonferenz nach und fordern anschließend das Protokoll der Sitzung beim Antragsteller oder seinem rechtlichen Betreuer an. Die vollständigen Unterlagen werden zu einer Akte zusammengestellt und an den Leiter der Betreuungseinrichtung übergeben. Dieser hält nach, dass die Entscheidung der Hilfeplankonferenz Gültigkeit behält.

Vorbereitung der Aufnahme

Für die Aufnahme des Hilfesuchenden beginnt der Leiter der Betreuungseinrichtung bereits parallel zur Hilfeplankonferenz mit der Planung der Aufnahme. Abhängig vom aktuellen Platzangebot entwickelt er einen Vorschlag zur Realisierung der Aufnahme im gewünschten bzw. angemessenen Zeitraum.

Unter Berücksichtigung der Organisationsstruktur werden weitere Personen an der Realisierung der Aufnahme beteiligt. In großen Einrichtungen sind die einzelnen Betreuungseinheiten (Wohngruppen) zu Abteilungen (Wohnbereichen) zusammengefasst. Die Leiter dieser Einheiten sind an dem Prozess entsprechend ihren Verantwortungskompetenzen zu beteiligen.

Demzufolge informiert der Leiter der Betreuungseinrichtung den zuständigen Abteilungsleiter (Wohnbereichsleiter) über die aufzunehmende Person. Er stellt die Aufnahmeunterlagen zur Verfügung, erläutert in einem gemeinsamen Gespräch die Gründe für seinen Vorschlag und berät zu möglichen Alternativen. Der Abteilungsleiter bespricht die Überlegungen mit dem betroffenen Leiter der Wohngruppe seines Wohnbereichs. Der Bereichsleiter legt abschließend den zu belegenden Wohnplatz und die zeitliche Perspektive fest. Im Weiteren informiert der Wohnbereichsleiter den zuständigen Gruppenleiter über die bevorstehende Aufnahme und gibt die Dokumente zur Person umfassend weiter. Der Gruppenleiter informiert seinerseits das Mitarbeiterteam über die bevorstehende Aufnahme.

Information des künftigen Nutzers

Nach der internen Klärung lädt der Bereichsleiter den künftigen Bewohner und seine Angehörigen/rechtlichen Betreuer zu einem gemeinsamen Gespräch ein. Der zuständige Wohnbereichsleiter nimmt ebenfalls teil. Im Gespräch werden der künftige Bewohner und seine Angehörigen/rechtlichen Betreuer über das konkrete Wohnangebot informiert und offene Fragen besprochen.

Das Gespräch beinhaltet in jedem Fall:
- Vorstellung des konkreten Wohn- und Betreuungsangebotes (Besichtigung der Wohngruppe)
- Aushändigung und Erläuterung des Wohn- und Betreuungsvertrages mit Hausordnung
- Information zu Besuchsregelungen
- Absprachen zur Kostenregelung
- Klärung des künftigen Wohnsitzes

Anschließend besucht der Wohnbereichsleiter gemeinsam mit dem künftigen Bewohner und seinen Angehörigen/rechtlichen Betreuern die Wohngruppe. Der Gruppenleiter ist anwesend und gibt weitere Informationen zum Leben in der Gruppe. Auf Wunsch ist Probewohnen bis zu drei Übernachtungen möglich.
Spätestens eine Woche nach dem Gespräch bzw. dem Probewohnen wird die Entscheidung des künftigen Bewohners bzw. seines rechtlichen Betreuers zum Angebot erwartet und letzte Absprachen zum konkreten Aufnahmetag werden geklärt. Zur verbindlichen Vereinbarung des bevorstehenden Einzugs unterzeichnen der Bewohner, sein rechtlicher Betreuer und der Bereichsleiter den Wohn- und Betreuungsvertrag.

Exkurs

Inhalte des Wohn- und Betreuungsvertrages mit einer Einrichtung der Caritas in NRW

Der Abschluss eines Wohn- und Betreuungsvertrages bildet die rechtliche Grundlage für ein stationäres Betreuungsangebot zwischen dem Hilfesuchenden und der betreuenden Einrichtung.
Er regelt auf der Grundlage des im Land NRW gültigen Wohn- und Teilhabegesetzes (WTG) und den Anforderungen des Wohn- und Betreuungsvertragsgesetzes (WBVG) Art, Umfang, Gestaltung und Dauer der von der Betreuungseinrichtung zu erbringenden Betreuungsleistungen. Ein Mustervertrag der Caritas Behindertenhilfe und Psychiatrie e.V. legt als Ziel fest, dem Bewohner Unterkunft, Förderung, Betreuung und Pflege im Sinn der „Eingliederungshilfe für Menschen mit Behinderung" nach §§ 53, 54 SGB XII, im Sinne der „Pflege der in vollstationären Einrichtungen der Hilfe für Menschen mit Behinderung" nach § 43a SGB XI zu gewähren und nach § SGB XII ein menschenwürdiges Leben in größtmöglicher Selbstbestimmung und Selbstverantwortung zu ermöglichen sowie ihn vor Schäden und Benachteiligung zu bewahren. Die Ausgestaltung der Hilfe orientiert sich gemäß § 9 SGB XII an der Besonderheit des Einzelfalls und damit an dem individuellen Hilfebedarf des Bewohners.
Der Vertrag macht weiterhin Aussagen zu folgenden Aspekten:

Vertragsdauer
In der Regel werden Wohn- und Betreuungsverträge auf unbestimmte Dauer abgeschlossen.

Vertragsgrundlagen
Neben den oben erwähnten gesetzlichen Grundlagen bildet die zwischen der Einrichtung und dem Sozialhilfeträger geschlossene Leistungs-, Vergütungs- und Prüfungsvereinbarung nach Kapitel 10 SGB XII eine weitere Basis. Diese ist von dem Hilfesuchenden auf dessen Wunsch einsehbar.

Angaben zum Wohnangebot
- Lage der Wohngruppe (Zentralgelände, Außenwohngruppe)
- Einzel-/Doppelzimmer
- Lage des Wohnraumes (Erd-/Obergeschoss)
- Zimmernummer
- Ausstattung des individuellen Wohnraumes
- Ausstattung der Gemeinschaftsräume

Grundleistungen
Die Betreuungseinrichtung hat vertraglich folgende Grundleistungen zu erbringen: Bereitstellung von Heizung, fließend Kalt- und Warmwasser, Strom und Beleuchtung, Bettwäsche und Handtücher und Verpflegung, differenziert nach Frühstück, Mittagessen, Abendessen, Zwischenmahlzeiten und ganztägiger Getränkeversorgung.

Betreuung und Maßnahmen
Im Kern des Vertrages geht es um die Darstellung der Betreuungsmaßnahmen in Bezug auf Ziel, Art, Umfang und Gestaltung. Sie sind orientiert am individuellen Hilfebedarf des Bewohners sowie der Sicherstellung der Beteiligung des Bewohners an dem Betreuungsprozess.
Die Leistungen der Einrichtung beziehen sich in Anlehnung an das Hilfebedarfserhebungsverfahren nach Metzler auf
- alltägliche Lebensführung,
- individuelle Basisversorgung,
- Hilfen zur Gestaltung sozialer Beziehungen,
- Teilnahme am kulturellen und gesellschaftlichen Leben,
- Kommunikation und Orientierung,
- emotionale und psychische Entwicklung,
- Gesundheitsförderung und -erhaltung.

Veränderung des Hilfebedarfes, Anpassung der Leistungen, Wohnplatzwechsel
Der Vertrag macht Aussagen zu Veränderungen der vertraglichen Grundlagen und beschreibt das Prozedere zur Anpassung.

Eigengeld
Da die meisten Bewohner aufgrund ihrer eingeschränkten intellektuellen Fähigkeiten nicht in der Lage sind, ihre Vermögensangelegenheiten eigenständig zu regeln, bietet die Einrichtung an, die Eigengelder in Abstimmung mit dem rechtlichen Betreuer zu verwalten. Hierzu ist zusätzlich zum Vertrag eine Einzelvereinbarung abzuschließen.

Tierhaltung
Für die Tierhaltung werden gesonderte Vereinbarungen abgestimmt.

Beschwerde- und Qualitätsmanagement
Im Rahmen des Verbraucherschutzes hat eine Betreuungseinrichtung für ihren Betrieb ein Beschwerde- und Qualitätsmanagementsystem nachzuweisen.

Haftung
Dem Bewohner ist darzulegen, wie die Einrichtung und der Bewohner gegenseitig für eintretende Schäden haften.

Datenschutz und Schweigepflicht
Die Einrichtung verpflichtet sich zur Verschwiegenheit und zum vertraulichen Umgang mit allen personenbezogenen Daten des Bewohners.
Sie hat darzulegen, wie sie mit der Erhebung, Nutzung und Verarbeitung von persönlichen Daten umgeht und welche Maßnahmen vorgesehen sind, sie vor dem unbefugten Zugang Dritter zu schützen.

Entgelt, Fälligkeit und Zahlung
Die Einrichtung ist aufgrund der Vereinbarung mit dem Kostenträger berechtigt, für ihre Leistungen Entgelte zu erheben.
Diese Leistungen sind differenziert nach Maßnahmenpauschale (LT/HBG) in Euro, Grundpauschale in Euro, Investitionspauschale in Euro und kalendertäglich aufzulisten.
Neben der Höhe des fälligen Betrages enthält der Vertrag Aussagen zur Fälligkeit des Entgeltes und zum Zahlungsmodus.

Entgelt bei Abwesenheit
Einrichtungen sind berechtigt, bei Abwesenheiten des Bewohners eine sogenannte Platzpauschale zu berechnen. Dies gilt dann, wenn der Bewohner Urlaub bei seinen Angehörigen macht.

Entgelterhöhungen
Vertraglich ist unbedingt darzulegen, welche Verfahrensweise für eine Entgelterhöhung Anwendung findet. Entgelterhöhungen ergeben sich beispielsweise aus einem erhöhten Hilfebedarf des Bewohners, der wiederum eine Umstufung in einen anderen Leistungstyp oder in eine andere Hilfebedarfsgruppe nach sich zieht.

Beendigung des Vertragsverhältnisses
Bestandteil jedes Vertrages ist die Benennung der Klauseln zur Beendigung.

Kündigung
Der Vertrag benennt die Kündigungsbedingungen für die beiden Vertragspartner. Hier ist anzumerken, dass im Sinne des Verbraucherschutzes die Kündigung eines Bewohners ungleich leichter ist als die der Einrichtung. Diese kann nur unter Angabe eines wichtigen Grundes kündigen. Solche Gründe liegen z. B. vor, wenn der Heimbetrieb eingestellt wird oder wenn die fachgerechte Betreuungs- und Pflegeleistung eines Bewohners nicht gewährleistet werden kann.

Regelungen für den Todesfall
Der Vertrag enthält Regelungen, welche Maßnahmen im Falle des Todes eines Bewohners getroffen werden sollen.

Weitere Regelungen
In der Regel enthält ein Wohn- und Betreuungsvertrag Aussagen zu weiteren Vereinbarungen, die dann als Anlage einem Vertrag angehängt sind. Dies sind beispielsweise Anlagen zum Beschwerdemanagement, Vereinbarungen zur Eigengeldverwaltung, die Erklärung zur Entbindung der Schweigepflicht etc.

Der Vertrag erhält seine Gültigkeit durch die Unterzeichnung beider Vertragspartner. Für die Einrichtung unterzeichnet in der Regel der Bereichsleiter, für den Bewohner meist sein rechtlicher Betreuer. Beide Vertragspartner erhalten eine Ausfertigung des Vertrages.

Der Abschluss eines Vertrages erfordert von den Vertragspartnern, dass die vereinbarten Regelungen und Bedingungen auch inhaltlich verstanden werden – auch das berühmte „Kleingedruckte". Vertragswerke sind häufig aber höchst komplizierte und komplexe Gebilde, die von Menschen mit intellektuellen Beeinträchtigungen nicht oder nur im Ansatz verstanden werden. Dieser Umstand läuft dem Ziel einer möglichst hohen Form der Beteiligung im Sinne des Gesetzes zuwider. Der potenzielle Bewohner ist hier immer auf Hilfe angewiesen. Erfreulicherweise gibt es aber mittlerweile Versuche, die Beteiligung von Menschen mit Behinderung auch an dieser komplexen Materie zu ermöglichen. Begrüßenswert sind hier beispielsweise die Bemühungen der Lebenshilfe e.V. Sie hat Wohnverträge entwickelt, welche die Inhalte des Vertrages in einfacher Sprache und mit Symbolen verdeutlicht darstellen.

Vorbereitung des Einzugs

Im Vorfeld der Aufnahme informiert der Bereichsleiter den Kostenträger über die geplante Aufnahme des künftigen Bewohners und den geplanten Zeitpunkt. Er stellt den Antrag auf Kostenübernahme unter Nennung des Leistungstyps und der zuvor von ihm ermittelten Hilfebedarfsgruppe (so u. a. nach dem Hilfebedarfserhebungsverfahren nach H. Metzler). Eine Aufnahme ist grundsätzlich nur mit einer gültigen Kostenzusage bzw. Anerkennung eines stationären Hilfebedarfes (Ergebnis der Hilfeplankonferenz) möglich.

In der Vorbereitung auf den Aufnahmetag sind weitere Maßnahmen zu ergreifen. Die Zuständigkeiten sind zwischen den Mitarbeitern der Betreuungseinrichtung geklärt:

- Benennung des Bezugsbetreuers
- Ausstattung des Zimmers
- Beschaffung erforderlicher Hilfsmittel
- Erfassung der Stammdaten
- Vorbereitung der Betreuungsdokumentation
- Erstellung einer Betreuungsplanung für die ersten sechs Monate
- Treffen organisatorischer Absprachen zur Betreuung, insbesondere mit anderen Bereichen
- Aufgabenverteilung für die Gestaltung des Aufnahmetages
- Führen des Aufnahmeabschlussgesprächs
- ggf. Unterzeichnung des Wohn- und Betreuungsvertrag
- Vorbereitung des Aufnahmetages

gemeinsames Frühstück in der Wohngruppe

Einzug in die Wohngruppe

Am Tag des Einzugs in die Wohngruppe begrüßt der Bereichsleiter zunächst den neuen Bewohner und seine Angehörigen. Er bietet die Möglichkeit, noch offene Fragen zu klären und kontrolliert die Vollständigkeit der mitgebrachten erforderlichen persönlichen Dokumente (persönliche Ausweisdokumente, Nachweise über bestehende Krankenversicherungsverhältnisse etc.). Gegebenenfalls unterzeichnen der Bewohner, sein rechtlicher Betreuer und der Bereichsleiter noch den fehlenden Wohn- und Betreuungsvertrag. Anschließend wird der neue Bewohner mit seinen Angehörigen/dem rechtlichen Betreuer vom Wohnbereichsleiter zur Wohngruppe begleitet. Nach der Begrüßung, dem Bezug des Zimmers und einer individuell angemessenen Form der Einführung werden die Angehörigen/der rechtliche Betreuer verabschiedet.

Kostenklärung

Der Bereichsleiter informiert den Kostenträger schriftlich über den Tag des Einzugs und fordert gegebenenfalls erneut die Übersendung der Kostenzusage an (nochmalige Nennung von LT und HBG). Im Falle einer zum Aufnahmetag noch nicht vorliegenden Kostenzusage werden entsprechende Verfahren eingeleitet, die die Kostenübernahme sicherstellen.

Aufnahmeabschlussgespräch

Vier Monate nach der Aufnahme in die Wohngruppe veranlasst der zuständige Wohnbereichsleiter ein sogenanntes Aufnahmeabschlussgespräch. Für dieses Gespräch bereitet der Bezugsbetreuer die Betreuungsplanung vor und der zuständige Berater die Erhebung nach dem Hilfebedarfserhebungsverfahren nach Metzler.
Am Aufnahmeabschlussgespräch sind folgende Personen beteiligt:

- der Bewohner
- sein rechtlicher Betreuer oder die Sorgeberechtigten
- der Wohnbereichsleiter (federführend)
- der Bezugsbetreuer
- der Gruppenleiter der Wohngruppe
- Mitarbeiter weiterer Bereiche, die an der Betreuung des Bewohners beteiligt sind

Im Aufnahmeabschlussgespräch wird rückblickend der Prozess der Heimaufnahme und des „Ankommens" reflektiert, um danach prospektiv die vorbereitete Betreuungsplanung zu besprechen und abschließend zu bestätigen oder zu modifizieren.

Im Anschluss an das Aufnahmeabschlussgespräch wird noch einmal der Hilfebedarf, d. h. die Einstufung in LT (und HBG) überprüft und ein Verfahren zur Erstellung eines Sozialberichtes für den zuständigen Kostenträger in Gang gesetzt. Das Protokoll des Aufnahmeabschlussgespräches sowie der Sozialbericht werden vor dem Versand an den zuständigen Kostenträger dem Bereichsleiter zur Kenntnis gegeben. Dieser beantragt gegebenenfalls eine Umstufung beim Sozialhilfeträger.
Mit der Versendung des Sozialberichts an den Sozialhilfeträger ist die Aufnahme abgeschlossen.

Notaufnahmen

Neben der klar geregelten Form der geplanten Aufnahme ist es möglich und mitunter notwendig, Menschen in Notlagen kurzfristig, vorübergehend oder dauerhaft ein stationäres Wohnangebot zu machen.
Voraussetzungen für eine Notaufnahme sind in der Regel dann gegeben, wenn ein weiterer Verbleib eines Menschen mit Behinderung in seinem bisherigen Lebensumfeld plötzlich und auf Dauer nicht mehr sichergestellt ist. Grund hierfür kann der Tod oder eine schwere Erkrankung der Person sein, die die Betreuung und Versorgung bis dahin sichergestellt hat.

Bei einem Notfall erfolgt kurzfristig eine vorübergehende Aufnahme im Sinne einer Erstversorgung.

Die Entscheidung über eine Notaufnahme wird durch den Bereichsleiter getroffen. Bei dessen Abwesenheit entscheidet der diensthabende Wohnbereichsleiter. Der Wohnbereichsleiter informiert den Bereichsleiter zeitnah, d. h. am nächsten Werktag. Dieser initiiert umgehend ein Hilfeplangespräch unter Beteiligung des Betroffenen bzw. seines rechtlichen Betreuers, dem beteiligten Wohnbereichsleiter sowie Vertretern anderer Betreuungsbereiche. Im Hilfeplangespräch wird über das weitere Vorgehen entschieden. Grundsätzlich sind Notaufnahmen bis zur endgültigen Klärung nur zeitlich befristet.

Die Zuständigkeit für eine Notaufnahme ist durch ein festgelegtes Einzugsgebiet geregelt.

Entlassung

Aufgrund der behinderungsbedingten Einschränkungen sind die meisten Menschen mit Behinderung lebenslang auf Hilfeleistungen durch Dritte angewiesen. In der Regel ist die Verweildauer von Personen in stationären Betreuungssettings daher von einer langen Verweildauer geprägt. Zwar wurden durch die in den letzten Jahren greifenden Bemühungen um die Etablierung von ambulant betreuten Wohnformen viele Menschen aus den stationären Betreuungseinrichtungen entlassen, dennoch enden die meisten Betreuungsangebote erst mit dem Tod der Bewohner.

Entlassungen sind daher eher selten. Sie erfolgen aus verschiedenen Gründen:

- Wunsch des Bewohners
  Auf eigenen Wunsch kann der Bewohner oder gegebenenfalls sein rechtlicher Betreuer das Betreuungsverhältnis beenden. Hierzu ist es erforderlich, den mit der Betreuungseinrichtung geschlossenen Betreuungsvertrag ordnungsgemäß zu kündigen.
- Veranlassung durch die Einrichtung
  Die betreuende Einrichtung kann die Entlassung eines Bewohners anstreben, wenn der Hilfebedarf des Bewohners das Hilfeleistungsangebot der Betreuungseinrichtung übersteigt. Hierfür sind den Betreuungseinrichtungen jedoch sehr enge Grenzen gesetzt.

Aufgaben

1. *Beschreiben Sie die rechtliche Grundlage für die Bereitstellung von Betreuungsleistungen für Menschen mit Behinderung.*
2. *Benennen Sie die wesentlichen Elemente im Prozess der Bereitstellung eines Wohnbetreuungsangebotes. Vergleichen Sie diese mit der Bereitstellung für ambulante Angebote.*
3. *Entwickeln Sie eine Aufgaben-/Checkliste für die Vorbereitung eines Aufnahmeabschlussgesprächs.*

2.3.4 Hilfeplanung/Betreuungsplanung

Hilfeplanung

Antragstellung

Menschen, die dauerhaft (d. h. länger als sechs Monate)

- körperlich wesentlich behindert (z. B. erhebliche Beeinträchtigung der Bewegungsfähigkeit; Blinde; Hörbehinderte und Taubstumme; Sprachbehinderte)

oder

- geistig wesentlich behindert (wodurch die Eingliederung in die Gesellschaft erheblich beeinträchtigt wird)

oder

- seelisch wesentlich behindert (z. B. körperlich nicht begründbare Psychosen; seelische Störungen als Folge von Krankheiten; Suchtkrankheiten, Neurosen, Persönlichkeitsstörungen)

oder

- von einer Behinderung bedroht sind (nach allgemeiner ärztlicher und sonstiger fachlicher Erkenntnis),

haben einen Anspruch auf Hilfeleistungen der Eingliederungshilfe. Eingliederungshilfe ist eine Form der staatlichen Sozialhilfe. Das bedeutet: Wenn ein Mensch mit Behinderung (nach § 53 ff. SGB XII) Anspruch auf Leistungen der Eingliederungshilfe hat, ist es vorgeschrieben (nach § 58 ff. SGB XII), einen sogenannten Gesamtplan zur Durchführung der Leistungen zu aufzustellen. Hierfür ist es wiederum erforderlich, eine Bedarfsermittlung und eine Hilfeplanung zu erstellen.

Der Gesamtplan ist inhaltlich nicht festgelegt, er erfasst üblicherweise aber all die Leistungen, die im Regelfall erforderlich sind, um die Ziele der Eingliederungshilfe, wie sie in § 53 Abs. 3 SGB XII beschrieben sind, zu erreichen. Dazu gehören

- Leistungen zur Teilhabe am Leben in der Gemeinschaft(§ 54 SBG XII i. V. m. § 55 SGB IX),
- Leistungen zur Teilhabe am Arbeitsleben (§ 54 SGB XII i. V. m. § 33 SGB IX),
- Hilfen zur schulischen und beruflichen Qualifikation (§ 54 SGB XII),
- Leistungen zur medizinischen Rehabilitation (§ 54 SGB XII i. V. m. § 26 SGB IX).

Bewilligungsverfahren der Eingliederungshilfe

Leistungsberechtigt ist derjenige, der durch eine Behinderung im Sinne von § 2 Abs. 1 SGB XI wesentlich in der Fähigkeit, an der Gesellschaft teilzuhaben, eingeschränkt oder von einer solchen wesentlichen Behinderung bedroht ist. Hinzu kommt die Voraussetzung, dass nach den Besonderheiten des Einzelfalls, insbesondere nach Art und Schwere der Behinderung, die Aussicht besteht, dass die Aufgabe der Eingliederungshilfe erfüllt werden kann.

Zur Feststellung einer vorliegenden Behinderung ist zunächst einmal ein ärztliches Gutachten erforderlich. Ist die grundsätzliche Leistungsberechtigung geklärt, gilt es den individuellen Bedarf zu ermitteln, der dann besteht, wenn behinderungsbedingt gewünschte und angemessene Teilhabeziele nicht ohne fremde Hilfe erreicht werden können.

Die Bedarfsermittlung stellt ein prozesshaftes Verfahren zur Erfassung der erforderlichen Unterstützungsleistungen dar. Hierfür stehen verfahrenstechnisch unterschiedliche Methoden wie z. B. Erhebungsbögen oder Gesprächsleitfäden zur Verfügung.

Hilfeplan aufstellen

Auf der Bedarfsermittlung basierend ist danach der sogenannte Hilfeplan aufzustellen. Er soll eine bestmögliche Anpassung der erforderlichen Leistungen an die individuelle Lebenssituation des Menschen mit Behinderung und seine für ihn relevanten Teilhabeziele sicherstellen. Es hat daher höchste Priorität, den Menschen mit Behinderung immer aktiv an der Hilfeplanung zu beteiligen.

Zielsetzung der Hilfeplanung ist die Erstellung eines Hilfeplans, bei dem die Leistungen anhand des vorher ermittelten Bedarfes festgelegt werden.

Der Hilfeplan erfüllt mehrere Zwecke:

- Den Leistungsträgern dient er als Grundlage für eine Entscheidungsfindung der individuellen Hilfeleistungen.
- Den Betreuungseinrichtungen dient er als Planungsgrundlage für die Erbringung der erforderlichen Leistungen.
- Für Mitarbeiter in den Betreuungseinrichtungen ist er Grundlage des beruflichen Handelns.
- Dem Menschen mit Behinderung dient er der Auseinandersetzung und intensiven Befassung mit der eigenen Lebenssituation.

Hilfeplanung erfolgt unter folgenden Prämissen:

- das Leistungsangebot auf den einzelnen Nutzer zu beziehen und auf der Grundlage individueller Bedarfe zu vereinbaren,
- die Wünsche und Bedürfnisse des Nutzers zu verstehen, Ziele zu vereinbaren und die einzelnen Umsetzungsschritte abzusprechen,

- auf besondere Bedarfe aufgrund der Ausprägung der Behinderung mit verlässlichen Verfahren zu reagieren,
- systembedingten Tendenzen einer Pauschalversorgung entgegenzuwirken,
- individuelle Schwerpunkte durch Zielvereinbarungen zu setzen und gleichzeitig regelhaft erforderliche Leistungen passgenau sicherzustellen.

Umgesetzt wird das Hilfeplanverfahren in sogenannten Hilfe- oder Teilhabeplankonferenzen, die unter Federführung der Sozialhilfeträger stattfinden. An diesen Konferenzen nehmen neben dem Leistungsberechtigten und seinen rechtlichen Betreuern Vertreter der Leistungserbringer sowie Vertreter der Gesundheitsämter und anderer sozialer Behörden teil. In dieser Konferenz entscheidet der Leistungsträger dann auf der Basis des Hilfeplans über Art und Umfang der Hilfeleistung und macht Aussagen, wer die Leistung erbringen soll und wo sie erbracht werden soll. Sind die Voraussetzungen für eine Bewilligung gegeben, erfolgt der Bewilligungsbescheid des Sozialhilfeträgers. Mit dem Bewilligungsbescheid des Sozialhilfeträgers kann der Leistungsberechtigte sich auf die Suche nach einer Einrichtung machen, die für ihn die bewilligte Hilfeleistung erbringen soll.

Antragstellung und Hilfeplanung konkret:

I. Antragstellung

Die Antragstellung richtet sich an zwei Stellen:

- Der Mensch mit Behinderung richtet einen Antrag auf die Bereitstellung von Leistungen der Eingliederungshilfe an einen Leistungserbringer. Dies sind die Einrichtungen der Behindertenhilfe mit ihren differenzierten Betreuungsangeboten wie z. B. ambulant betreutes oder stationäres Wohnen.
- Einen weiteren Antrag richtet er an einen Geldgeber, der die Leistungen für ihn im Rahmen des oben benannten gesetzlichen Rahmens übernimmt. Hierzu richtet er einen sogenannten Sozialhilfegrundantrag an den für ihn zuständigen Leistungsträger. Das können die örtlichen oder kreiseigenen Sozialämter oder die überörtlichen Träger der Sozialhilfe wie z. B. Landschaftsverbände sein.

II. Klärung der Leistungsberechtigung

Der Leistungsträger überprüft, ob die Voraussetzungen für einen Leistungsanspruch bestehen. In diesem Zusammenhang wird geprüft, ob bei dem Leistungsberechtigten tatsächlich eine Behinderung im Sinne des oben genannten Gesetzes vorliegt. Hierzu müssen entsprechende ärztliche Gutachten vorgelegt werden. Des Weiteren wird geklärt, ob der angefragte Leistungsträger auch die Leistung erbringen muss oder ob möglicherweise ein anderer Träger eher zuständig ist. Beispielsweise kommt es bei einer Aufnahme eines geistig behinderten Kindes in eine vollstationäre Einrichtung der Behindertenhilfe häufiger zu Konflikten um die Kostenübernahme zwischen den Leistungsträgern der Jugend- und Eingliederungshilfe. Bevor ein Leistungsträger sich bereit erklärt, die Kosten für eine Maßnahme im Rahmen der Eingliederungshilfe zu übernehmen, wird überprüft, ob der Hilfesuchende möglicherweise mit seinem Einkommen oder Vermögen zu den Kosten der Hilfemaßnahmen herangezogen werden kann.

III. Individuelle Hilfen

Ist die grundsätzliche Klärung der Kostenübernahme geregelt, gilt es zu klären, welche Hilfe der Hilfesuchende im Sinne des Gesetzes zur Überwindung oder Linderung seiner Einschränkungen erhalten soll.
Zur Erstellung des IHP (individueller Hilfeplan) haben die Leistungsträger unterschiedliche Instrumente entwickelt, mit denen die Wünsche, der individuelle Hilfebedarf und die Ressourcen des Hilfesuchenden ermittelt werden können. Diese Instrumente sind so aufgebaut, dass sie sowohl eine Selbsteinschätzung des Hilfesuchenden sowie eine Fremdeinschätzung beispielsweise von Dritten (Mitarbeiter sozialer Dienste oder Betreuungseinrichtungen) enthalten. Da es sich hier in der Regel um Fragebögen mit komplexen Inhalten handelt, sind Menschen mit geistiger Behinderung auf Unterstützung bei der Erstellung der Unterlagen angewiesen.

Der angefragte Leistungsträger stellt alle erforderlichen Unterlagen zusammen, die für die Klärung der Leistungsberechtigung des Antragstellers erforderlich sind. Ist diese Arbeit abgeschlossen, beruft er die sogenannte Hilfeplankonferenz ein. In dieser Konferenz wird unter seiner Leitung entschieden, wer und in welcher Form (z. B. ambu-

lant oder stationär) die benötigten Hilfeleistungen erbringen kann, wie hoch die Kosten für die Hilfeleistungen sind und wie lange die Hilfeleistungen bewilligt werden. An der Hilfeplankonferenz nehmen der Hilfesuchende, sein rechtlicher Vertreter oder eine Person seines Vertrauens, ein Vertreter des Leistungsträgers sowie Vertreter von Leistungsanbietern und Vertreter sozialer Behörden teil.
Mit dem Bewilligungsbescheid des Leistungsträgers kann der Hilfesuchende sich auf die Suche nach einer Einrichtung seiner Wahl machen.

Aufgaben

1. *Wer hat Anspruch auf Leistungen der Eingliederungshilfe?*
2. *Was sind die Rahmenbedingungen der Eingliederungshilfe?*
3. *Beschreiben Sie Leistungen der Eingliederungshilfe.*
4. *Welche unterschiedlichen Ziele verfolgt der Hilfeplan?*
5. *Nehmen Sie Kontakt zu dem Kostenträger der Sozialhilfe in Ihrer Region auf und beschaffen Sie sich die Hilfeplanunterlagen. Bereiten Sie damit fiktiv die Antragsunterlagen für ein Hilfeplanverfahren vor.*

Betreuungsplanung

Grundlagen der Betreuungsplanung

In der alltäglichen Arbeit eines Heilerziehungspflegers in einer Organisation der Behindertenhilfe ist die Erbringung von Hilfeleistungen für einen Hilfeempfänger ohne eine individuelle Betreuungsplanung nicht mehr vorstellbar.
Individuelle Betreuungsplanung ist zum einen die Basis, um dem gesetzlich geforderten Auftrag gerecht zu werden. Sie baut auf der gesetzlich geregelten Hilfeplanung auf. Zum anderen ist eine umfassende und systematische Planung der Leistungserbringung für den Nutzer unerlässlich, um Hilfeleistungen qualitätsgeleitet und fachgerecht zu erbringen. Erfolge werden dadurch sichtbar, pädagogische Arbeit wird transparent und überprüfbar.
Damit die Hilfeleistungen mit hoher Qualität und fachgerecht erbracht und umgesetzt werden können, gilt es bei der Planung der Betreuungsleistungen in den Einrichtungen folgende Aspekte zu berücksichtigen:

- *Subjektorientierung*
  Die leistungsberechtigte Person, der Mensch mit Behinderung, steht im Mittelpunkt des Planungsprozesses. Die Person ist nicht Objekt, sondern Subjekt dieses Prozesses. Betreuungsplanung ist daher nicht für den Menschen mit Behinderung zu entwickeln, sondern mit ihm gemeinsam. Betreuungsplanung darf sich auch nicht an vorhandenen Leistungsangeboten einer Einrichtung ausrichten, sondern die Leistungsangebote sind auf die individuellen Bedarfe und die Lebenslage abzustimmen.
- *Mitwirkung*
  Subjektorientierung impliziert die Mitwirkung des Menschen mit Behinderung in dem Planungsprozess. Mitwirkung bedeutet, dass das Ergebnis der Betreuungsplanung auf einem Verfahren beruht, welches auf Verständigung und Verhandlung über die inhaltliche und methodische Ausgestaltung setzt. Das Verfahren ist so auszurichten, dass der Mensch mit Behinderung den Sinn, das Verfahren selbst und das Ergebnis verstehen und sich mit seinen Möglichkeiten einbringen kann. Ist er selbst dazu nicht oder nur begrenzt in der Lage, ist jemand zu benennen, z. B. ein Angehöriger oder rechtlicher Vertreter, der seine Interessen und Bedürfnisse vertritt.
- *Zielorientierung*
  Betreuungsplanung braucht Ziele. Erst durch die Formulierung von Zielen ist es möglich, Zielvereinbarungen zu treffen. Bei der Entwicklung der Ziele gilt, es folgende Aspekte zu berücksichtigen: Die Ziele müssen
  - den persönlichen Anliegen des Menschen mit Behinderung entsprechen,
  - an der konkreten Lebenssituation des jeweiligen Menschen ansetzen,
  - den Aufgaben der Eingliederungshilfe entsprechen, d. h., deren Erreichen soll die Teilhabe am Leben in der Gemeinschaft ermöglichen,

- konkret und präzise formuliert sein, mit Inhalten gefüllt werden und im Sinne einer Evaluation der Zielerreichung überprüfbar gemacht werden,
- regelmäßig überprüft und fortgeschrieben werden,
- abgesprochen und den Zuständigkeiten von unterstützenden Personen zugeordnet werden.

- *Ressourcenorientierung*
  Die gesamte Betreuungsplanung ist mit ihren Instrumenten und Verfahren auf die Mobilisierung der Ressourcen des Menschen mit Behinderung auszurichten und sollte sich nicht an seinen Defiziten orientieren.
  Betreuungsplanung hat daher die Stärken des Menschen, aber auch seine Schwächen im Blick. Sie berücksichtigt seine Wünsche und seine Kompetenzen sowie seine Einschätzung zur Dringlichkeit und damit Bedeutung einzelner Ziele der Planung.
  Auch das soziale Umfeld (Angehörige, Nachbarschaft, Freunde, Ehrenamtler, Betreuer anderer Betreuungsbereiche wie Entlastungsdienste oder Werkstatt etc.) ist nach Möglichkeit in die Betreuungsplanung mit einzubeziehen. Mit dieser Lebensweltorientierung wird eine Betrachtung vorgenommen, die Menschen mit Behinderung in ihren sozialen Bezügen wahrnimmt. In Einrichtungen der Behindertenhilfe ist in diesem Sinne darauf zu achten, dass Planung in den unterschiedlichen Betreuungsbereichen wie z. B. Wohnen oder Arbeit miteinander koordiniert und abgestimmt wird, sodass sie bestenfalls nahtlos ineinander übergehen.
  Betreuungsplanung als Prozess aller Hilfeleistungen, die einem Menschen mit Behinderung zuteil werden, nutzt auch gezielt die Ressourcen verschiedener Dienstleistungsbereiche. Konkret geht es nicht nur darum, festzulegen, welche Betreuungsleistungen der Betreuer in einer Wohngruppe zu erbringen hat, sondern zu koordinieren, wer welche Aufgabe übernimmt.
- *Methoden*
  Instrumente und Verfahren sind so auszuwählen, dass sie im bestmöglichen Maße der Zielerreichung dienen. Sie sind daher bewusst zu planen.
- *Transparenz*
  Der Betreuungsplanungsprozess ist so zu gestalten, dass alle beteiligten Personen, insbesondere der Mensch mit Behinderung, Inhalte und Struktur des Prozesses kennen. Konkret bedeutet das, dass alle Beteiligten um die einzelnen Ablaufschritte der Planung wissen und Kriterien der Berücksichtigung von Zielen und Wünschen des Menschen mit Behinderung kennen. Informationen über Hintergrund, Ziele und Methoden der verwendeten Verfahren und Instrumente der Hilfebedarfsermittlung und Betreuungsplanung sind ebenfalls bekannt.
- *Kontrolle*
  Betreuungsplanung braucht Überprüfung und Kontrolle. Ohne sie lässt sich die Erbringung dieser Leistung nur schwer qualitativ absichern und verbessern. Evaluation und Qualitätssicherung sind daher essenzielle Bestandteile einer guten Betreuungsplanung. Die Instrumente der Hilfebedarfsermittlung und Betreuungsplanung eignen sich besonders dann zur Evaluation und Qualitätssicherung, wenn sie die Ziele des Menschen mit Behinderung zum Maßstab des Bedarfs machen, fachlich fundiert und transparent sind sowie nach einer einheitlichen Struktur gestaltet werden.
  Bewertung und Kontrolle beziehen sich sowohl auf das Instrument der Betreuungsplanung als auch auf den einzelnen individuellen Planungsschritt. Der Betreuer hat mit dem Menschen mit Behinderung regelmäßig in gemeinsamen Gesprächen die Zielerreichung zu überprüfen und eine Anpassung des Betreuungsplans vorzunehmen. Hierzu dienen neben dem individuellen Gespräch mit dem zu Betreuenden auch die Reflexionsgespräche mit den Kollegen im Team.
  Daneben ist eine Überprüfung des Instruments auf Verfahrensebene in regelmäßigen Abständen notwendig, um die Betreuungsplanung als Instrument in seiner Wirkung und Nachhaltigkeit zu beurteilen und kontinuierlich zu verbessern. Hierzu dienen die im Rahmen des Qualitätsmanagement üblichen jährlichen Audits ebenso wie regelmäßige Qualitätszirkel.

- *Fachlichkeit*
  Die Instrumente der Hilfebedarfsermittlung und der Betreuungsplanung erfordern eine fachliche Fundierung. Aktuelle wissenschaftliche Erkenntnisse in der Behindertenhilfe bilden die Grundlage dafür. In der Konsequenz bedeutet dies eine entsprechende fachliche Qualifikation der Mitarbeiter in den Betreuungseinrichtungen.
  Sie müssen das Instrument der Betreuungsplanung bzw. ihre Ziele und Methoden kennen. Sie müssen sich ihrer Rolle in diesem Prozess bewusst sein und Bedürfnisse, Wünsche und Unterstützungsbedarfe des zu Betreuenden wahrnehmen können. Neben einer guten fachlichen Ausbildung ist es daher erforderlich, kontinuierlich gezielte Schulungen und Fortbildungen durchzuführen.
- *Dynamik*
  Betreuungsplanung ist nicht statisch, sondern ein Prozess, der von vielfältigen Faktoren beeinflusst wird und sich dynamisch entwickelt. Das System ist permanent in Bewegung und bedarf ständiger Überprüfung und kontinuierlicher Anpassung.

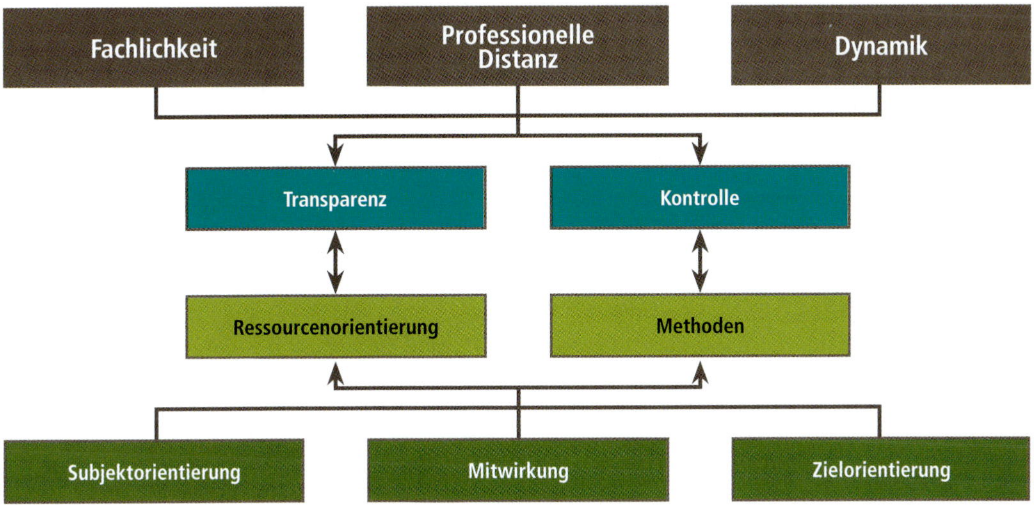

Bausteine der Betreuungsplanung

Eine erfolgreiche Betreuungsplanung ist durch hohe Komplexität gekennzeichnet und benötigt Zeit, die von der für reine Betreuungsleistung zur Verfügung stehenden Zeit abgezogen wird. Es ist daher erforderlich, die Planung so zu strukturieren und zu organisieren, dass sie mit den dafür vorgesehenen Instrumenten wie z. B. Hilfebedarfserhebungsgesprächen, Dokumentation etc. gut und angemessen im Betreuungsalltag eingeplant werden kann.
Begrenzt ist eine Betreuungsplanung dort, wo die zur Verfügung stehenden Ressourcen beispielsweise durch die personellen Ressourcen der Betreuungseinrichtung limitiert sind. So lassen sich möglicherweise nicht alle geäußerten Wünsche und Bedürfnisse erfüllen. Daher ist es bedeutsam, im Vorfeld die Möglichkeiten des Betreuungsrahmens der Betreuungseinrichtung deutlich zu benennen.
Betreuungsplanung zielt darauf ab, den Menschen mit Behinderung in seinen Stärken und Kompetenzen zu fördern. Jedoch gilt es auch zu beachten, ihn in seinem „So-Sein" zu akzeptieren. Aspekte der Förderung und Veränderung sind vor diesem Hintergrund einzuordnen und möglicherweise zu relativieren. Systemisch betrachtet kann die Betreuungsplanung Einfluss auf die Ablaufstrukturen eines Betreuungssystems wie eine Wohngruppe haben, wie z. B. Versorgung, Verpflegung, Gruppenaktivitäten oder Freizeitgestaltung. Betreuungsplanung sollte daher auch die Einflussnahme des Menschen mit Behinderung auf seine Lebensbedingungen stärken.
Betreuungsplanung ist in der Regel ein Prozess, der Spielraum bietet, etwas Neues auszuprobieren. Dies erfordert von Betreuern und Betreuten den Willen, sich auf Unbekanntes einzulassen, aber auch durchaus Spaß und Erfüllung für alle Beteiligten, wenn sich durch die gezielte Maßnahmenplanung Erfolgserlebnisse einstellen.

Beispiel

Die Stiftung Haus Hall bietet ein vielfältiges Angebot von Hilfeleistungen für Menschen mit Behinderung. Im Bereich Wohnen werden differenzierte stationäre Wohnangebote für Kinder, Jugendliche, Erwachsene und Senioren vorgehalten. Aufgenommen werden ebenfalls Menschen mit mehrfacher Behinderung und entsprechendem Hilfebedarf. Viele Bewohner zeigen neben ihrer geistigen Behinderung besondere Verhaltensweisen und brauchen entsprechende Hilfen, damit sie sich in der sozialen Umgebung zurechtfinden können.

> *„Hier kann ich sein, so wie ich bin: Zentraler Lebensraum ist für die meisten die Wohngruppe. Hier ist das individuelle Leben eingebettet in eine Gruppengemeinschaft. Die Bewohner finden individuelle Zuwendung, Anerkennung, Rückzugsmöglichkeiten, Pflege und Betreuung."*
> ***(Haus Hall, Unsere Aufgaben, 2010)***

Die Stiftung Haus Hall schließt mit jedem Bewohner bzw. seinem rechtlichen Vertreter einen Wohn- und Betreuungsvertrag ab. In diesem Vertrag werden Aussagen zu Art und Umfang der Betreuungsleistungen gemacht, die auf der Grundlage eines Betreuungskonzeptes erbracht werden. Zugrunde gelegt sind hier das Wohn- und Teilhabegesetz NRW, das Heimgesetz sowie die Sozialgesetzbücher SGB IX, SGB XI und SGB XII.
Im Rahmen dieses Betreuungskonzeptes erhält jeder Bewohner nach seinem individuellen Hilfebedarf die erforderlichen Maßnahmen auf der Grundlage der mit dem zuständigen Sozialhilfeträger getroffenen Leistungsvereinbarung.
Von der Einrichtung zu erbringende Leistungskomplexe sind hier die
- *Teilhabe insbesondere am sozialen Leben innerhalb und außerhalb der Einrichtung,*
- *Bildung und Förderung – insbesondere der Erhalt und die Erweiterung der persönlichen Handlungskompetenzen sowie das Anstreben einer Autonomie zur selbstständigen Alltagsbewältigung,*
- *Grundpflege, gegebenenfalls häusliche Behandlungspflege,*
- *weitergehende Betreuung mit dem Ziel von Selbstbestimmung und Entwicklung der persönlichen Lebensperspektive, Lebenszufriedenheit und Wohlbefinden.*

Zur Umsetzung dieser Vorgaben bedarf es konzeptioneller Überlegungen, auf welcher Grundlage die Einrichtung ein den gesetzlichen Vorgaben entsprechendes und an dem individuellen Hilfebedarf orientiertes, angemessenes Betreuungsangebot für den einzelnen Bewohner erbringt.
Ein solches Betreuungskonzept beschreibt
- die Leitideen einer Einrichtung (das „Warum"),
- Inhalte und Methoden (das „Wie"),
- die Verteilung von Aufgaben und Rollen („Wer macht was?").

„Wer macht was?" – Aufgabenverteilung in der Betreuungsplanung

Bezugsbetreuer

Der Bezugsbetreuer ist verantwortlich für die Umsetzung des Betreuungskonzeptes im Hinblick auf die Erstellung einer Betreuungsplanung für den einzelnen Bewohner. Es liegt in seiner Verantwortung, die notwendigen Informationen des Bewohners zusammenzutragen und für die Betreuungsplanung nutzbar zu machen. Er ist „Herr des Verfahrens" und organisiert die einzelnen Hilfen und Maßnahmen. Er plant die Ziele und Maßnahmen nach Möglichkeit immer gemeinsam mit dem Bewohner. Er ist verantwortlich von der Vorbereitung der Planung über die Durchführung der Maßnahmen bis hin zur Überprüfung. Er bezieht alle Personen mit ein, die am Betreuungsprozess beteiligt sind. Unterstützt wird er bei seiner Arbeit von seinen Kollegen im Team, die mit ihm die Durchführungsverantwortung für die Hilfemaßnahmen haben. Unterstützung und Absicherung erhält er durch die Mitarbeiter in Leitungs- und Beratungsfunktion.

Team
Alle Mitarbeiter eines Betreuungsteams tragen während ihres Dienstes eine allgemeine Verantwortung für die ihnen anvertrauten Bewohner einer Wohngruppe. Sie führen die geplanten und vereinbarten Betreuungsmaßnahmen im Tagesablauf durch.
Das gemeinsame regelmäßige Teamgespräch ist ein Forum, in dem der Bezugsbetreuer die Möglichkeit hat, Unterstützung für seinen Planungsprozess zu erfahren und die Planung mit den Kollegen abzugleichen; denn nur eine im Konsens mit allen Beteiligten gefundene Lösung für eine Betreuungsplanung verspricht Erfolg. Die Kollegen geben gleichzeitig wichtige Informationen weiter an den Bezugsbetreuer oder machen aufmerksam auf Entwicklungen oder Veränderungen im Betreuungsprozess, die dann eine Modifizierung der Betreuungsplanung erforderlich machen. Sie unterstützen den Bezugsbetreuer bei der Evaluation und geben Rückmeldung zu ihren Erfahrungen hinsichtlich der Zielerreichung und Auswertung der Maßnahmen.

Leitung
Aufgrund der Organisationsstruktur wird hier zwischen Wohnbereichs- und Gesamtleitung unterschieden.
Primäre Aufgabe der **Wohnbereichsleitung** in diesem Prozess ist die fachliche Anleitung und Beratung des Bezugsbetreuers sowie die fachliche Steuerung des Betreuungsprozesses. Sie unterstützt in enger Zusammenarbeit mit dem Gruppenleiter der Wohngruppe den Bezugsbetreuer bei der Erledigung seiner Aufgaben, gibt Rückmeldung und Hilfestellung. Sie vertritt und vermittelt die Grundhaltung der Einrichtung und überprüft regelmäßig die schriftlich fixierten Planungen der einzelnen Bewohner.
Die **Gesamtleitung** zeichnet verantwortlich für die wirtschaftlichen, personellen, konzeptionellen und inhaltlichen Belange einer Einrichtung. Ihr obliegt die Gesamtverantwortung für alle Bewohner. An der konkreten Betreuungsplanung ist sie in der Regel nicht beteiligt. Sie unterstützt und berät die Wohnbereichsleitung. Am Betreuungsprozess ist sie beteiligt bei der Aufnahme und Entlassung sowie bei besonderen Vorkommnissen oder bei Veränderungen der Hilfeplanung.

Bezugspersonen
An dem gesamten Betreuungsprozess sind weitere Personen zu beteiligen, die Einfluss auf die Planung haben. Hierzu gehören Angehörige, rechtliche Betreuer, Mitarbeiter aus anderen Betreuungsbereichen wie z. B. Werkstatt oder andere für den Bewohner wichtige Bezugspersonen. Es ist Aufgabe des Bezugsbetreuers, sie in den Betreuungsplanungsprozess mit einzubinden.

Bewohner
Der Bewohner selbst ist Subjekt des Prozesses. Die Planung wird nicht nur für ihn, sondern mit ihm gemeinsam erstellt. Nach seinen Möglichkeiten kann er Wünsche und Bedürfnisse äußern, die bei der Planung Berücksichtigung finden. Der Bezugsbetreuer berücksichtigt dies bei seinen Planungsüberlegungen und beteiligt den Bewohner entsprechend.
In der Praxis des Alltags gerät diese Forderung allerdings häufig in Gefahr. Viele Bewohner sind aufgrund der Ausprägung ihrer Behinderung nur bedingt in der Lage, ihre Wünsche oder Bedürfnisse zu äußern und sich somit aktiv an dem Prozess zu beteiligen. Auch einrichtungsspezifische Besonderheiten oder begrenzte Ressourcen können negativen Einfluss auf den Prozess haben und in der Folge den Bewohner doch wieder zum Objekt des Prozesses werden lassen.

Das „Warum?" – Hinweise zur Betreuungstheorie

Hinter jedem Konzept steht eine Idee. Ein Betreuungskonzept benötigt daher eine Betreuungstheorie, die Auskunft darüber gibt, auf welcher Grundlage ein Konzept aufgebaut ist und welche inhaltlichen Aussagen ihm zugrunde liegen.
Orientiert an den gesetzlichen Vorgaben baut die Betreuungstheorie auf der Vorgabe auf, die Wohnbetreuung so zu gestalten, dass einer größtmöglichen Teilhabe am Leben in der Gesellschaft Rechnung getragen wird und die Maßnahmen das Ziel verfolgen, ein größtmögliches Maß an Lebensqualität und Lebenszufriedenheit zu erreichen.

Eine Betreuungstheorie trifft Aussagen zu dem bestehenden Menschenbild und gibt Auskunft, auf welcher Grundlage die erforderlichen Maßnahmen zur Versorgung, Pflege und sozialen Betreuung sichergestellt werden können, damit Individualität, Wohlbefinden, Aktivierung, Sicherheit und Beteiligung der Bewohner für alle Mitarbeiter in der individuellen Begleitung handlungsleitend werden. Ebenfalls Berücksichtigung finden sollten fachliche Leitideen wie Normalisierung, soziale Integration (Inklusion), Partizipation, Selbstbestimmung und Empowerment.
Fachlich theoretische Grundlagen bietet z. B. auch das Konzept zur Lebensqualität nach Seifert (2003).

Das „Wie?" – Methoden der Betreuungsplanung

Im vergangenen Jahrzehnt wurden im Rahmen der Professionalisierungsbestrebungen in der Kranken- und Altenpflege Theorien und Arbeitsweisen entwickelt, die der Systematisierung von Arbeitsprozessen und der Qualitätssicherung dienten. Die Pflegeplanung sollte den Pflegekräften eine strukturierte Arbeitsweise ermöglichen anhand einer systematischen Planung, Durchführung und Bewertung der Pflege.
Fichter und Meier beschrieben den Pflegeplanungsprozess dabei in einem sogenannten 6-Schritte-Modell. Den Autoren zufolge hat dieser Prozess das

> *„Ziel, auf systematische Art und Weise dem Bedürfnis des Patienten nach pflegerischer Betreuung zu entsprechen. Der Krankenpflegeprozess besteht aus einer Reihe von logischen, voneinander abhängigen Überlegungs-, Entscheidungs- und Handlungsschritten, die auf eine Problemlösung, also auf ein Ziel hin, ausgerichtet sind und im Sinne eines Regelkreises einen Rückkopplungseffekt (Feedback) in Form von Beurteilung und Neuanpassung enthalten. Der Krankenpflegeprozess kann als Regelkreis mit sechs Schritten dargestellt werden. Das Resultat der Pflege wird am Pflegeziel gemessen. Wenn das Ziel erreicht wird, ist der Vorgang beendet. Wenn aber Abweichungen vom gesetzten Ziel vorkommen oder neue Probleme auftreten, beginnt der ganze Prozess von neuem. Es müssen zusätzliche Informationen gesammelt werden, Probleme und Ziele neu formuliert und die Maßnahmen entsprechend angepasst werden."*
> ***(Fiechter/Meier 1988, S. 31)***

Diese Vorgehensweise lässt sich in seiner Grundstruktur auf den Betreuungsprozess und die damit einhergehende Betreuungsplanung übertragen. Im Bereich der Betreuung von Menschen mit einer Behinderung sollen der Betreuungsprozess und die Betreuungsplanung dazu dienen, auf der Basis von theoretischen Aussagen Techniken zur Organisation von Betreuung zu entwickeln und deren Qualität zu sichern.
Die Betreuung erfordert die ständige Anpassung an die Bedürfnisse und Ressourcen des Hilfsbedürftigen. Für die ganzheitliche Versorgung eines Bewohners in einer Wohngruppe ist der Beziehungsaufbau zwischen dem Betreuer und dem Bewohner unerlässlich. Dabei werden gemeinsam zu erreichende Ziele festgelegt, die den gesamten Prozess überprüfbar machen.
Der gesamte Prozess der Betreuung gestaltet sich dynamisch und bildet keine statische Momentaufnahme. Sie bildet einen Kreislauf aus Betreuungsauftrag, vorhandenem Hilfebedarf und Ressourcen, den sich daraus ergebenden Betreuungszielen und Maßnahmen sowie der Überprüfung und Anpassung. Durch die Erreichung von Zielen verändern sich der Hilfebedarf und die Ressourcen eines Bewohners. Diese Veränderungen bedürfen dann der Anpassung bezüglich einer veränderten Zielsetzung und Modifizierung der Betreuungsmaßnahmen sowie einer entsprechenden Dokumentation.

Zum Modell des Betreuungsprozesses

Das Modell ist ein strukturiertes Instrument für die praktische Umsetzung der Betreuung. Es beschreibt einen kontinuierlichen Regelkreislauf von wiederkehrenden und miteinander in Wechselwirkung stehenden Abläufen wie die Sammlung von Informationen, die Festlegung von Betreuungsmaßnahmen, die Durchführung und Bewertung der Maßnahmen, sowie deren Dokumentation.
Das prozesshafte Denken in der Betreuung ermöglicht neben der bedarfsorientierten Planung vor allem eine Beurteilung der Wirksamkeit. Zielsetzungen können überprüft und gegebenenfalls angepasst werden. Dies geschieht stets unter Beteiligung und in Absprache mit dem Hilfebedürftigen. Der Betreuungsprozess ist ein Regelkreislauf,

der sich immer wiederholt und die Anpassung an Veränderungen erlaubt und auch fordert. Das in der Einrichtung Haus Hall adaptierte Modell gliedert sich analog zu dem oben beschriebenen Modell in sechs wesentliche Schritte:

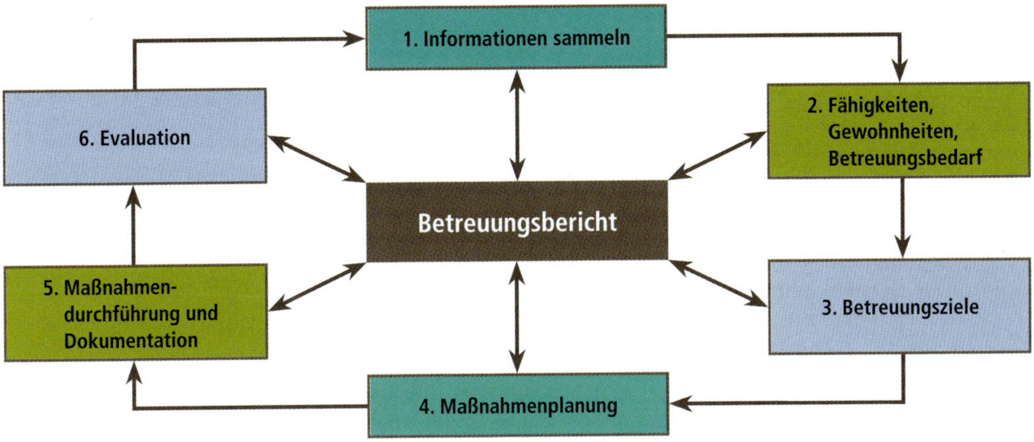

Die sechs Schritte des Betreuungsprozesses (Haus Hall)

Auszug aus dem Entwurf des Qualitätshandbuches des Bereiches „Wohnen" in Haus Hall:

Erster Schritt des Betreuungsprozesses: Die Informationssammlung

Die Informationssammlung von betreuungsrelevanten Daten lässt sich in drei Bereiche unterteilen:

- Erhebung der Anamnese
  (Definition Anamnese: die im Gespräch ermittelte Vorgeschichte in Bezug auf die aktuelle Erkrankung)
- Sammeln von biographischen Informationen
  (Definition Biographie: mündliche oder schriftliche Präsentation des Lebenslaufes eines anderen Menschen)

Ziel der Informationssammlung ist es, ein möglichst umfassendes Bild des Bewohners zu erhalten, um eine Basis für weitere Betreuung zu schaffen.
Dieser Arbeitsschritt erfolgt bei jeder Neuaufnahme und wird im Rahmen der Evaluation der Betreuungsplanung durch den verantwortlichen Bezugsbetreuer durchgeführt. Die Informationssammlung beginnt bereits beim ersten Kontakt mit dem Bewohner und dessen Bezugsbetreuer. Es werden aktuelle betreuungsrelevante Informationen erhoben und dokumentiert. Diese können im Verlauf des weiteren Planungsprozesses noch ergänzt werden. Dabei wird der Schutz der Intimsphäre und der persönlichen Daten des Bewohners respektiert und gewährleistet.

Es geht darum, Fähigkeiten, Fertigkeiten, Gewohnheiten und Verhaltensweisen systematisch zu erfassen sowie Einstellungen des zu Betreuenden zu verstehen und „nachzuvollziehen", um dementsprechend Betreuungsziele und Maßnahmen später darauf auszurichten.

Erhebung der Anamnese
Die Anamnese orientiert sich an der Vorgeschichte des Bewohners und erfolgt durch:

- Selbsthilfebogen
- Gespräche mit relevanten Bezugspersonen
- (z. B. Eltern, Angehörigen, rechtliche Betreuer)
- Sozialberichte
- Pflegerische Erfordernisse i. S. von Arztberichte, Gutachten, Diagnose

Erhebung der Biographie
Die Biographie bezieht sich auf die Lebensgeschichte des Bewohners. Sie skizziert den Lebenslauf und beinhaltet u. a. Aspekte wie wichtige lebensgeschichtliche Ereignisse, z. B. Erkrankungen, neue Lebensabschnitte, aber auch z. B. traumatische Ereignisse.

Beschreibung der aktuellen Situation (Beschreibung des Bewohners):
Auf der Basis der anamnestischen und biographischen Informationen entwickelt der Bezugsbetreuer die aktuelle Beschreibung des Bewohners. In der Beschreibung wird deutlich, welche Bedürfnisse, Fähigkeiten und Möglichkeiten der Bewohner in der Gestaltung seines täglichen Lebens hat. Die Beschreibung setzt sich zusammen aus:

- Beobachtungen und Wahrnehmungen im Alltag
- Gespräche mit dem Bewohner
- Aktuelle Betreuungs- und pflegerische Erfordernisse

Zweiter Schritt des Betreuungsprozesses: Fähigkeiten, Gewohnheiten und Betreuungsbedarf

Basierend auf der Informationssammlung geht es im zweiten Schritt des Betreuungsplanungsprozesses darum, den Bewohner im direkten Betreuungskontakt detaillierter kennen zu lernen (Erhebung Ist-Zustand). Im Zentrum der Aufmerksamkeit steht hier der Bewohner mit seinen Fähigkeiten und Fertigkeiten, mit seinen Gewohnheiten und mit seinen Entwicklungspotentialen, die gefördert und entwickelt oder erhalten und stabilisiert werden sollen.

Dabei dienen folgende Leitfragen dem Bezugsbetreuer zur Orientierung:

- Was kann der Bewohner?
- Was kann er nicht?
- Was will er?
- Was braucht er?
- Welche Ressourcen bringt er aus seinem sozialen Netzwerk mit?
- Welche Ressourcen können aktiviert werden?

Wie im gesamten Betreuungskonzept ist auch hier das Ziel, eine höchst mögliche Bewohnerbeteiligung zu realisieren. Soweit es möglich ist, erfolgt eine direkte Befragung/Beobachtung des Bewohners. Ist die direkte Beteiligung des Bewohners nicht oder nur begrenzt möglich, werden die Angehörigen bzw. der rechtliche Betreuer bei der Vervollständigung von Informationen mit einbezogen.

Diese Angaben gleicht der Bezugsbetreuer mit seiner eigenen Einschätzung und denen seiner Kollegen ab. Das Ergebnis wird dokumentiert, auch wenn es kontroverse Aussagen in Bezug auf die weitere Planung enthält. Diese bedürfen dann der Klärung im Rahmen der Festlegung der Betreuungsziele.

Dritter Schritt des Betreuungsprozesses: Festlegen der Betreuungsziele

Auf der Basis der Situationsbeschreibung erfolgt an dieser Stelle die Formulierung der Betreuungsziele. Die Beschreibung der Ziele dient als Maßstab, um die Wirksamkeit der geplanten Maßnahmen zu beurteilen. Dabei sind folgende Kriterien zu beachten:

Ziele müssen operationalisierbar sein und nach Nah- und Fernzielen strukturiert werden:
- Fernziel (grob)
- Nahziel (konkret)

Betreuungsziele müssen
- einen Bezug zur Situationsbeschreibung herstellen,
- vom Bewohner ausgehend formuliert werden,
- vom Bewohner mitgetragen werden,
- konkret sein und beschreiben, was der Bewohner und/oder dessen Bezugsbetreuer unter bestimmten Bedingungen und mit welchen Ressourcen erreichen kann oder soll,
- das erwartete Ergebnis beinhalten,
- eine Kennzeichnung beinhalten zur Bewertung des Verhaltens, der Reaktion der Handlung oder der Äußerung des Bewohners,
- Bedingungen beinhalten, unter denen das Verhalten, die Reaktion, die Handlung oder eine Äußerung eintreten soll,
- überprüfbar sein,
- Zeiträume enthalten, in denen sie erreicht oder überprüft werden sollen.

Betreuungsziele sind mit dem Bewohner bzw. seinen rechtlichen Vertretern abzusprechen. In der Betreuungsrealität gibt es immer wieder Situationen, in denen Betreuungsziele nicht unmittelbar vom Bewohner oder den rechtlichen Betreuern mitgetragen werden. In solchen Fällen ist das Problem genau zu beschreiben und das Ziel entsprechend zu begründen. In gemeinsamen Gesprächen sollen Bezugsbetreuer und Gruppenleiter versuchen, mit dem Bewohner und/oder seinen Angehörigen einen Konsens zu finden. Alle Gespräche werden dokumentiert.
Sind sich Gruppenmitarbeiter und Bewohner in der Bewertung von Betreuungsmaßnahmen einig, wird der Bewohner im Konfliktfall unterstützt, seine Interessen auch gegen die Meinung seiner Angehörigen oder seines rechtlichen Betreuers zu äußern und ggf. umzusetzen. Allerdings wird keine Maßnahme gegen den erklärten Willen des rechtlichen Betreuers durchgeführt.
Bei Differenzen zwischen dem Bewohner und den Gruppenmitarbeitern ist zunächst der Vorgesetzte zu beteiligen, um eine Lösung zu finden. Bringt der Bewohner sich durch seine Entscheidung in Gefahr, können Ziele und Maßnahmen auch gegen seinen Willen festgelegt werden. Die Angehörigen/rechtliche Betreuer sind zu informieren, sofern sie noch nicht beteiligt waren.
In Konfliktfällen zwischen den Mitarbeitern und den Angehörigen oder dem rechtlichen Betreuer, in denen auch nach gemeinsamen Gesprächen keine Klärung erzielt werden kann, werden die Vorgesetzten eingeschaltet.
Ist trotz aller Versuche, in gemeinsamen Gesprächen eine für alle gute Regelung zu finden, eine Einigung nicht möglich, ist ggf. eine Kündigung des Betreuungsvertrages in Erwägung zu ziehen, weil die Betreuung unter diesen Voraussetzungen nicht mehr sichergestellt werden kann oder weil das gegenseitige Vertrauen nicht mehr gegeben ist.

Vierter Schritt des Betreuungsprozesses: Maßnahmenplanung

Die Maßnahmenplanung ist handlungsweisend, um eine kontinuierliche Betreuung zu gewährleisten. Die Maßnahmen sind immer einem Betreuungsziel zugeordnet und werden präzise, nachvollziehbar und ausreichend detailliert beschrieben. Sie beziehen sich auf die Ressourcen, die Fähigkeiten, die Wünsche und Bedürfnisse des Bewohners. Jeder Maßnahme ist ein Evaluierungszeitraum zugeordnet.

Die Maßnahmeplanung beinhaltet
- wer
- was
- wann
- wie oft
- wo und
- wie

durchführt.

Fünfter Schritt des Betreuungsprozesses: Maßnahmendurchführung und Dokumentation

Vor der Durchführung von Betreuungsmaßnahmen muss sich die Betreuungskraft über die aktuelle Situation und Befindlichkeit des Bewohners informieren. Dazu nutzt sie das Übergabegespräch und die Dokumentation. Selbstverständlich wird keine Maßnahme durchgeführt, ohne dass der Bewohner vorher angesprochen und ein persönlicher Kontakt hergestellt wird.

Alle planmäßig durchgeführten Maßnahmen werden zeitnah in den dafür vorgesehenen Dokumentationsblättern dokumentiert. Alle unplanmäßig durchgeführten, bzw. die nicht durchgeführten, geplanten Maßnahmen werden zeitnah im Betreuungsbericht begründet und dokumentiert.

Sechster Schritt des Betreuungsprozesses: Evaluation (Beurteilung der Wirkung von Betreuungsmaßnahmen)

Zur Beurteilung der Wirkung von Betreuungsmaßnahmen wird zwischen den angestrebten Zielen und der realen Situation verglichen. Beurteilungen finden im Rahmen der festgelegten Evaluierungszeiträume durch den Bezugsbetreuer statt. Als Möglichkeit der Rückversicherung und der intensiven Reflexion werden dazu Dienstübergaben oder Team-/Gruppengespräche genutzt.

Wenn ein Betreuungsziel nicht erreicht wurde, wird die Betreuungsplanung reflektiert und ergänzt bzw. erneuert.

Folgende Leitfragen dienen als Instrument der Evaluierung:
- Sind die gesetzten Ziele erreicht?
- Welche Gründe gibt es für das Nichterreichen eines Betreuungsziels?
- Wie bewertet bzw. was signalisiert uns der Bewohner zu den verschiedenen Maßnahmen? Wie hoch ist seine Zufriedenheit? Hat sich seine Lebensqualität erhalten oder verbessert?
- Hat sich etwas am emotionalen, körperlichen und materiellen Wohlbefinden des Bewohners verändert?
- Welche Schlussfolgerungen sind aus der Beantwortung dieser Fragen im Hinblick auf die weitere Planung und die Überprüfung bzw. die Veränderung der Betreuungsziele abzuleiten?

Das Ergebnis wird in einem Evaluierungsbericht dokumentiert.

Betreuungsberichte (Betreuungsverlaufsberichte)

Der Betreuungsbericht dokumentiert die Wirkung der durchgeführten Betreuungsmaßnahmen und das jeweilige Befinden des Bewohners. Der Betreuungsbericht dient auch der Dokumentation aktuell auftretender Veränderungen und Besonderheiten.

Betreuungsberichtseinträge werden
- knapp
- präzise
- objektiv
- wertfrei
- beschreibend

verfasst.

Bei Besonderheiten wird der Betreuungsbericht tagaktuell, darüber hinaus wird er mindestens einmal wöchentlich von dem Bezugsbetreuer ergänzt.

Die Inhalte des Betreuungsberichtes werden aus allen zuvor beschriebenen Prozessschritten gespeist und wirken sich wiederum auf sie aus. Er ist der zentrale Informationsspeicher für den Verlauf der Betreuung.

2.3.5 Betreuungsdokumentation

Nach dem Wohn- und Teilhabegesetz (früher Heimgesetz) ist jede Einrichtung verpflichtet, die Erbringung der Betreuungsleistungen zu dokumentieren. Dort heißt es in § 28 Dokumentationspflichten: „Der Betreiber hat seine Tätigkeit zu dokumentieren. Aus der Dokumentation muss ersichtlich werden: [...] 4. die Umsetzung der individuellen Pflegeplanungen und der Förder- und Hilfepläne der Bewohner."
Die Pflege der Betreuungsdokumentation verfolgt einerseits das Ziel der Qualitätssicherung, d. h., die Einrichtung verpflichtet sich, die Betreuungsleistungen in einer definierten Qualität und in einem festgelegten Umfang zu erbringen und deren Verbesserung immer im Blick zu haben. Andererseits dient sie der rechtlichen Absicherung zum Nachweis der erbrachten Leistungen. Die vertragliche Grundlage hierfür bilden die mit dem überörtlichen Träger der Sozialhilfe abgeschlossene Leistungs- und Prüfungsvereinbarung und der mit dem zu Betreuenden bzw. seinem rechtlichen Vertreter abgeschlossene Betreuungsvertrag.

Die Betreuungsdokumentation beinhaltet
- Angaben über den Betreuungsbedarf bei der Aufnahme und im weiteren Verlauf,
- Angaben zu pflegerischen, therapeutischen und ärztlich delegierten Leistungen,
- Angaben zur Verabreichung von Medikamenten (besonders Psychopharmaka),
- Aufzeichnungen über betreuungsbezogene Bewohnerwünsche und über die weitere Behandlung dieser Wünsche.

Elemente, Aufbau und Gliederung einer Betreuungsdokumentation

Die Dokumentation der Betreuung erfolgt in Akten für jeden einzelnen Bewohner. Die Akten werden in der Regel in den Wohngruppen direkt geführt.

Im Folgenden sind die wesentlichen Elemente einer Betreuungsdokumentation aufgeführt:

- **Persönliche Daten**
  - Erfassung der Grundstammdaten der zu Betreuenden
  - strukturierte Erfassung des Hilfebedarfs von Menschen mit Behinderung (Metzlerverfahren, Metzlerbogen)
  - Beschreibung des zu Betreuenden
  - Anamnese
  - Biografie (Lebenslauf), Fortschreibung der Lebensgeschichte (Lebensbuch)
  - Sozial- und Verlaufsberichte

- **Förder- und Betreuungsplanung**
  - Beschreibung der Betreuungsmaßnahmen orientiert an zeitlichen Abläufen (Tag, Nacht, Woche, Jahr)
  - Pflegeprozessplanung
  - freiheitseinschränkende Maßnahmen
  - Medikamentendosierungsplan
  - Vereinbarungen zu Absprachen bezüglich der Durchführung von Betreuungsmaßnahmen

- **Nachweisdokumentation**
  - Dokumentation der Durchführung der vereinbarten Betreuungsmaßnahmen
  - Dokumentation der Durchführung von vereinbarten Pflegemaßnahmen, Anwendung der Pflegestandards
  - Dokumentation über die Vergabe von ärztlich verordneten Medikamenten, die Kontrolle von Vitalwerten oder die Führung von Anfallskalendern
  - Ereignisdokumentation in einem täglichen Betreuungsbericht über Ereignisse, die von der vereinbarten Planung abweichen und möglicherweise eine Modifikation der Planung erfordern

Weitere mögliche Elemente einer Betreuungsdokumentation:

- Pflege der Abwesenheitszeiten des zu Betreuenden
- Krankenhaus- und Verlegungsblatt
- Terminverwaltung
- Arztbericht
- ärztliche Diagnose
- Auswertung der Leistungserbringung
- Statistik durchgeführter Leistungen
- Angaben zu persönlichem Besitz eines Betreuten
- etc.

Verantwortlichkeiten

Alle Mitarbeiter eines Teams haben die Pflicht, täglich die erbrachten Betreuungsleistungen per Handzeichen zu dokumentieren. Jeder Mitarbeiter verpflichtet sich, sich durch Einsichtnahme in die Betreuungsdokumentation über die Situation des Betreuten zu informieren.

Analog zum gesamten Betreuungsprozess hat der Bezugsbetreuer eine besondere Verantwortung für die Betreuungsdokumentation. Auf der Grundlage bestehender Regeln zur Führung der Dokumentation sorgt er in Absprache mit seinen Kollegen im Team und seinem Vorgesetzten für die Zusammenstellung der Dokumentationsblätter oder die Einpflege von Daten in ein Softwaresystem. Er trägt Sorge für die Aktualisierung und Fortschreibung. Er sorgt weiterhin dafür, dass die Dokumentation für den Betreuten bzw. seinem rechtlichen Vertreter zugänglich ist.

Ausführung

Die Erbringung der Dokumentationsleistung ist in unterschiedlicher Weise möglich. Klassisch wird die Erbringung der Betreuungsleistungen in Papierversion dokumentiert und archiviert. Mit der Einführung EDV-unterstützter Systeme zur Betreuungsplanung und -dokumentation ist es möglich, die Blätter einer Dokumentation als Dokumente im Computer zu speichern. Mittlerweile gibt es aber auch eine Vielzahl von Softwareanbietern, die komplette EDV-Systeme zur Bearbeitung der Betreuungsplanung und Dokumentation anbieten.

Aufbewahrung/Datenschutz

Die Dokumentation ist so aufzubewahren, dass sie vor dem unbefugten Zugriff Dritter gesichert ist. Die Dokumente sind nach den Bestimmungen des Wohn- und Teilhabegesetzes fünf Jahre lang aufzubewahren.

2.3.6 Berichtswesen

Neben der Dokumentation der Planung und Durchführung von Betreuungsmaßnahmen gibt es eine Pflicht zur Erstellung von sogenannten Sozial- und Verlaufsberichten gegenüber den überörtlichen Kostenträgern der Sozialhilfe. In Nordrhein-Westfalen ist dies beispielsweise der Landschaftsverband Westfalen-Lippe (LWL) oder der Landschaftsverband Rheinland (LVR).
Die Kosten der bewilligten Hilfeleistung für einen Hilfeempfänger werden auf der Basis der zwischen dem Kostenträger und der betreuenden Einrichtung abgeschlossenen Leistungs- und Prüfungsvereinbarung übernommen.
In der Regel werden Kostenzusagen befristet, weil das Ziel der Hilfemaßnahmen die Eingliederung oder Überwindung der behinderungsbedingten Einschränkungen ist.
Zur weiteren Hilfegewährung sind Sozial- und Verlaufsberichte daher eine wesentliche Grundlage, auf der der Kostenträger über die Fortführung der Hilfemaßnahmen und damit über weitere Übernahme der Kosten entscheidet.
Inhaltlich erwartet der Kostenträger eine umfassende Darstellung aller für eine sozialhilferechtliche Beurteilung wichtigen Aspekte. Es geht danach um eine Stellungnahme zur

- Prüfung der Wirkung der geleisteten Hilfen,
- Entwicklung des Hilfebedarfs,
- Eignung der Maßnahmen zur Erreichung des Ziels der Eingliederungshilfe,
- zukünftigen Hilfeplanung.

Die Gliederung des Sozial- und Verlaufsberichts orientiert sich an den sozialhilferechtlichen Aspekten der vorliegenden Behinderung. Er berücksichtigt die Hilfebedarfe und Hilfemaßnahmen, wie sie sich zu Beginn darstellen, aber auch wie sich im Verlauf der Gewährung der Hilfemaßnahmen und am Ende des Bewilligungszeitraums entwickelt haben.

Konkret sieht die Gliederung folgendermaßen aus:
- Stellungnahme zu Art und Schwere der Behinderung
- Darstellung der im Berichtszeitraum erbrachten Hilfeleistungen
- Darstellung des am Ende des Berichtsraums bestehenden Hilfebedarfs bezüglich
  - individueller Basisversorgung
  - alltäglicher Lebensführung
  - Gestaltung sozialer Beziehungen
  - Freizeitgestaltung
  - Kommunikation
  - psychologischer Hilfen
  - medizinischer Hilfen
  - Schule, Ausbildung, Beschäftigung

- Darstellung der Entwicklung des Hilfefalles
- Darstellung der weiteren Hilfeplanung
  - Darstellung der Ziele: kurzfristig, mittelfristig, langfristig
  - vorgesehene Hilfemaßnahmen

Für die Erstellung der Berichte in der Betreuungseinrichtung ist das Fachpersonal zuständig. Analog zur Betreuungsplanung übernimmt der Bezugsbetreuer die Federführung für die Erstellung eines Entwurfes für einen solchen Bericht. Da die Berichte wesentlich kostenrelevante Belange der Einrichtung tangieren, liegt die Verantwortung letztendlich bei der Leitung des Betreuungsbereichs. Sie trägt die inhaltliche Verantwortung des Berichts.
Der Leistungsempfänger bzw. seine gesetzliche Vertretung werden vom Kostenträger angeschrieben mit der Bitte, die betreuenden Fachkräfte in der Betreuungseinrichtung aufzufordern, einen Sozial- und Verlaufsbericht zu erstellen.
Die Fachkräfte in den Einrichtungen haben den Bericht vor der Übersendung an den Kostenträger mit dem zu Betreuenden zu besprechen. Er bzw. sein gesetzlicher Vertreter hat dann die Möglichkeit, dem zuzustimmen oder eine eigene zusätzliche Stellungnahme abzugeben, die dann dem Bericht als Anlage beigefügt wird.

Aufgaben

1. *Benennen Sie die wesentlichen Aspekte einer Betreuungsplanung.*
2. *Entwickeln Sie Ideen zur Mitwirkung eines Menschen mit einer schweren geistigen Behinderung an dem Prozess der Betreuungsplanung.*
3. *Beschreiben Sie die den Unterschied der Aufgaben des Bezugsbetreuers und der übrigen Mitarbeiter im Prozess der Betreuungsplanung.*
4. *Entwickeln Sie auf der Basis des dargestellten Betreuungsplanungsmodells eine fiktive Betreuungsplanung. Vergleichen Sie dieses Modell mit den Ihnen aus Ihrer Praxis bekannten Verfahren.*
5. *Entwickeln Sie Ideen zur Verknüpfung von Modellen der Betreuungsplanung mit dem Berichtswesen des Kostenträgers.*

2.3.7 Mitwirkung von Nutzern

Rechtliche Grundlage

Jeder Mensch hat ein Recht, über sein eigenes Leben zu bestimmen. Dieses Recht ist grundgesetzlich geregelt. Menschen mit Behinderung und gerade solche mit intellektuellen Retardierungen sind aufgrund ihrer Einschränkungen aber nur bedingt in der Lage, dieses Recht auch tatsächlich und umfänglich wahrzunehmen. Sie sind zur Durchsetzung ihrer Rechte in der Regel auf die Hilfe Dritter angewiesen. Traditionellen Auffassungen zufolge besteht die Arbeit mit Menschen mit Behinderung vor allem in der Aufgabe der Versorgung. Sie machen den Menschen zum „Objekt", für das bestimmte Hilfeleistungen erbracht werden. Seit dem sogenannten Paradigmenwechsel in der Behindertenpolitik hat sich das Verständnis von der Versorgung und Betreuung hin zu Teilhabe und Selbstbestimmung verändert.
Dieser Paradigmenwechsel findet gesetzlich seinen Niederschlag im Sozialgesetzbuch (SGB IX § 1 Selbstbestimmung und gleichberechtigte Teilhabe am Leben in der Gesellschaft). Hilfen sollen nicht nur für, sondern mit den Betroffenen entwickelt werden.
Weitere rechtliche Grundlagen, die die Mitwirkung von zu Betreuenden in Einrichtungen regeln und sicherstellen sollen, sind in Nordrhein-Westfalen im Wohn- und Teilhabegesetz geregelt. In diesem Gesetz ist das Heimgesetz auf Landesebene umgesetzt. Zweck des Gesetzes ist es, „die Würde, die Interessen und die Bedürfnisse der Bürgerinnen

und Bürger in Betreuungseinrichtungen vor Beeinträchtigungen zu schützen und die Einhaltung der dem Betreiber ihnen gegenüber obliegenden Pflichten und ihre Rechte zu sichern" (WTG §1 Zweck des Gesetzes).
Im Teil 2 des Gesetzes werden dezidiert Aussagen zu Art und Umfang der Mitwirkung und Mitbestimmung der Betreuten beschrieben.

- Die Interessenvertretung ist gewährleistet durch die Bildung eines Beirates. Er wirkt mit an allen wesentlichen Angelegenheiten des Betriebs der Einrichtung wie z. B. Unterkunft, Betreuung, Aufenthaltsbedingungen, Heimordnung, Verpflegung und Freizeitgestaltung.
- Mitbestimmung muss gewährleistet sein bei den Grundsätzen zur Verpflegungsplanung, der Freizeitgestaltung und der Hausordnung.
- Die Wahl der Beiräte erfolgt durch die Bewohner. Beiräte können sich durch weitere Beratungsgremien wie z. B. Angehörigenvertretungen unterstützen lassen.
- Mindestens einmal im Jahr informiert der Beirat in einer Bewohnerversammlung über seine Arbeit. Das Gremium kann sich hierbei von Dritten (Angehörigen oder sachkundigen Personen) unterstützen lassen.
- Abweichungen von den im Gesetz zugrunde gelegten Bestimmungen können nur in Abstimmung mit der zuständigen Heimaufsichtsbehörde abgeändert werden, wenn dies der Interessenvertretung dient.
- Kann ein Beirat nicht gebildet werden, so sind seine Aufgaben durch ein Vertretergremium aus Angehörigen oder rechtlichen Betreuern wahrzunehmen. Für den Fall, dass kein Vertretergremium gebildet werden kann, bestellt die zuständige Aufsichtsbehörde im Einvernehmen mit der Mehrheit der Bewohner eine Vertrauensperson.
- Die zuständige Aufsichtsbehörde hat eine Informationspflicht gegenüber einem Beirat in Bezug auf die Wahrnehmung seiner Mitwirkungsaufgabe.

Neben den gesetzlichen Regelungen finden sich Aussagen zur Mitwirkung und Mitbestimmung eines zu Betreuenden in Betreuungsverträgen. Sie bilden die vertragliche Grundlage für ein Betreuungsverhältnis zwischen einem Nutzer und einem Anbieter von Betreuungsleistungen.
Bei einem stationären Betreuungsverhältnis ist dies der Wohn- und Betreuungsvertrag. Der zu Betreuende bzw. sein rechtlicher Vertreter schließt mit dem Anbieter einer Betreuungseinrichtung einen Betreuungsvertrag ab, in dem Art und Umfang der Betreuungsmaßnahmen sowie die Mitwirkungsbestimmungen geregelt sind.

Umsetzung der Mitwirkung

Bewohnerbeirat

In Artikel 2 des WTG wird in der Durchführungsverordnung die Mitwirkung und Mitbestimmung der Bewohner konkret geregelt.
Der Bewohnerbeirat ist das zentrale Interessenvertretungsorgan von Bewohnern gegenüber der Einrichtungsleitung und dem Einrichtungsträger. Das Gremium soll die Mitwirkung in Angelegenheiten des Betriebs der Einrichtung in Bezug auf Aufenthaltsbedingungen, Heimordnung, Verpflegung und Freizeitgestaltung gewährleisten. Das Mitwirkungsrecht betrifft aber auch Maßnahmen, die der Sicherung der Qualität der Leistungen des Einrichtungsträgers dienen. Darüber hinaus reicht es sogar bis zum Miteinbezug bei Kostensatzverhandlungen zwischen Einrichtungsträgern und Sozialhilfeträger und Pflegekassen.

Aufgaben des Bewohnerbeirates

Aufgaben des Bewohnerbeirates beinhalten die

- Beantragung von Maßnahmen der Betreuungseinrichtung bei der Leitung oder dem Träger der Einrichtung, die den Bewohnern der Einrichtung dienen,
- Entgegennahme von Anregungen und Beschwerden von Bewohnern, gegebenenfalls die Hinwirkung auf ihre Erledigung durch Verhandlungen mit der Leitung oder in besonderen Fällen mit dem Träger der Einrichtung,

- Förderung der Eingliederung der Bewohner in der Einrichtung,
- Mitwirkungsrecht bei Entscheidungen zu
  - Aufstellung oder Änderung der Musterverträge für Bewohner und der Heimordnung,
  - Maßnahmen zur Verhütung von Unfällen,
  - einer Änderung der Entgelte der Betreuungseinrichtung,
  - der Planung oder Durchführung von Veranstaltungen,
  - der Alltags- und Freizeitgestaltung,
  - Unterkunft, Betreuung und Verpflegung,
  - der Erweiterung, Einschränkung oder Einstellung des Betriebes der Einrichtung,
  - dem Zusammenschluss mit einer anderen Betreuungseinrichtung,
  - einer Änderung der Art und des Zweckes der Betreuungseinrichtung oder seiner Teile,
  - umfassenden baulichen Veränderungen oder Instandsetzungen der Betreuungseinrichtung,
  - Maßnahmen zur Förderung der Betreuungsqualität,
  - Leistungs-, Qualitäts-, Prüfungs- und Vergütungsvereinbarungen mit den Sozialhilfeträgern und Pflegekassen,
- Bestellung eines Wahlausschusses vor Ablauf der Amtszeit,
- Durchführung von Bewohnerversammlungen und Abgabe von Tätigkeitsberichten,
- Mitwirkung bei Maßnahmen zur Förderung einer angemessenen Qualität der Betreuung.

Was heißt Mitwirkung?
Bei der Wahrnehmung der Aufgaben eines Bewohnerbeirates ist zwischen **Mitwirkung** und **Mitbestimmung** zu unterscheiden.
Ein Bewohnerbeirat hat zwar ein Mitwirkungsrecht, aber kein direktes Mitbestimmungsrecht. Das bedeutet in der Konsequenz, dass die Einrichtungsleitung und der Einrichtungsträger verpflichtet sind, zu bestimmten Themen die Stellungnahme der Interessenvertreter rechtzeitig und unaufgefordert einzuholen.
Eine direkte Mitentscheidung wird zwar nicht gewährt, die Entscheidung der Einrichtungsleitung bzw. des Einrichtungsträgers kann aber indirekt im Sinne der Bewohner beeinflusst werden. Dafür setzen sich Bewohnerbeirat bzw. Ersatzgremien als Interessenvertreter ein.

Konkret heißt es im Gesetz (WTG) unter § 21 Mitbestimmung:

„Der Beirat bestimmt bei folgenden Entscheidungen der Einrichtungsleitung mit:
– Grundsätze der Verpflegungsplanung
– Freizeitveranstaltung > Planung und Durchführung
– Hausordnung > Aufstellung und Änderung“

Zu Mitwirkung heißt es im § 22:
– „Musterverträge > Formulierung und Änderung
– Unfallverhütung > Maßnahmen zur Verhinderung
– Änderung der Kostensätze
– Unterkunft und Betreuung
– Veränderung des Betriebes der Betreuungseinrichtung
– Fusion mit anderen Betreuungseinrichtungen
– Änderung des Zwecks der Einrichtung
– Bau- oder Instandsetzungsmaßnahmen
– Betreuung > Maßnahmen einer angemessenen Qualität
– Teilhabe am Leben in der Gemeinschaft > Sicherung dieses Zieles“

Bildung und Zusammensetzung des Bewohnerbeirats

Der Bewohnerbeirat wird von den Bewohnern der Betreuungseinrichtung in regelmäßigen Abständen gewählt. Die Amtszeit beträgt in Einrichtungen der Behindertenhilfe vier Jahre. Jeder Bewohner kann gewählt werden, der volljährig ist und zum Zeitpunkt der Wahl dauerhaft in der Einrichtung wohnt.

In Bewohnerbeiräten können nicht nur Bewohner der Einrichtung vertreten sein, sondern auch Personen aus dem Kreis der Angehörigen, rechtliche Betreuer und sonstige Vertrauenspersonen, Mitglieder von örtlichen Behindertenorganisationen sowie von der Aufsichtsbehörde vorgeschlagene Personen. Zur Unterstützung der Arbeit des Heimbeirats können Angehörigen- oder Betreuerbeiräte gebildet werden. Möglich ist auch die Bildung von gemischten Beiräten. Diese Beiräte können nebeneinander bestehen und sollen den Bewohnerbeirat bei seiner Arbeit beraten und unterstützen.

In Ausnahmefällen, in denen kein Heimbeirat gewählt werden kann, ist es der zuständigen Aufsichtsbehörde in Abstimmung mit den Bewohnern der Einrichtung möglich, ein Vertretungsgremium oder eine Vertrauensperson zu bestellen, die die Arbeit des Bewohnerbeirats übernimmt.

Die Gesamtzahl der Beiratsmitglieder, die zu wählen sind, richtet sich nach der Größe der Einrichtung, d. h. nach der Anzahl der Bewohner. Die genaue Staffelung der Anzahl der Beiratsmitglieder ist in der Durchführungsverordnung des Gesetzes geregelt.

Beschwerde-/Ideenmanagement

Das Wohn- und Teilhabegesetz hat den Anspruch, die Rechte von zu Betreuenden in Einrichtungen konsequent zu stärken. Daher schreibt es den Betreibern von Betreuungseinrichtungen die Sicherstellung eines sogenannten Beschwerdeverfahrens vor (siehe auch Kap. 2.4). In diesem Verfahren ist sicherzustellen, dass

- die Betreuten in einer Einrichtung über ihr Beschwerderecht informiert werden,
- Personen in der Einrichtung benannt und bekannt sind, die die Beschwerden entgegennehmen und bearbeiten,
- Fristen für die Bearbeitung von Beschwerden benannt sind,
- die Dokumentation und Auswertung der Beschwerden und die Art der Erledigung bekannt sind.

Neben dem gesetzlich verankerten Beschwerdemanagement, welches in der Regel auf Missstände aufmerksam macht, ist die Form des Ideenmanagements eher die positive Variante, da es auf Verbesserungspotenziale aufmerksam macht und eine partnerschaftliche Zusammenarbeit zwischen dem Beirat und den Vertretern der Betreuungseinrichtung ermöglichen kann.

Umsetzung im Betreuungsalltag

Die Umsetzung der im Gesetz verankerten Mitwirkungsmöglichkeiten von Menschen mit Behinderung in Betreuungseinrichtungen kann nur dann gelingen, wenn alle am Betreuungsgeschehen Beteiligten in gegenseitigem Verständnis und Vertrauen miteinander umgehen. Der Versuch eines gleichberechtigten und partnerschaftlichen Umgangs kann nur Realität werden, wenn der Beirat in die Entscheidungen durch umfassende und rechtzeitige Informationen in die Meinungsbildung des Einrichtungsträgers eingebunden und nach Möglichkeit fachlich beraten wird. Der Träger und die Leitung einer Einrichtung sind deshalb verpflichtet, den Beirat so frühzeitig über geplante Maßnahmen zu unterrichten, dass der Beirat genügend Zeit und Gelegenheit hat, sich über die geplante Maßnahme ein Urteil zu bilden und seine Auffassung ausreichend darzulegen. Alle Gespräche sind mit dem Ziel zu führen, weitgehenden Konsens zu erzielen. Ist dies nicht der Fall, begründet der Träger und die Leitung, warum die Anregungen des Beirats nicht berücksichtigt werden können.

Die Umsetzung dieses gesetzlich geforderten Ansatzes erfordert in der Praxis mitunter große Anstrengungen. Gerade in Betreuungseinrichtungen, in denen Menschen mit intellektuellen Einschränkungen betreut werden, kann der Unterstützungsbedarf der Menschen, die sich aktiv in den Beiräten engagieren, enorm hoch sein. Es erfordert von den Unterstützern ein hohes Maß an Disziplin und Willen, diesen im Gesetz geforderten emanzipatorischen Gedanken umzusetzen.

Aufgaben

1. *Beschreiben Sie Elemente der rechtlichen Grundlage zur Sicherung der Selbstbestimmung von Menschen mit Behinderung.*
2. *Beschreiben Sie wesentliche Aufgaben eines Heimbeirates und differenzieren Sie nach der Qualität der Mitwirkung.*
3. *Erstellen Sie eine Hausordnung für eine Betreuungseinrichtung in einfacher Sprache.*
4. *Entwickeln Sie einen Beschwerdebogen in einfacher Sprache.*
5. *Vergleichen Sie Ihre praktischen Erfahrungen mit der gesetzlichen Grundlage.*

2.3.8 Mitwirkung von Mitarbeitenden

Mitarbeiterinnen und Mitarbeiter befinden sich in einem Dienstverhältnis zu ihrem Dienstgeber und stehen in einem Abhängigkeitsverhältnis zu ihm. Auf der Grundlage eines Dienstvertrages erhalten sie für die Erbringung einer Dienstleistung eine vereinbarte Entlohnung.

Grundlage für die Regelung des Dienstverhältnisses zwischen Mitarbeiter und Dienstgeber sind Tarifsysteme wie z.B. der BAT (Bundesangestelltentarif), der TVöD (Tarifverträge öffentlicher Dienst) oder AVR (Richtlinien für Arbeitsverträge in den Einrichtungen des Deutschen Caritasverbandes). Sie regeln die Zusammenarbeit zwischen Mitarbeiter und Dienstgeber in Form von Pflichten und Rechten. Sie treffen selbstverständlich auch Aussagen zur Bezahlung der Mitarbeiter in Abhängigkeit von Ausbildung und ausgeführten Tätigkeiten.

Mitarbeiter und Dienstgeber arbeiten hier in einer Dienstgemeinschaft im Hinblick auf eine gemeinsam zu bewältigende Aufgabe. Aus diesem Dienstverhältnis ergibt sich für den Mitarbeiter zunächst einmal eine **Mitwirkungspflicht**. Die Mitarbeiter verpflichten sich, die ihnen anvertraute Aufgabe gewissenhaft in Übereinstimmung mit den Zielen der Einrichtung und in Erfüllung der allgemeinen und besonderen Dienstpflichten zu erbringen.

Zu diesen Dienstpflichten gehört

- die Erfüllung der Dienstpflicht in Übereinstimmung mit den Zielen der Einrichtung,
- der Einsatz der beruflichen Fähigkeiten und Erfahrungen nach bestem Können bei der Erfüllung des ihm übertragenen Dienstes,
- die Bereitschaft zur Erweiterung seines fachlichen Könnens,
- die Beachtung der im jeweiligen Arbeitsbereich bestehenden Gesetze und Verwaltungsbestimmungen,
- die Befolgung der Dienstanweisungen oder Anordnungen seiner Vorgesetzten,
- die Verschwiegenheitsverpflichtung,
- die pflegliche Behandlung des Eigentums der Einrichtung.

Neben den Mitwirkungspflichten gibt es für Mitarbeiter auch **Mitwirkungsrechte**. Sie sind gesetzlich geregelt und basieren auf dem Betriebsverfassungsgesetz (BetrVG). Es regelt die Kooperation zwischen Arbeitgeber und dem Personal.

Der Grundgedanke des Betriebsverfassungsgesetzes ist es, das Personal an betrieblichen Entscheidungen des Arbeitgebers zu beteiligen. Ein Betriebsrat ist ein gewähltes Organ zur Wahrung und Vertretung der Arbeitnehmerinteressen durch Mitwirkung und Mitbestimmung an spezifizierten betrieblichen Entscheidungen.
Betriebsräte oder Mitarbeitervertretungen arbeiten auf der Grundlage von Regelwerken wie z. B. Mitarbeitervertretungsordung (MAVO), in denen Rechte, Pflichten und Aufgaben zur Regelung der Zusammenarbeit beschrieben sind.
Die Anzahl der Mitarbeiter, die in eine Mitarbeitervertretung/einen Betriebsrat gewählt werden, richtet sich nach der Größe der Einrichtung/des Betriebes. Das Vertretungsorgan trifft sich regelmäßig zu Sitzungen und ist mit den Vertretern des Dienstgebers über seine Aufgaben im Austausch.

Aufgaben des Betriebsrats/der Mitarbeitervertretung

Das Gremium

- kümmert sich um die Belange der Mitarbeiter eines Unternehmens,
- regt Maßnahmen im Sinne des Mitarbeiters an,
- greift Anregungen auf, die der Förderung der Beschäftigung dienen und vertritt sie gegenüber dem Dienstgeber,
- überwacht die Durchführung der für die Mitarbeiter geltenden Normen und Vorschriften,
- fördert Maßnahmen des Arbeitsschutzes und des betrieblichen Umweltschutzes,
- kümmert sich in besonderer Weise um benachteiligte Mitarbeiter, die Eingliederung schwerbehinderter, ausländischer und älterer Mitarbeiter sowie die Gleichberechtigung der Geschlechter und um die Vereinbarkeit von Familie und Beruf.

Formen der Mitwirkung

Qualitativ gibt es unterschiedliche Formen, die Mitwirkung von Mitarbeitern in einem Unternehmen umzusetzen. Das Spektrum reicht von der Information bis hin zur echten Mitbestimmung.

Information

Der Betriebsrat/die Mitarbeitervertretung (MAV) hat einen Anspruch darauf, vom Dienstgeber über sämtliche Umstände informiert zu werden, die zur Erfüllung seiner gesetzlichen Aufgaben erforderlich sind. Dienstgeber und Mitarbeitervertretung informieren sich gegenseitig über die Angelegenheiten, welche die Dienstgemeinschaft betreffen.
Dazu gehören Informationen zu organisatorischen und technischen Veränderungen in dem Unternehmen, die gesamte Personalplanung sowie personelle Einzelmaßnahmen in Bezug auf Einstellung, Umgruppierung, Versetzung und Kündigung.
Der Dienstgeber informiert weiter über die Behandlung der von der Mitarbeitervertretung vorgetragenen Anregungen und Beschwerden.
Er gibt Informationen zu wirtschaftlichen Angelegenheiten bezüglich des allgemeinen Rahmens der wirtschaftlichen und finanziellen Lage der Einrichtung, zu Rationalisierungsvorhaben, zur Änderung der Organisation oder des Zwecks einer Einrichtung sowie zu Veränderungen und Vorhaben, welche die Interessen der Mitarbeiterinnen und Mitarbeiter der Einrichtung wesentlich berühren können.

Mitberatung und Anhörung

Die Mitberatung ist die nächsthöhere Stufe der Beteiligungsform. Der Dienstgeber informiert nicht nur, sondern muss sich auch mit dem Mitarbeitervertretungsgremium beraten. Die Beratung dient der Information der Mitarbeiter. Deren Rückmeldungen fließen möglicherweise in den Entscheidungsprozess mit ein, können aber die Entscheidung des Dienstgebers in einer bestimmten Angelegenheit nicht verhindern.
Die Beteiligungsform der Anhörung stellt wiederum qualitativ die nächste Stufe dar. Beispielsweise ist das Mitarbeitervertretungsgremium vor jeder Kündigung eines Mitarbeiters anzuhören. Aus bestimmten Gründen kann dieses Gremium einer ausgesprochenen Kündigung widersprechen. Das beeinträchtigt jedoch nicht deren Wirksamkeit. Bei einem berechtigten Widerspruch muss der Dienstgeber einen gekündigten und dagegen klagenden Arbeitnehmer jedoch bis zum rechtskräftigen Abschluss des Kündigungsschutzprozesses einstweilen weiterbeschäftigen.

Zustimmung, Antragsrecht, Dienstvereinbarung

Die drei Formen der Beteiligung stellen echte Mitbestimmungsformen dar. Maßnahmen eines Dienstgebers, die diese Mitwirkungsrechte tangieren, werden erst durch die Zustimmung des Mitarbeitervertretergremiums wirksam. Wenn nicht eine bereits vorrangige, gesetzliche oder tarifvertragliche Regelung (§ 87 BetrVG) besteht, hat das Mitarbeitervertretungsorgan in den nachfolgenden sozialen Angelegenheiten ein echtes Mitbestimmungsrecht:

- Einstellung von Mitarbeitern
- Zustimmung zu persönlichen Angelegenheiten eines Mitarbeiters (z. B. Ein-/Höher-/Rückgruppierung)
- Beginn und Ende der täglichen Arbeitszeit einschließlich der Pausen sowie Verteilung der Arbeitszeit auf die einzelnen Wochentage
- Mehrarbeit
- Festlegung der Richtlinien zum Urlaubsplan und zur Urlaubsregelung
- Fragen der Hausordnung und des Verhaltens der Arbeitnehmer im Betrieb
- Einführung und Anwendung von Beurteilungsrichtlinien, mit denen eine Leistungs- und Verhaltenskontrolle möglich ist
- Ausgestaltung des Arbeitsschutzes
- Einrichtung von Sozialeinrichtungen wie Kantinen oder Ähnliches
- Zuweisung und Kündigung von Wohnräumen
- Festsetzung der Akkord- und Prämiensätze
- Grundsätze über das betriebliche Vorschlagswesen
- Gruppenarbeitsgrundsätze

Bildung und Zusammensetzung des Mitarbeitervertretergremiums

Das Mitarbeitervertretergremium wird von den Mitarbeitern des Unternehmens in regelmäßigen Abständen gewählt. Die Mitarbeitervertretungsordnung definiert, wer Mitarbeiter im Sinne der Ordnung ist. Dazu gehören alle Personen, die bei einem Dienstgeber z. B. aufgrund eines Beschäftigungsverhältnisses oder zu ihrer Ausbildung tätig sind. Vertreter des Dienstgebers sind in diesem Sinne keine Mitarbeiter.

Die Anzahl der Mitarbeiter des Vertretungsorgans ist abhängig von der Größe der Einrichtung. Die Amtszeit beträgt vier Jahre. Wahlberechtigt sind alle Mitarbeiter, die am Wahltag das 18. Lebensjahr vollendet haben und seit mindestens sechs Monaten ohne Unterbrechung in einer Einrichtung desselben Dienstgebers tätig sind. Wählbar sind Mitarbeiter für das Gremium aber in der Regel erst zu einem späteren Zeitpunkt, beispielsweise nach einem Jahr.

Aufgaben

1. *Beschreiben Sie Aufgaben eines Mitarbeitervertretungsorgans.*
2. *Beschreiben Sie unterschiedliche Formen der Mitwirkung und stellen Sie die unterschiedlichen Qualitäten heraus.*
3. *Haben Sie in Ihrer beruflichen Praxis bisher Erfahrungen mit der Arbeit von Mitarbeitervertretungsgremien gemacht? Tauschen Sie sich dazu in Ihrer Gruppe aus und vergleichen Sie die Praxis mit der Theorie.*

2.4 Qualität

In diesem Teilkapitel werden die grundlegenden Aussagekomplexe zur Qualität in heilerziehungspflegerischen Organisationen bzw. zum Qualitätsmanagement und zur Qualitätssicherung zusammengefasst. Nach ersten einführenden und kritischen Hinweisen zum Begriff der „Qualität" werden mögliche Relevanzen zur Struktur-, Prozess- und Ergebnisqualität sowie zur Qualitätssicherung in Organisationen der Heilerziehungspflege dargelegt.

2.4.1 Eine kritische Sichtweise auf die Begriffe „Qualität" und „Qualitätsmanagement" in der Heilerziehungspflege und Behindertenhilfe

Grundsätzlich kann davon ausgegangen werden, dass Managementverfahren (egal an welcher Stelle bzw. in welcher Organisation des Sozialwesens) als Instrumente verstanden werden können, die über die Wirkung der Handlungen in einer Einrichtung sowie über die Kosten dieser Handlungen Gewissheit bringen bzw. bringen sollen. Management stellt sich somit dar als „technologische Verfeinerung in der Machtausübung" (Foucault, 1994, S. 258). Um somit gewissermaßen Strukturen der Machtausübung noch weiter zu differenzieren bzw. sie so darzustellen, dass sie von den Personen, auf welche sie angewandt werden, nicht einmal bemerkt werden, lassen sich Managementverfahren entwickeln, welche zwar als Methodologie bzw. Methode erscheinen, es jedoch in Bezug auf das Leben der einzelnen Betroffenen nicht sind. Vielmehr erscheinen sie als sehr zersetzende Möglichkeiten, in diesen Einrichtungen unterschiedliche Vorgänge der Macht und/oder Ohnmacht umzusetzen. Ein weiteres Stichwort, was hierzu zu diskutieren und zu analysieren wäre, sind die Grade der Rationalisierung: Je rationaler eine Organisation vorgeht, umso weniger scheint sie die Interessen der Betroffenen zu berücksichtigen. Je rationaler somit Managementstrukturen präsentiert werden, desto weniger scheint sich diese Organisation für die eigentlichen Interessen der in ihnen agierenden und lebenden Menschen (also Nutzer, Klienten etc.) zu interessieren.

Zudem scheinen Managementorientierungen in der institutionellen Behindertenhilfe häufig als Produktion bestimmter Außenwahrnehmungen umgesetzt zu werden. Sie sind folglich nicht ein Modell, die (scheinbar selbst gesteckten, in Wirklichkeit jedoch fremdbestimmten) Ziele dieser Organisation auch tatsächlich erreichen zu wollen. Die Organisation orientiert sich somit an den Ökonomisierungstendenzen einer Gesellschaft, wodurch sie immer intensiver von postmodernen Bestrebungen und einer sogenannten modern economy beeinflusst wird. Mit Schädler (2003, in Schäper, 2006, 266) kann somit festgestellt werden, dass sich Managementbestrebungen sowie Managementorientierungen als Mythos verstehen lassen, eine Effizienzsteigerung durch eine rational bürokratische Organisationsform anzustreben. Es bleibt somit die Frage, warum eine Qualitätsoffensive, welche sich häufig als Offensive der Träger dieser Einrichtungen verstehen lässt, sich im Sozialwesen (und somit auch in der Behindertenhilfe und Heilerziehungspflege) durchgesetzt hat bzw. warum sie immer weiter verfolgt wird. Diesbezüglich sind zwei mögliche Antworten zu skizzieren:

- Qualitätssicherung kann als Anpassungsmanagement der Träger verstanden werden. Die Einrichtungen reagieren sozusagen auf Themen der Gesellschaft, anstatt ihnen originäre Ideen und Konstrukte bzw. Angebote entgegenzusetzen, welche doch eigentlich die Behindertenhilfe bzw. die Heilerziehungspflege ausmachen.
- Des Weiteren realisiert sich die Qualitätssicherung als Spagat zwischen Lebensqualität und Effizienz. Die Einrichtungen versuchen somit, die Ambivalenz zwischen sozialem Umfeld einerseits und monetär-individuellem System andererseits zu gestalten, wobei sie aber häufig zuungunsten des Einzelnen im Kontext einer Gesellschaft bzw. seines Umfeldes agieren und folglich häufig die Effizienz über die Lebensqualität setzen. Auch hierdurch wird noch einmal das Streben dieser Organisationen deutlich, machtvoll am Markt bestehen zu bleiben – häufig auf Kosten der eigentlichen Interessen der Nutzer dieser Einrichtung.

Welche Gefahren bringt nun diese Qualitätsdebatte mit sich? Laut Schäper (vgl. 2006, S. 269 ff.) können diese Gefahren wie folgt skizziert werden:

In der Vernetzung von Qualitätssicherung und Kostendämpfung wirkt ein instrumentelles Verständnis von Qualität vorherrschend. Es wird so getan, als gäbe es ein umfassendes Verständnis von Qualität, als seien dieser Begriff und die hiermit verbundenen Realisierungen immer und in allen Fällen positiv. Im „normalen" Alltagsgeschäft und Alltagserleben der Menschen ist es jedoch genau umgekehrt: Qualität erscheint immer als subjektiver Begriff und als subjektives Erlebensfeld. Ob wir nun lieber Fiat oder Mercedes fahren, ist (vielleicht neben der Tatsache eines mehr oder weniger vollen Geldbeutels) abhängig von unseren persönlichen Vorlieben; ob wir eher die Marmelade im Bauernlädchen beziehen oder im Discounter erwerben, ist ebenfalls sehr stark abhängig von persönlichen Geschmacksfragen. Das Erleben von Qualität ist somit immer subjektiv – das Umsetzen von Qualität in sozialen Einrichtungen wird hierbei jedoch objektiviert und objektivierbar und im Rahmen einer ökonomisierten bzw. ökonomisierbaren Einbahnstraße an den Strukturen dieser Einrichtungen und nicht so sehr an den Prozessen und Ergebnissen orientiert. Des Weiteren kommt es häufig dazu, dass Qualitätsmanagement „als Kontrollmechanismus der Ordnungspolitik Qualität in die Einrichtungen hinein (prüft)" (Schäper, 2006, S. 270). Doch: Wiegen allein macht nicht fett: Die Einrichtungen können noch so viele Versuche anstellen, die Strukturen dieser Phänomene zu überprüfen, d. h. die Strukturqualität zu erfassen. Die Prozess- bzw. die Ergebnisqualität von pädagogischen Handlungen und Dialogen kann jedoch nicht erfasst werden. Im Letzten entzieht sich das, was Pädagogik oder Erziehung ausmacht, einer stringenten Überprüfung. Es ist zwar möglich, die unterschiedlichen Formen und Strukturen einer Einrichtung im Hinblick auf ihre Zielgerichtetheit und ihren Nutzen zu überprüfen (vgl. Greving, 2003, S. 35 ff.). Doch letztendlich muss sich die Qualität in der Heilerziehungspflege als „Qualität vom Menschen aus" (Greving, 2003, S. 115) verstehen. Fasst man diese Ergebnisse zusammen, kann behauptet werden, dass im Sozialwesen die Chance einer Qualitätssicherung als Möglichkeit der Professionalisierung bzw. der Entwicklung von Profession und Disziplin (beinahe) vertan worden ist. Dennoch soll und muss für das Handlungsfeld der Heilerziehungspflege dieser Diskurs fachlich versiert weitergeführt werden. Hierzu sind die nachfolgenden Grundlegungen notwendig.
Zuerst ist zu klären, um was es sich bei dem Begriff der „Qualität" im eigentlichen Sinn handelt.

2.4.2 Zum Begriff der „Qualität"

Um den Begriff der „Qualität" zu definieren, erscheint es sinnvoll, ein wenig in die Geschichte der Vorstellungen von Leistungen und Leistungserbringung zurückzugehen. Denn nicht immer wurde mit dem Begriff oder dem Faktum der „Qualität" das bezeichnet, was wir heute damit definieren (vgl. Geiger, 2001, S. 806 ff.; Ebel, 2001, S. 26; Kamiske/Brauer, 2008, S. 7; Berzel, 2008, S. 5 ff.):

- Um 1700 v. Chr. bedrohte der König von Babylon seine Baumeister mit der Todesstrafe, wenn diese Häuser entwarfen und bauten, welche einstürzten und hierdurch den Tod der Bewohner verschuldeten. „Die nicht erfüllte Qualitätsforderung – ob sie so hieß, weiß natürlich niemand – lautete pauschal: Es darf durch das Haus niemand im Haus zu Tode kommen" (Geiger, 2001, 806).
- Die Ziegel, mit welchen die römischen Grenzbefestigungen erbaut wurden, waren so beschaffen, dass sie Jahrhunderte lang immer wieder aufs Neue verwendet werden konnten.
- Die Zünfte im Mittelalter sorgten dafür, dass sich ihre (Handwerks-) Qualität als Monopol durchsetzen konnte.
- In einem Zarenerlass des Jahres 1723 wurden den Lieferanten unbrauchbarer Gewehre Degradierungen, Auspeitschungen oder der Entzug des wöchentlichen Glases Wodka angedroht.
- Nach dem zweiten Weltkrieg wurde „Qualitätsmanagement" ein eigenständiges Wissens- und Lehrgebiet.

Heute wird der Begriff der „Qualität" im allgemeinen Sprachgebrauch zumeist „mit dem Erbringen einer Bestleistung" (Innerhofer/Innerhofer, 1996, S. 370) gleichgesetzt. Dieser sprachliche und definitorische Vorgang gibt dem Begriff der „Qualität" den Anschein eines objektiven Geschehens. Dennoch ist Qualität als Wertprädikat etwas sehr Subjektives. Wie verläuft aber dieser Prozess der Bewertung? Nach Innerhofer/Innerhofer (1996, S. 370) können hierzu drei Schritte benannt werden:

- „Zuerst kommt es über die Beschreibung eines Gegenstandes (durch Beobachten, Messen u. ä.) zur Feststellung der Eigenschaften einer Leistung (wie z. B. die Verarbeitung, das Material, das Aussehen etc.). Diese Beobachtungen können als objektiv bezeichnet werden, da der beschriebene Gegenstand unabhängig vom Beobachter vorhanden ist.
- In einem weiteren Schritt werden die zuvor beobachteten Eigenschaften (in Bezug auf Fehlerhaftigkeit, Haltbarkeit u. ä.) interpretiert. Diese Interpretation kann schon als subjektiv geleitet bezeichnet werden.
- Der dritte Schritt besteht schließlich in der Bewertung der interpretierten Eigenschaften. Diese Bewertungen sind erst recht subjektiv, da sie notwendig nach Wertmaßstäben erfolgen, die in der Person der Bewertenden liegen."

Grafisch lässt sich dieser Ablauf wie folgt darstellen:

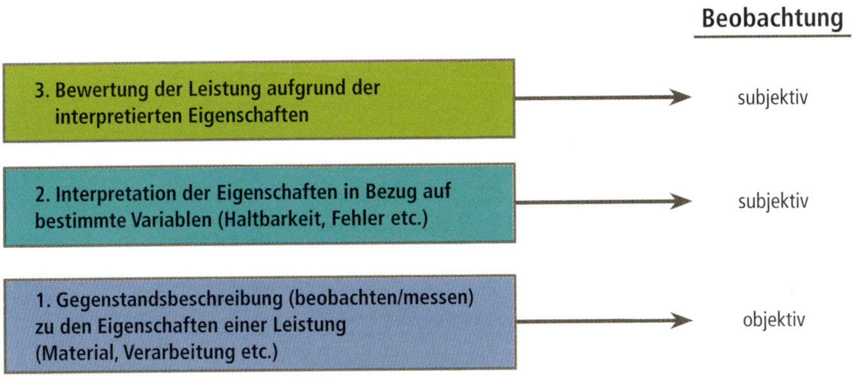

Schritte zur Qualitätsbeurteilung

Aufgaben

1. *Stellen Sie diesen Ablauf an Produkten des täglichen Bedarfs (Lebensmittel, Hygieneprodukte, Elektrogeräte etc.) dar.*
2. *Stellen Sie ihn dann an Ihnen bekannten Dienstleistungen (z. B. Behörden, mit denen Sie Kontakt hatten) dar.*
3. *Vergleichen Sie beide Bewertungsverläufe miteinander. Was stellen Sie hierbei fest?*

In einem ersten Fazit bleibt festzuhalten, dass Qualität ein formaler Begriff, „also inhaltsleer [ist]. Er bedeutet lediglich, dass es um etwas Wertiges geht – im Unterschied zu einer Menge" (Speck, 2002, S. 16). Hiervon abzugrenzen ist der Begriff des „Standards" (auch derjenige des Qualitätsstandards), welcher die situativen Lebens- und Handlungsbedingungen reflektiert. Diese sind somit für die Außenstehenden dieses Prozesses nachvollziehbar.

Des Weiteren ist der Begriff der „Qualität" von demjenigen der „Quantität" zu unterscheiden:

- Quantitäten (Mengen, Massen, Größen etc.) lassen sich zählen und messen,
- Qualitäten (Beschaffenheit, Eigenschaft, Güte etc.) demgegenüber nicht, oder zumindest nicht immer.

Dieses wird auch durch das folgende Zitat von Otto Speck noch einmal deutlich:

„Grundsätzlich lassen sich Qualitäten bis zu einem gewissen Grad durch Quantitäten bestimmen, gehen jedoch nie in ihnen auf. [...] Ein ‚guter Schüler' ist sicherlich ein Schüler mit einer Menge Wissen, die man sogar messen kann. Damit ist aber noch nicht alles über die Qualität dieses Wissens gesagt; es könnte sich zum Beispiel um nutzloses [...] Wissen handeln. In einem Heim können viele hochzertifizierte Mitarbeiter tätig sein und doch ist dabei inadäquates, unqualifiziertes Arbeiten möglich."
(Speck, 2002, S. 16 f.)

Qualität und Quantität sind aber auch auf einer anderen Ebene miteinander in Beziehung zu setzen, dann nämlich, wenn bestimmte Quantitäten eine neue Qualität nach sich ziehen: Zu wenige pädagogische Mitarbeiter in einer Einrichtung verändern die Eigenschaften, also die pädagogische Qualität dieser Organisation.

Nach Speck (vgl. 2002, S. 18 ff.) können vier weitere unterschiedliche Bedeutungen des Qualitätsbegriffes skizziert werden:

- der Lebensqualitätsbegriff
- der ökonomische Qualitätsbegriff
- der soziologisch-organisationale Qualitätsbegriff
- der heilpädagogische Qualitätsbegriff

Der Lebensqualitätsbegriff

Der Begriff der Lebensqualität ist der älteste dieser Formulierungen und Ansätze. Er stammt aus der amerikanischen sozialwissenschaftlichen Forschung, wo er vor ca. 30 Jahren entwickelt wurde.

„Er beinhaltete Indikatoren für eine humane Lebensgestaltung, die nicht einfach den ökonomischen und fachlich-technologischen Fortschritten und Maßgaben folgt, sondern am Menschen und seinem persönlichen Wohlergehen festzumachen ist und die u. U. auch gegen Fachinstanzen zu behaupten ist. Es galt, eine entmündigende Expertendominanz [...] zugunsten einer stärkeren Orientierung am Menschen, der Hilfe zu Selbsthilfe braucht, zu überwinden."
(Speck, 2002, S. 18)

Der ökonomische Qualitätsbegriff

Dieser Begriff kommt aus dem Bereich der Wirtschaft und kennzeichnet eine Veränderung in der Wirtschaftspolitik der westlichen Industrieländer gegenüber den sogenannten Billiglohnländern: Diese brachten verbilligte Massenartikel auf Markt, der Westen setzte demgegenüber auf hohe und höchste Qualitätsartikel, besonders im Sektor der Hochtechnologie. Dieser Streben nach der nachdrücklichen und ultimativen Qualität wurde auch – recht unreflektiert – auf den Sektor der Bildung und des Sozialwesens übertragen. Eben dieser Sektor weist aus dieser Sicht einen immensen Kostenfaktor auf, welchen es einzudämmen gilt. „Ökonomisches Denken beherrscht seitdem die gesamte soziale Szene. Soziale Dienstleistungen werden Marktgesichtspunkten unterworfen: Sie werden ‚gekauft' und ‚verkauft'. Sie werden zur Ware" (Speck, 2002, S. 19). Auch die sozialen Dienstleistungsunternehmen werden somit nach und nach zu Wirtschaftsunternehmen, welche sich an ökonomischen Bedingungen und Bedingtheiten auszurichten haben. Dieser Vorgang erstreckt sich bis in die Sprache hinein: Der Pädagoge verkauft seine Arbeitskraft an einen Betrieb, dieser verkauft sie weiter an einen Kunden – ohne dass hierbei jeweils exakt zu bestimmen wäre, was mit den einzelnen Begriffen wirklich gemeint ist und welche (Welt-)Bilder sich hinter ihnen verbergen.

Der soziologisch-organisationale Qualitätsbegriff

In der sogenannten postmodernen Gesellschaft, in welcher die Individualisierung und Eigenverantwortlichkeit der einzelnen Menschen auf beinahe allen Gebieten in hohem Maße und recht rasant zugenommen hat, hat sich die Menge des zur Verfügung stehenden und zu nutzenden Wissens vervielfältigt. Um dennoch die anfallenden Aufgaben umsetzen und die Qualität aufrechterhalten zu können, kommt es darauf an, „sich selbst und im Austausch mit seinen Mitarbeitern permanent neu zu vergewissern, was als ‚Wissensressource' im Moment wichtig ist. Diese neue ‚Wissensarbeit' soll die eigene Institution zu einer ‚intelligenten Organisation' machen" (Speck, 2002, S. 21). Gesellschaftliche und wirtschaftliche Entwicklungstendenzen hängen somit eng miteinander zusammen und führen dazu, dass die Qualität einer Einrichtung dadurch hervorgebracht und erhalten wird, dass die Kompetenzen der Mitarbeiter und das vorhandene Wissen in bestmöglicher Art und Weise zusammengebracht werden.

Der heilpädagogische Qualitätsbegriff

Dieser Begriff kann hinsichtlich zweier Ausprägungen bestimmt werden:
Die erste benennt die Qualität einer heilpädagogischen Organisation oder Einrichtung – diese Form der Qualität kann als institutionelle heilpädagogische Qualität bezeichnet werden. Sie umfasst u. a. folgende Orientierungspunkte, welche wechselseitig voneinander abhängen und aufeinander einwirken (vgl. Speck, 1999, S. 130 ff.): Menschlichkeit, Professionalität, Autonomie, Kooperationsfähigkeit, organisationale Funktionabilität und Wirtschaftlichkeit. Die zweite kennzeichnet die Qualität der konkreten heilpädagogischen und heilerziehungspflegerischen Arbeit – diese Form kann als heilpädagogisch-professionelle Qualität bezeichnet werden. Sie bezieht sich sowohl auf die inhaltliche Ausrichtung des heilpädagogischen und heilerziehungspflegerischen Handelns wie auch auf den gesellschaftlichen Umgang mit den betroffenen Menschen.

Aufgaben

1. *Suchen Sie für diese vier Formen Beispiele aus dem wirtschaftlichen und aus dem Dienstleistungssektor.*
2. *In welchem Bereich wurden Sie schneller „fündig"? Suchen Sie nach Gründen hierfür.*
3. *Überprüfen Sie die von Otto Speck genannten Orientierungspunkte einer institutionellen heilpädagogischen Qualität an Ihnen bekannten Einrichtungen. Vergleichen Sie Ihre Ergebnisse miteinander.*
4. *Wodurch und womit können die konkreten Ausprägungen einer heilpädagogisch-professionellen Qualität bewertet werden – oder ist eine solche Bewertung nicht sogar unmöglich? Diskutieren Sie Ihre Ergebnisse in einem Rollenspiel.*

Wodurch unterscheiden sich Unternehmen von sozialen Einrichtungen?

Auch wenn, wie bereits erläutert wurde, enge Verknüpfungen zwischen wirtschaftlichen Unternehmen und sozialen Einrichtungen bestehen, können gravierende Unterschiede in Bezug auf die Wahrnehmung und Umsetzung von Qualität und Qualitätssicherung festgestellt werden (vgl. Innerhofer/Innerhofer, 1996, S. 373 ff.). Diese lassen sich grafisch folgendermaßen darstellen:

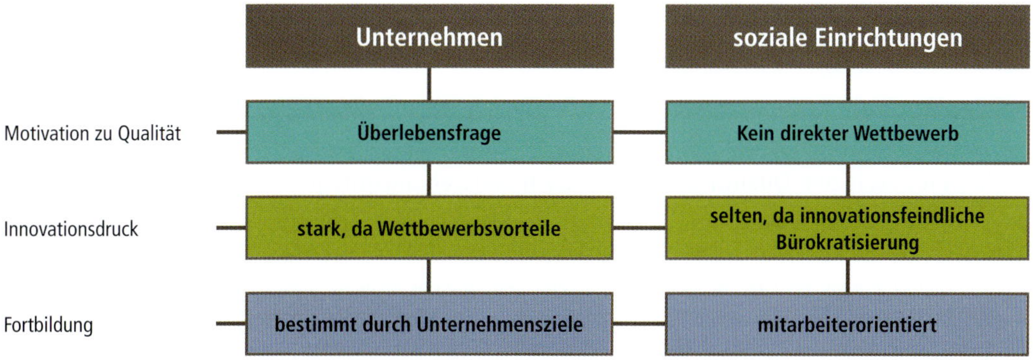

Grundlegende Unterschiede zwischen wirtschaftlichen Unternehmen und sozialen Einrichtungen

	Unternehmen	soziale Einrichtungen
Motivation zu Qualität	eher gering	durch die Arbeit
Arbeitsmotivation	durch Entlohnung	soziale Aspekte
Leistungsdruck	groß	eher gering
Karrierestreben	stark	gering/verpönt
Arbeitsgestaltung	Freiheit: gering	Freiheit: relativ groß

Unterschiede zwischen wirtschaftlichen Unternehmen und sozialen Einrichtungen in Bezug auf bestimmte Faktoren der Mitarbeiter

	Unternehmen	soziale Einrichtungen
Wer ist der Kunde?	Person, welche Leistung in Anspruch nimmt	Kunde kann nicht immer eindeutig bestimmt werden
Bedürfnisse der Kunden	Produkterwartung: klar	Fachmann sagt, was sinnvoll ist
Forderung nach Qualität	deutlich: Erfüllung der Erwartungen	unterschiedliche Ebenen der Qualität: Träger, Betroffene etc.

Unterschiede zwischen wirtschaftlichen Unternehmen und sozialen Einrichtungen in Bezug auf bestimmte Faktoren der sogenannten „Kunden"

Aufgaben

1. *Stellen Sie die einzelnen Unterschiede an Beispielen dar.*
2. *Diskutieren Sie mögliche Kritikpunkte an diesem Modell (an welchen Punkten ist es vielleicht zu eindimensional oder zu plakativ?).*

Vorläufiges Fazit zum Qualitätsbegriff in der Heilerziehungspflege

Da es sich bei der Qualitätsdiskussion in diesen Handlungsfeldern um eine noch relative junge Thematik handelt (die ersten Ansätze hierzu stammen aus dem Jahre 1988) und zudem höchst widersprüchliche Definitionsversuche hierzu zu finden sind, kann ein Fazit nur in der Zusammenstellung einer Auswahl dieser Perspektiven bestehen. Jede Einrichtung der Behindertenhilfe wird ihre eigene Ausrichtung und Positionierung hierzu wählen und diese umzusetzen versuchen (vgl. Tietz, 2000, S. 153 f.; Merchel, 2004, S. 33 ff.; Schädler, 2001, S. 25 ff.):

Sichtweisen von Qualität

Qualität als Eigenschaft
Qualität meint hierbei die Übereinstimmung der präzise messbaren Eigenschaften eines Produktes mit den vor der Herstellung meist technisch determinierten Anforderungen an das Produkt. Ein Transfer dieses Ansatzes auf den Bereich sozialer Organisationen ist deswegen nicht möglich, weil die Dienstleistungen, die von sozialen Organisationen angeboten werden, als „Material" nicht greifbar und auch die einzelnen Komponenten nicht immer zerlegbar oder messbar sind. Allein durch die Vorgehensweise sozialer Organisationen, in der individuelle und situative Besonderheiten berücksichtigt werden, kann nicht der Standardisierungsgrad erreicht werden, der bei der Fertigung industrieller Güter möglich ist.
Kundenorientierte Sichtweise von Qualität
Qualität meint hier die Erfüllung der Kundenerwartungen an das jeweilige Produkt. Hierbei spielt die Diskrepanz zwischen wahrgenommenen und erwarteten Eigenschaften des Produktes oder der Dienstleistungen bei der Qualitätsbeurteilung durch den Kunden eine immens wichtige Rolle. Eine Übertragung dieses Blickwinkels auf soziale Dienstleistungen stößt dort massiv an ihre Grenzen, wo der Kunde aufgrund eines fehlenden Beurteilungsvermögens gar nicht in der Lage ist, die Angemessenheit der erhaltenen Leistungen einzuschätzen. In Form einer externen Qualitätssicherung versucht man, in Einrichtungen der Behindertenhilfe die Qualitätsbeurteilung anhand von Experten oder durch die Ergebnisse einrichtungsübergreifender Vergleiche vorzunehmen.
Wertorientierte Sichtweise von Qualität bezogen auf Finanzierung
Diese Perspektive erscheint für soziale Dienstleistungen außerordentlich relevant. Das Qualitätsverständnis ist hierbei ein relatives, d. h., die Qualität der sozialen Dienstleistung wird in Beziehung zum vereinbarten Preis gesetzt. Weil die überwiegend aus öffentlichen Geldern gespeisten Zahlungsmittel aber nur begrenzt vorhanden sind, besteht das Ziel bei dieser Qualitätsperspektive darin, mit den vorhandenen Ressourcen optimale statt maximale Leistungsqualität anzubieten. Um dieser Erwartung gerecht zu werden, ist in der Praxis ein leistungsfähiges (Qualitäts-)Management der sozialen Organisationen erforderlich.
Wertorientierte Sichtweise von Qualität bezogen auf Normen
Die Qualität guter Arbeit ist hierbei eng mit normativen Wertvorstellungen verbunden. In der Behindertenhilfe ist die Formulierung von Qualitätskriterien eng verknüpft mit der Offenlegung der anthropologisch-ethischen Grundrechte einerseits und allgemeinen Leit- und Zielvorstellungen der Heilerziehungspflege andererseits.
Dynamische Sichtweise von Qualität
Der Begriff und die Ausprägungen von Qualität sind hierbei prozesshaft, veränderbar, steigerbar. Es lässt sich somit kein ultimativ abgesichertes und haltbares „Qualitätslevel" in sozialen bzw. heilpädagogischen Organisationen erzeugen; es sind kontinuierlich Verbesserungen möglich. Dies hängt mit den „letztlich unbestimmten Zielbegriffen (z. B. Integration, Selbstbestimmung, Gemeindeorientierung)" (Schädler, 1999, S. 15) zusammen, deren Umsetzung aufgrund des „Technologiedefizits" in der pädagogischen Arbeit immer nur annähernd gelingen kann: „Die ‚Produktion' einer Dienstleistung ist als Prozess zu sehen, dessen Ablaufschritte ineinander greifen und kontinuierlich im Fließen sind" (Schädler, 1999, S. 15).
Qualität als Ausnahme
Diese Sichtweise stellt die Exklusivität einer Dienstleistung oder eines Produktes heraus. Dieses eher elitäre Verständnis von Qualität schließt eine Vielzahl von Einrichtungen aus, da nur recht wenige dazu imstande sind, diese Ansprüche zu erfüllen.
Qualität als Perfektion
Hierbei wird die Qualität an Standards gemessen, „wobei die Standards mit unterschiedlichem Anspruchsgrad von den Beurteilern selbst gesetzt werden" (Merchel, 2004, S. 34).
Qualität als Zweckmäßigkeit
Diejenigen Gruppen, welche eine Leistung der jeweiligen Einrichtung in Anspruch nehmen, definieren den Grad der Zweckerfüllung eben dieser Einrichtung. Wenn der Zweck weitestgehend erfüllt wird, so spricht dies für eine gute Qualität der Organisation.

Qualität als adäquater Gegenwert
Hierbei bestimmt sich die Qualität einer Ware oder einer Dienstleistung nach dem diesem angemessenen Preis-Leistungs-Verhältnis.
Qualität als Transformation
Dieser Definitionsversuch bewertet nicht so sehr einzelne Produkte, sondern vielmehr interaktive Prozesse. „Qualität wird danach dann erreicht, wenn etwas in einen neuen, ‚höheren' Zustand ‚transfomiert' wird, also bei pädagogischen Prozessen z. B. eine persönliche Weiterentwicklung […] oder eine zunehmende Selbstbestimmung […] bei den Adressanten sozialer Dienstleistungen" (Merchel, 2004, S. 34).
Qualität als Kategorie des Gemeinwesens
Soziale Dienste sind vor dem Hintergrund dieser Sichtweise gefordert, über die Grenzen der einzelnen Organisation hinaus Verantwortung für die Gesamtqualität des örtlichen Hilfeangebots zu übernehmen. Dieses umfasst „die aktive Beteiligung an der örtlichen Planung und Koordination von Hilfen sowie an Aktivitäten, die den Schutz und die Rechte benachteiligter Personen genauso fördern wie ihre soziale und kulturelle Teilhabe" (Schädler, 2001, S. 27).
Qualität als ökonomische Kategorie
Dieses bezeichnet letztlich das Bestreben und die Notwendigkeit, dass sich die Qualität der heilpädagogischen und heilerziehungspflegerischen Einrichtungen an den zuvor (zumeist mit den überörtlichen Trägern dieser Hilfeleistungen) vereinbarten Zielen der Dienstleistungen zu orientieren hat. Hierbei steht die Effektivität (also die Wirksamkeit) und die Effizienz (also die Wirtschaftlichkeit) im ökonomischen Sinne im Mittelpunkt dieser Realisierungen.

Aufgaben

1. *Stellen Sie diese unterschiedlichen Sichtweisen an Beispielen aus den Bereichen der wirtschaftlichen Unternehmen und der sozialen Einrichtungen dar.*
2. *Besuchen Sie Ihnen bekannte Einrichtungen der Heilerziehungspflege. Versuchen Sie anhand von Interviews, Beobachtungen und Dokumentenanalysen zu erarbeiten, welche Perspektive (oder Perspektiven) in der jeweiligen Organisationen vorherrscht (oder vorherrschen).*
3. *Diskutieren Sie Ihre Ergebnisse mit Vertretern dieser Organisationen.*

2.4.3 Ansätze und Modelle zu Qualitätsentwicklung und Qualitätsmanagement

In diesem Kapitel werden zuerst die Grundlagen und Hintergründe für die Qualitätsoffensive in den unterschiedlichen Arbeitsfeldern skizziert. Im Anschluss hieran werden Anforderungen an ein mögliches Qualitätsmanagement sowie weitere grundlegende Begrifflichkeiten und Ansätze zur Qualitätsentwicklung sowie zum Qualitätsmanagement vorgestellt. Dieser Komplex schließt mit Aussagen zur Struktur-, Prozess- und Ergebnisqualität.

Was waren die Hintergründe dafür, Prozesse der Qualitätsentwicklung zu realisieren?
In den letzten 15 bis 20 Jahren gab es in der Industrie und im Sozialwesen eine Vielzahl (recht unterschiedlicher) Begründungen dafür, den Prozess der Qualitätsentwicklung anzustoßen und umzusetzen.

Für die Industrie und den Handel, also die gewinnorientierte Wirtschaft, lassen sich diese Gründe anführen:

- Aufgrund der wachsenden Qualitätsansprüche der Verbraucher werden Fehler nicht mehr ohne Weiteres akzeptiert. Die evtl. hieraus resultierenden Kosten für Nachbesserung und Gewährleistung belasten die Geschäftsergebnisse.
- Durch eine frühzeitige Fehlererkennung bzw. -vermeidung, durch eine hieran gegebenenfalls anschließende permanente Verbesserung kommt es zu einer Kostensenkung.
- Um das Vertrauen der Kunden – auch langfristig – zu bilden und an ein Produkt zu binden, kommen die Firmen den Kundenanforderungen nach Gütesiegeln nach. Eine neutrale Stelle bestätigt hierdurch die Qualitätsfähigkeit des jeweiligen Unternehmens.
- Qualität stellt sich somit mehr und mehr als Erfolgsfaktor im Wettbewerb um die Loyalität der Kunden dar.
- Durch den systematischen Nachweis qualitätssichernder Maßnahmen wehren die Unternehmen mögliche Haftungsansprüche der Kunden ab.

Für den Sektor des Sozialwesens, also für die sogenannten Nonprofit-Organisationen, sind folgende Gründe zu skizzieren:

- Die rezessionsbedingte Krise der öffentlichen Haushalte führte (und führt) zu einem Um- und Abbau sozialstaatlicher Leistungen. Der Legitimationsdruck auf die Anbieter dieser Leistungen (in welchem Verhältnis stehen bei ihnen Kosten und Nutzen? Wie transparent ist ihre Arbeit? etc.) nahm und nimmt zu.
- Durch neue Steuerungsmodelle und betriebswirtschaftlich orientierte Methoden sollte es zu einer Festigung und Sicherung der Haushalte kommen. Dieses führte – zuerst bei Behörden, später aber auch bei vielen anderen Einrichtungen des Sozialwesens – zu einer Reorganisation der Verwaltungsstrukturen.
- Durch gesetzliche Anforderungen an qualitätssichernden Maßnahmen, an Wirtschaftlichkeit, Wirksamkeit und Transparenz bemühten sich die Sozialleistungsträger um eine Stärkung ihrer Position gegenüber den jeweiligen leistungserbringenden Organisationen und Diensten.
- Zwischen den Leistungsanbietern kam es durch die Öffnung der Märkte (welche als solche vielfach erst noch genauer zu definieren und zu schaffen waren) sowie durch eine Zunahme und Ausweitung privatgewerblicher Betriebe zu einem verstärkten Wettbewerb.
- Die fachliche Weiterentwicklung des Sozialwesens, der Einbezug unterschiedlicher Managementmethoden zur Verbesserung ihrer Organisations- und Arbeitsprozesse, führte zu einer Professionalisierung.
- Der gesellschaftliche Paradigmenwechsel mit einer stärkeren Betonung der Individualisierung, der Beteiligung, der Kundenorientierung und der Abflachung von Hierarchien fand seinen Niederschlag in den gesetzlichen Regelungen und den Bundesjugendberichten.

Aufgaben

1. *Stellen Sie diese unterschiedlichen Begründungen in einem Rollenspiel dar, in welchem Sie folgende Positionen besetzen sollten:*
   - *den Leiter/die Leiterin einer Einrichtung*
   - *die Mitarbeiter einer Einrichtung*
   - *die Kunden einer Einrichtung*
2. *Welche Unterschiede stellen Sie zwischen den wirtschaftlich orientierten und den Nonprofit-Organisationen fest?*
3. *Worauf sind diese Unterschiede zurückzuführen?*

Welche Rahmenbedingungen beeinflussen den Prozess der Qualitätsentwicklung und des Qualitätsmanagements?

Zuerst einmal ist festzustellen, dass die Begriffe der Qualitätsentwicklung und des Qualitätsmanagements von unterschiedlichen Autoren recht unterschiedlich benutzt und mit Inhalt gefüllt werden (vgl. Speck, 2002, S. 27 ff.; Merchel, 2004, S. 52 ff.; Greving, 2000, S. 11 ff.; Kolbe, 2000, S. 29 ff.). Manchmal werden beide Begriffe voneinander unterschieden, z. T. aber auch synonym verwendet. Da an dieser Stelle die Diskussion um die Varianten dieser Definitionen weder wiedergegeben noch geführt werden kann, sollen sie hier gleichbedeutend benutzt werden.

Da der Begriff und das Faktum der Qualität keine eindeutige Größe darstellt, ist diese auf eine ständige Überprüfung und Gestaltung angewiesen. Qualitätsentwicklung/Qualitätsmanagement stellt somit „einen gesteuerten Prozess [dar], durch den, auf der Basis struktureller Bedingtheiten und persönlicher Verantwortlichkeiten, eine fortlaufende qualitätsvolle Arbeit entsprechend dem Sinn und Zweck einer Einrichtung erreicht und erhalten werden soll" (Speck, 2002, S. 27). Dieser Steuerungsprozess kann jetzt sowohl von der einzelnen Einrichtung selbst als auch von außen durchgeführt werden. Hierbei können zwei grundlegende Ansätze unterschieden werden (vgl. Speck, 1999, S. 161 ff.):

- Der **Kontrollansatz**, dessen Methoden und Verfahren primär auf der Umsetzung und Kontrolle externer Wertmaßstäbe beruhen. Aus einer eher hierarchischen Führungsstruktur heraus werden Überprüfungen der Tätigkeiten und Produkte vorgenommen. Die freiwillige Mitwirkung aller hieran Beteiligten wird zwar vorausgesetzt, ist jedoch nicht in allen Fällen vorhanden. Mögliche Beispiele hierzu lassen sich in den sogenannten Controlling-Verfahren finden.

- Der **Reflexionsansatz**, welcher primär von der persönlichen Autonomie eines jeden Mitarbeiters ausgeht. Diese ist moralisch und fachlich begründet. Die Umsetzung dieses Ansatzes erfolgt über den Weg einer gemeinsamen und selbstverantworteten Reflexion in Abstimmung mit den Menschen, mit welchen diese Einrichtung tätig wird. Hierdurch wird zudem eine Verbesserung der Qualität in der gesellschaftlichen Wirklichkeit beabsichtigt und verfolgt.

Welche Anforderungen werden an die Verfahren des Qualitätsmanagements gestellt und was bedeutet das für die Heilerziehungspflege?

Gesetzgeber, Träger der Sozialhilfe und Einrichtungen stellen neue Anforderungen an die Verfahren des Qualitätsmanagements, diese wiederum postulieren eine Veränderung in den betroffenen Organisationen sowie in den Handlungsweisen und Interaktionen der Mitarbeiter und Klienten. Für heilerziehungspflegerische Einrichtungen ziehen diese Veränderungen mindestens fünf Forderungen nach sich (vgl. Gerull, 1999):

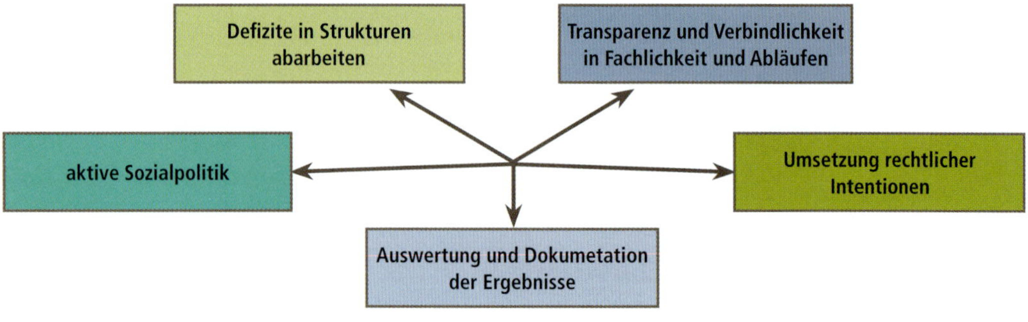

Anforderungen des Qualitätsmanagements an die Heilerziehungspflege

Die fünf Bereiche sind nicht klar voneinander abzugrenzen, sondern bilden Überschneidungen und Unschärfen. Dieses erschwert eine konkrete Realisierung im Einzelfall erheblich (was auch an den hoch chaotischen Versuchen der ersten Jahre festzustellen ist, in welchen die Einrichtungen des Sozialwesens vielzählige, sich z.T. widersprechende Ansätze zum Qualitätsmanagement „Marke Eigenbau" ausprobiert und umgesetzt haben).

Konkret können vor diesem Hintergrund eine Vielzahl von Anforderungen an die Erhebung und Darlegung der Qualität sozialer Einrichtungen und Dienste gestellt werden. Diese müssen von den einzelnen Organisationen wahrgenommen und systematisiert werden. Es handelt sich hierbei um mindestens folgende Ansprüche und Forderungen (vgl. Gerull, 1999):

In den Organisationen muss vorhanden sein:

- eine Leistungs-/Produktbeschreibung
- ein Qualitätsleitbild sowie Qualitätsstandards
- eine Qualitätsentwicklungskonzeption
- ein Qualitätshandbuch
- ein Qualitätsbeauftragter
- ein regelmäßiger Qualitätsbericht

Dieses ist zu realisieren durch:

- eine bedarfsgerechte betriebliche Infrastruktur
- ein bedarfsgerechtes Kommunikationswesen
- ein bedarfsgerechtes Dokumentationssystem

Den Mitarbeitern kommen hierbei folgende Aufgaben zu:

- eine konkrete Umsetzung der Planungen
- eine konsequente Orientierung an den Bedürfnissen und Erwartungen der Nutzer
- Durchführung von Schulungen, Beratungen und Supervision
- Kooperation mit anderen Einrichtungen

Die Gesamteinrichtung muss folgende Anforderungen erfüllen:

- Controlling, Evaluation oder Selbstevaluation
- das Einrichten eines Qualitätszirkels
- die Durchführung interner und externer Kontrollen

Aufgaben

1. *Erheben Sie in den Ihnen bekannten Einrichtungen, wie diese die vorangestellten Anforderungen wahrnehmen und umsetzen.*
2. *Worin könnten die Auslassungen bestimmter Anforderungen begründet sein?*
3. *Diskutieren Sie Ihre Ergebnisse mit Vertretern dieser Einrichtungen und im Klassenverband.*

Die Entwicklung eines Verfahrens zum Qualitätsmanagement in einer heilerziehungspflegerischen Einrichtung umfasst somit sowohl die Ausrichtung auf ethische Prinzipien (indem der Haltung und dem Wertekonsens der Mitarbeiter eine zentrale Bedeutung zukommt) als auch die Orientierung an rechtlichen und methodischen Grundlagen und Prinzipien. Die konkreten Hilfen betreffen die individuelle Lebensgestaltung und das Wohlbefinden des einzelnen Nutzers oder Klienten dieser Hilfen. Diese sind eingebunden in die strukturellen Rahmenbedingungen der jeweiligen Institution und abhängig von den Grenzen und Besonderheiten des heilerziehungspflegerischen Handelns. Um Möglichkeiten der Kompetenzerweiterung zu realisieren, ist eine exakte Bedarfsanalyse und Bedürfnisorientierung notwendig.

Dieses kann abschließend grafisch folgendermaßen dargestellt werden:

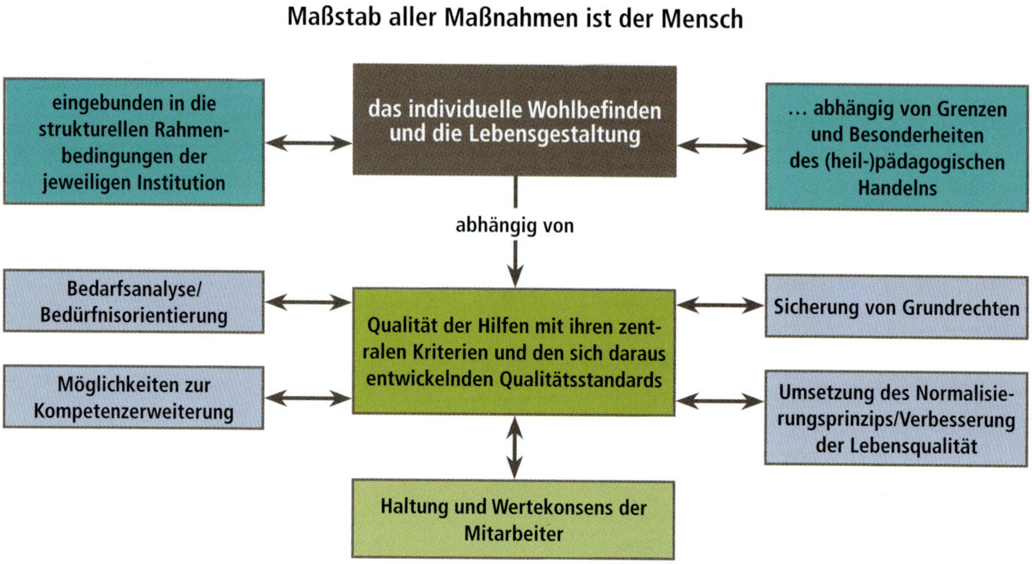

Wesentliche Anforderungen an eine adressatenorientierte Qualitätsentwicklung (aus: Tietz, 2000, S. 201)

Aufgabe

Stellen Sie alle Ebenen dieses Modells an einem konkreten Beispiel aus der heilerziehungspflegerischen Praxis dar.

2.4.4 Struktur-, Prozess- und Ergebnisqualität

Abschließend werden in diesem Kapitel die drei grundlegenden Dimensionen zur Qualitätssicherung erörtert. Die Aufteilung nach unterschiedlichen Qualitätsmerkmalen und -prozessen ist eine der bekanntesten im sozialen Bereich. Sie stammt von dem amerikanischen Professor Avedis Donabedian und wurde ursprünglich für die Qualitätssicherung im Gesundheitswesen entwickelt (Donabedian, 2002). Die Unterscheidung und Unterteilung der Qualität nach Struktur, Prozess und Ergebnis systematisiert hierbei die einzelnen Phasen einer Dienstleistung:

- *„Strukturqualität bezieht sich auf objektive Rahmenbedingungen, Ausstattungen, materielle Ressourcen, Zahl und Qualifikation von Mitarbeitern etc.*
- *Prozessqualität umfasst [...] die Gesamtheit aller Aktivitäten, die zwischen Leistungsrebringern, z. B. den pädagogisch Tätigen und den Leistungsempfängern, d. h. (z. B.) den behinderten Menschen stattfinden. Eine Erhebung der Prozessqualität setzt die Definition professionell anerkannter Standards voraus.*
- *Ergebnisqualität schließlich stützt sich auf beobachtbare Veränderungen beim Hilfeempfänger, d. h. z. B. auf eine Besserung des Gesundheitszustandes, auf den Zuwachs an Kompetenzen etc.“* ***(Metzler/Wacker, 1997, S. 52 ff.)***

Gegen diese Unterteilung können jedoch auch einige Kritikpunkte angeführt werden. Diese sind zu bedenken, wenn dieses Modell in heilerziehungspflegerischen Einrichtungen umgesetzt werden soll (vgl. Speck, 1999, S. 128; Metzler/Wacker, 1997, S. 53; Küpers, 2001, S. 591):

- Alle drei Teilqualitäten können nicht für sich allein bewertet werden, da sie in einer ständigen Wechselwirkung zueinander stehen und somit voneinander abhängig sind.
- Dieses erscheint auch deshalb problematisch, da Donabedian vor allem der Prozessdimension, welche die konkreten Handlungen und Aktivitäten der Leistungserbringung beeinflusst, eine wichtige Aussagekraft in Bezug auf das Gesamtqualitätsurteil zubilligt.
- Des Weiteren kann diese Wechselwirkung jedoch nicht pauschalisiert werden, da es eindeutige Abhängigkeiten hierbei nicht zu geben scheint: „Ein gut ausgestattetes Wohnheim mit fachlich hoch qualifiziertem Personal stellt allein noch keine Garantie dafür da, dass die Bewohnerinnen und Bewohner ihre Lebenssituation als befriedigend erleben" (Metzler/Wacker, 1997, S. 53).
- Ein weiteres Problem besteht in der Messung der geforderten Standards: Wie und wodurch lassen sich (gute oder weniger gute) pädagogische Handlungen festlegen und erforschen?
- Eine relevante Schwierigkeit liegt jedoch vor allem in der Messung der Ergebnisse sozialer und pädagogischer Handlungen, da es kaum objektivierbare Kriterien für den pädagogischen Erfolg gibt. Zudem ist in den sozialen Dienstleistungen der Prozess häufig mindestens genauso relevant wie das Resultat. Ein etwaiger Nutzen wird bei heilerziehungspflegerischen Handlungen sowohl aus dem Prozess als auch aus dem Ergebnis gezogen.

Abschließend lässt sich das Modell von Donabedian wie folgt grafisch zusammenfassen:

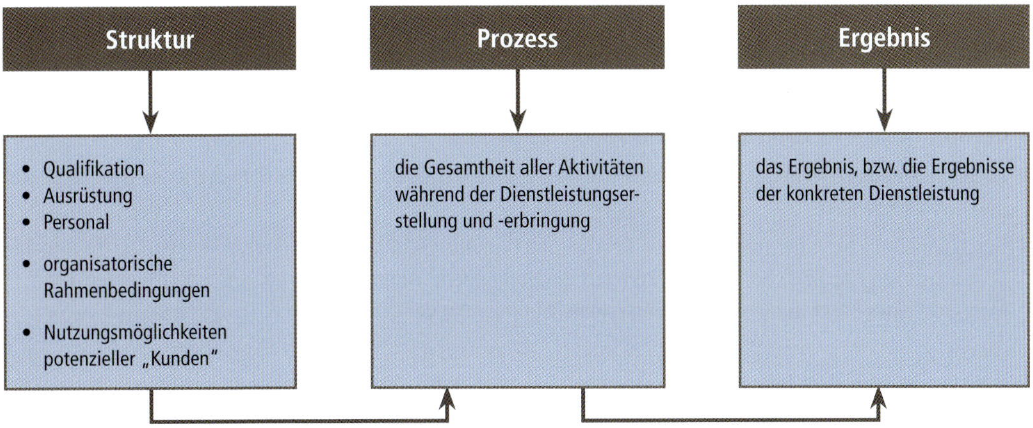

Der Zusammenhang der Qualitätsmerkmale nach Donebedian (vgl. Küpers, 2001, S. 590)

Aufgaben

1. *Stellen Sie an einem konkreten Beispiel aus der heilerziehungspflegerischen Praxis das Modell von Donabedian dar. Achten Sie hierbei vor allem auf die möglichen Wechselwirkungen und Vernetzungen der drei Merkmale.*
2. *Diskutieren Sie die o.g. Kritikpunkte zu diesem Modell und versuchen Sie diese anhand Ihres Beispieles (Frage 1) zu widerlegen. Was fällt Ihnen hierbei auf?*
3. *Machen Sie eine Einrichtung der Heilerziehungspflege ausfindig, welche nach dem Modell von Donabedian arbeitet, und befragen Sie die (leitenden) Mitarbeiter nach ihren Erfahrungen. Vergleichen Sie diese mit Ihrem Beispiel. Wo gibt es Übereinstimmungen und wo Unterschiede?*

2.4.5 Interne und externe Kontrollinstanzen

Auch interne und externe Kontrollinstanzen prüfen und begutachten die Umsetzung der Qualitätsziele der jeweiligen heilerziehungspflegerischen Organisation. Es handelt sich hierbei vor allem um folgende Instanzen:

- Die Heimaufsicht, welche durch regelmäßige, z.T. unangekündigte, Besuche die Struktur-, Prozess- und Ergebnisqualität der jeweiligen Einrichtung überprüft.
- Mögliche Kontrollen durch die Kostenträger der jeweiligen Einrichtung, so z.B. durch den oder die Träger der (überörtlichen) Sozialhilfe, den Medizinischen Dienst der Krankenkassen (MDK) oder den Hygienebeauftragten dieser Träger.
- Zudem wird die konkrete Arbeit auch durch organisationsinterne Beteiligungsgremien überprüft, so z.B. durch den Heimbeirat oder durch den Elternrat.

Einige heilerziehungspflegerische Organisationen haben in den letzten Jahren auch vermehrt Beschwerdemanagementsysteme (der Nutzer und der Eltern) eingeführt, um die konkrete Arbeit zu dokumentieren und zu evaluieren. Da diesen ein hoch innovativer und die Gleichberechtigung aller Handlungspartner unterstützender Ansatz zugrunde liegt, soll dieser kurz ausgeführt werden.

Was waren die Gründe, um Beschwerdemanagementsysteme in Organisationen der Heilerziehungspflege einzuführen? Folgende Gründe können benannt werden:

- Das neue Heimgesetz stärkt das Beschwerderecht der Nutzer.
- Alle Einrichtungsträger müssen ihren Nutzern in den Heimverträgen schriftlich eine Stelle benennen, wo diese sich beschweren können.
- Durch die Möglichkeit der trägerinternen Bearbeitung und Auswertung können diese erkennen, wo ihr Angebot Schwachstellen hat bzw. an welchen Punkten die vorhandene Angebotsstruktur verbessert werden kann (= Mehrwert eines Beschwerdemanagementsystems/Optimierung der Qualität).

Welche Instrumente eines Beschwerdemanagementsystems gibt es? Mindestens folgende Instrumente können benannt werden:

- die Beschwerdestimulierung durch Nutzerbefragungen, Beschwerdebriefkästen o.Ä.
- die Beschwerdeannahme von Beschwerden mithilfe eines Beschwerdebogens
- die Beschwerdebearbeitung und -reaktion (Beschwerden auswerten,Verbesserungsvorschläge auf Umsetzbarkeit prüfen, Rückmeldung an den Beschwerdeführer geben)

Welche Rahmenbedingungen sind für die Umsetzung eines Beschwerdemanagementsystems notwendig?

- die organisatorische Atmosphäre der Fehler-Erkennungs-Freudigkeit („aus Fehlern lernen")
- ein offenes und transparentes Führungsverhalten aller Vorgesetzten einer heilerziehungspflegerischen Einrichtung
- die Beteiligung des Betriebsrates vor der Einführung (hierdurch erfolgt im engeren Sinne eine Beteiligung aller von den Strukturen und Maßnahmen Betroffenen)
- die Bereitstellung notwendiger Ressourcen (zeitlich, strukturell, organisatorisch, finanziell)

Welche Schritte zur Einführung eines Beschwerdemanagementsystems können benannt werden?

1. Der erste Schritt besteht in der Analyse der Institutionsziele und -kultur in Bezug auf die konkrete Nutzerorientierung.
2. Die Leitung bzw. der Geschäftsführung entscheidet über die Nutzerorientierung als Ziel der Organisation (somit also auch über die Einführung des Beschwerdemanagements als solches).
3. Die Entscheidungen hierzu werden in der Gesamtorganisation kommuniziert.
4. Es finden praktische Vorbereitungen für die Einführung statt.
5. Es wird eine Auftaktveranstaltung des Beschwerdemanagementsystems geplant und durchgeführt.
6. Die Beteiligten vereinbaren einen Zeitpunkt, an dem die erste Überprüfung der Systematik des Systems stattfinden wird.

Des Weiteren besteht eine gute Möglichkeit der Einbindung des Beschwerdemanagementsystems in die Qualitätsmanagementsysteme der heilerziehungspflegerischen Organisationen:

- Es kann eine quantitative Auswertung aller eingegangenen Beschwerden vorgenommen werden.
- Es kann eine qualitative Auswertung der Beschwerden durchgeführt werden.
- Es kann ein Beschwerdemanagement-Controllingsystem eingeführt werden.

Zusammenfassend kann zur Einführung von Beschwerdemanagementsystemen festgestellt werden, dass die Nutzer als Subjekte im gemeinsamen und wechselseitigen Handlungsprozess wahrgenommen werden. Dieses führt zudem zu einer Professionalisierung und Optimierung der konzeptionell begründeten Handlungen einer heilerziehungspflegerischen Organisation. Sie ereignen sich im Dialog zwischen potenziell und aktuell selbstbestimmten Personen mit dem Ziel einer Verbesserung der gemeinsamen Lebens- und Arbeitsbedingungen.

Aufgaben

1. *Stellen Sie die praktischen Relevanzen der skizzierten Kontrollinstanzen an Beispielen aus der heilerziehungspflegerischen Praxis dar.*
2. *Bei welchen Instanzen kann es gegebenenfalls zu welchen Schwierigkeiten kommen und wodurch sind diese jeweils begründet?*
3. *Entwickeln Sie ein konkretes Beschwerdemanagementsystem für Nutzer einer Einrichtung der Behindertenhilfe.*
4. *Entwickeln Sie ein konkretes Beschwerdemanagementsystem für die Eltern und/oder Betreuer der Nutzer einer Einrichtung der Behindertenhilfe.*
5. *Vergleichen Sie diese beiden Systeme miteinander. Versuchen Sie eine Gesamtsystematik zu entwickeln, in welcher dieser Systeme miteinander verbunden werden können.*

2.5 Ressourcen

In diesem Kapitel werden zunächst die unterschiedlichen Finanzierungsarten erörtert, welche für Organisationen der Heilerziehungspflege bedeutsam sind. In einem zweiten Schritt wird dann konkreter auf die Verwaltung von Budgets eingegangen.

2.5.1 Finanzierungsarten

Einrichtungen der Behindertenhilfe und Pflegeeinrichtungen erfüllen Aufgaben für die gesamte Gesellschaft und werden daher auch von der Gesellschaft für ihre Arbeit bezahlt. Diese Kosten werden in der Regel im Rahmen der Leistungen des Sozialgesetzbuches XII für Einrichtungen der Eingliederungshilfe bzw. des Sozialgesetzbuches XI für Pflegeeinrichtungen getragen. Es gibt verschiedene Systeme, nach denen unterschiedlichen Dienste und Einrichtungen bezahlt werden.

In Nordrhein-Westfalen beispielsweise werden die Leistungen für das ambulant betreute Wohnen nach sogenannten Fachleistungsstunden gerechnet. Die Leistungen für stationäre Wohnangebote, tagesstrukturierende Angebote, Werkstätten für Menschen mit Behinderung, heilpädagogische Tageseinrichtungen etc. im Rahmen der Eingliederungshilfe werden Leistungstypen zugeordnet.
Beispiele:

- Leistungstyp 5: Wohnangebote der Eingliederungshilfe für Kinder und Jugendliche mit körperlichen, geistigen und seelischen Behinderungen
- Leistungstyp 7: Wohnangebote der Eingliederungshilfe für Kinder und Jugendliche mit schweren Mehrfachbehinderungen
- Leistungstyp 9: Wohnangebote für Erwachsene mit geistigen Behinderungen
- Leistungstyp 10: Wohnangebote für Erwachsene mit geistiger Behinderung und hohem sozialen Integrationsbedarf
- Leistungstyp 12: Wohnangebote für Erwachsene mit komplexen Mehrfachbehinderungen
- Leistungstyp 15: Wohnangebote für Erwachsene mit psychischen Behinderungen
- Leistungstyp 25: Arbeits- und Betreuungsangebote für Erwachsene mit Behinderungen im Arbeitsbereich einer Werkstatt für Menschen mit Behinderung etc.

Zum Teil werden die Leistungstypen noch in Hilfebedarfsgruppen untergliedert. Diese Einteilung in Hilfebedarfsgruppen erfolgt mit dem sogenannten Metzler-Verfahren. Dieses Verfahren ist ein von der Forschungsstelle „Lebenswelten behinderter Menschen" der Universität Tübingen entwickelter Fragebogen zum Hilfebedarf von Menschen mit Behinderung. Es wird für verschiedene Lebensbereiche differenziert der jeweilige Hilfebedarf erfasst und mit Punktwerten von 0, 2, 3 oder 4 versehen. Diese Bereiche sind:

- alltägliche Lebensführung
- individuelle Basisversorgung
- Gestaltung sozialer Beziehungen
- Teilnahme am gesellschaftlichen und kulturellen Leben
- Kommunikation und Orientierung
- emotionale und psychische Entwicklung
- Gesundheitsförderung und -erhaltung

Die Summe der Punkte ist ausschlaggebend für die Zuordnung zu einer der Hilfebedarfsgruppen.

Für Pflegeeinrichtungen sind die Leistungen aus der Pflegeversicherung maßgeblich. Vom Medizinischen Dienst der Krankenkassen (MDK) wird im Auftrag der Pflegekassen individuell begutachtet, ob im Rahmen der Pflege ein Hilfebedarf besteht. Die Unterteilung erfolgt dann in die Pflegestufen 0 bis III, denen bestimmte Minutenwerte für die erforderlichen Hilfen gegenüberstehen. Um beispielsweise die Pflegestufe I zu erreichen, müssen regelmäßig und auf Dauer täglich durchschnittlich mindestens 90 Minuten Hilfe geleistet werden.

Unabhängig vom jeweiligen Vergütungssystem gilt für alle Dienste und Einrichtungen, dass durch diese Gelder der finanzielle Rahmen vorgeben ist, mit dem eine Einrichtung, ein Dienst seine Arbeit finanzieren muss. Von diesen Geldern müssen also die Gehälter aller Mitarbeiter, die Büromaterialien, Fahrzeuge, Versicherungen, Miet- und Heizkosten, Neuanschaffungen etc. bezahlt werden.

Bewohner von stationären Einrichtungen müssen ebenfalls mit ihrem Einkommen, beispielsweise Arbeitsentgelt für die Arbeit in einer Werkstatt für Menschen mit Behinderung, Erwerbsunfähigkeitsrente oder andere Renten, und vorhandenem Vermögen, beispielsweise aus Erbschaften, zu den Kosten der Unterbringung beitragen. Dies bedeutet, dass sie einen Teil ihrer Einkünfte und ihres Vermögens bis auf den Schonbetrag von zurzeit 2 600 € an den überörtlichen Sozialhilfeträger als Kostenträger abführen müssen.

Nachfolgend soll die Budgetierung am Beispiel eines Wohnheimes für Menschen mit geistiger Behinderung dargestellt werden:

Leistungsvereinbarung, Leistungstypen, Tagessatz

Der Träger der Wohneinrichtung trifft mit dem Träger der Sozialhilfe – in Nordrhein-Westfalen ist dies in der Regel der Landschaftsverband Westfalen-Lippe oder der Landschaftsverband Rheinland – eine Leistungsvereinbarung. In dieser Leistungsvereinbarung wird festgelegt, welche Leistungen die Einrichtung erbringen will und darf, also welche Menschen von der Einrichtung betreut und wie die erbrachten Leistungen bezahlt werden.
Wenn das Konzept dieser Wohneinrichtung darauf ausgerichtet ist, dass dort erwachsene Menschen mit schwerer mehrfacher Behinderung und Erwachsene mit geistiger Behinderung und sozialen Anpassungsproblematiken leben und betreut werden sollen, entspricht dies dem Leistungstyp 12 (Wohnangebote für Erwachsene mit komplexen Mehrfachbehinderungen) bzw. dem Leistungstyp 10 (Wohnangebote für Erwachsene mit geistiger Behinderung und hohem sozialen Integrationsbedarf). Mit dem Kostenträger, also dem Landschaftsverband, wird vereinbart, dass die Vergütung, der sogenannte Pflegesatz, für Anwesenheitstage, Kalendertage oder als monatliche oder jährliche Pauschale gezahlt wird.

Der Pflegesatz setzt sich aus drei Bestandteilen zusammen:
- Grundpauschale
- Investitionsbetrag
- Maßnahmepauschale

Grundpauschale

Die Grundpauschale ist die Vergütung für Unterkunftskosten wie beispielsweise Heizung, Wasser, Abfallentsorgung oder die Versorgung mit Bettwäsche, Handtüchern und Ähnlichem. Die Grundpauschale erfasst auch die Kosten für Speisen- und Getränkversorgung.

Investitionsbetrag

Der Investitionsbetrag beinhaltet die Kosten für die Bereitstellung, Instandhaltung und Instandsetzung von Wohnraum, Gemeinschafts- und Funktionsräumen einschließlich Inventar sowie der Außenanlagen.

Maßnahmepauschale

Die Maßnahmepauschale schließlich umfasst die unmittelbaren Betreuungs- und Pflegeleistungen, darüber hinaus Beratung, Verwaltungs-, Leitungs- und Regieaufgaben, letztendlich also vor allem die Personalkosten. Sie deckt den größten Teil der Kosten, da ca. 80 % aller Kosten, die in einer Einrichtung entstehen, Personalkosten sind.

Die Grundpauschale hat unabhängig vom Leistungstyp und der Hilfebedarfsgruppe immer die gleiche Höhe. Dasselbe gilt für den Investitionsbetrag. Die Höhe der Maßnahmepauschale ändert sich je nach Leistungstyp und Hilfebedarfsgruppe. Je größer der Hilfebedarf nach dem Metzlerverfahren eingeschätzt wird, umso höher ist die Maßnahmepauschale.

Aus den je nach Leistungstyp und Hilfebedarfsgruppe unterschiedlich hohen Pflegesätzen errechnet sich das Budget, das der Wohneinrichtung zur Verfügung steht und aus dem die entstehenden Kosten bestritten werden müssen.

Aufgaben

1. *Nach welchen Kriterien werden Einrichtungen der Eingliederungshilfe finanziert, nach welchen Pflegeeinrichtungen?*
2. *Aus welchen Bestandteilen setzt sich der Tages- oder Pflegesatz zusammen?*
3. *Wie hoch ist der Anteil der Personalkosten an den Gesamtkosten?*
4. *Machen Sie eine Aufstellung aller Kosten in einer Einrichtung, die neben den Personalkosten für die Mitarbeiter im Betreuungsdienst anfallen.*

2.5.2 Verwalten von Budgets

Neben dem Pflegesatz, den die Einrichtungen und Dienste für ihre Arbeit bekommen, gibt es Leistungen, die direkt an die zu betreuenden Menschen gezahlt werden. Beschäftigte einer Werkstatt für Menschen mit Behinderung (WfbM) beispielsweise erhalten Arbeitsentgelt, nach 20 Jahren Tätigkeit in einer WfbM erhalten die Beschäftigten zusätzlich eine Erwerbsunfähigkeitsrente etc. Bewohner einer stationären Einrichtung erhalten, wenn das verfügbare Einkommen und Vermögen nicht ausreicht, die Heimkosten zu decken, einen monatlichen Barbetrag, umgangssprachlich auch „Taschengeld" genannt.

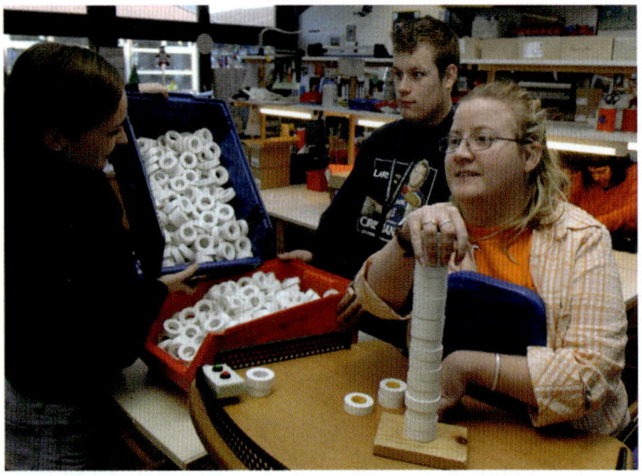

Beispielhaft für die Verwaltung von Budgets wird nachfolgend die Verwaltung des Barbetrages näher beleuchtet.

Verwaltung des Barbetrages – „Taschengeld"

Die Höhe des Barbetrages ist gesetzlich festgelegt; er ist nach Altersstufen gestaffelt. Die Höhe ändert sich jährlich und richtet sich nach dem Eckregelsatz. Die Regelsätze werden durch die Bundesländer festgesetzt. Grundlage ist § 35 Abs. 2 SGB XII.

Dieser Barbetrag ist bestimmt zur Bestreitung der Kosten für

- persönliche Bedürfnisse des täglichen Lebens (Teilnahme an geselligen Veranstaltungen, Lese- und Schreibmaterial, Postgebühren, Telefongebühren, Benutzung von Nahverkehrsmitteln etc.),
- Friseurkosten, kosmetische Fußpflege, Kosmetika, Rasierapparat etc.,
- Tabak, Zigaretten, Süßigkeiten und gegebenenfalls Lebensmittel, soweit sie über den durch die Einrichtung gedeckten notwendigen Bedarf hinausgehen,
- Freizeit-, Ferien- und Urlaubsaktivitäten (einschließlich Fahrtkosten),
- Instandhaltung von Wäsche und Bekleidung.

Die Verfügung und Verwaltung des Taschengeldes und der Arbeitsentgelte obliegt dem Heimbewohner, gegebenenfalls seinem rechtlichen Betreuer mit dem Wirkungskreis Vermögenssorge. Der rechtliche Betreuer ist verpflichtet, dem Amtsgericht einmal jährlich Rechenschaft über die Vermögenssituation seines zu Betreuenden zu geben.
Vielfach sind die zu betreuenden Menschen nur mit Unterstützung oder gar nicht in der Lage, das Taschengeld und andere Gelder (Arbeitsentgelt, Renten etc.) selbst zu verwalten. Daher werden in der Regel die Mitarbeiter der Wohneinrichtung durch die rechtlichen Betreuer mit der Verfügung und Verwaltung des Barbetrages und der anderen Gelder betraut. Dabei reicht das Spektrum von der Unterstützung durch Gespräche über Wünsche, Bedürfnisse und finanzielle Möglichkeiten des Bewohners bis hin zur vollständigen Verwaltung des Taschengeldes durch die Mitarbeiter.
Zu diesem letzten Punkt führen viele Einrichtungen entsprechende Passagen in den Wohn- und Betreuungsverträgen bzw. entsprechende Dienstanweisungen für die Mitarbeiter.

Allgemein kann zur stellvertretenden Verwaltung von Barbeträgen festgehalten werden:

- Die Wünsche und Bedürfnisse des Bewohners sind für die Ausgaben entscheidend.
- Der Barbetrag – das Taschengeld – darf nur für die oben genannten Zwecke verwendet werden.
- Die Höhe der Ausgaben, die stellvertretend getätigt werden können, ist vorab mit dem rechtlichen Betreuer abzusprechen. Darüber hinausgehende Ausgaben sollten immer einzeln abgesprochen werden.
- Bargeld muss sicher untergebracht sein.
- Eine stellvertretende Verwaltung muss alle Geldbewegungen vollständig belegen und buchhalterischen Kriterien entsprechen: Alle Ausgaben sind mit Quittungen zu belegen.
- Bei Fehlen von Belegen, beispielsweise bei Besuchen von Volksfesten, sollten Ersatzbelege erstellt werden, die Geschäft, Kaufdatum, Warenbezeichnung und Betrag enthalten und von zwei Personen unterzeichnet sein sollten, z. B. Bewohner und Mitarbeiter.
- Buchungen sind immer dokumentenecht, also bei handschriftlicher Buchführung mit Kugelschreiber oder mit entsprechend gesicherten EDV-gestützten Kassenprogrammen vorzunehmen.
- Die Abrechnung muss immer zeitnah erfolgen.
- Die Abrechnungsunterlagen müssen fünf Jahre aufbewahrt werden (§ 13 Heimgesetz).

Gesetzliche Vertreter müssen gegenüber dem Vormundschaftsgericht bestätigen, dass die Gelder der zu Betreuenden ordnungsgemäß ausgegeben wurden. Hieraus leiten sich das Recht und die Verpflichtung ab, die Abrechnungsunterlagen ihres zu Betreuenden regelmäßig einzusehen und zu kontrollieren. Es ist also sinnvoll, die rechtlichen Betreuer regelmäßig die Unterlagen überprüfen und sich das Ergebnis bestätigen zu lassen. Ebenso sorgt eine einrichtungsinterne Prüfung für Entlastung der Mitarbeiter, da diese bei der stellvertretenden Verwaltung gegebenenfalls für Schäden und Verluste haftbar gemacht werden können.

Aufgaben

1. *Wer erhält einen Barbetrag?*
2. *Wofür ist dieser Barbetrag gedacht?*
3. *Welche Punkte sind bei einer stellvertretenden Verwaltung des Barbetrages zu beachten?*
4. *Stellen Sie sich vor, Sie verwalten für sich oder für Ihren Mitschüler eine Woche (einen Monat) lang sein „Taschengeld". Machen Sie eine entsprechende fiktive Buchführung. Lassen Sie einen anderen Mitschüler als „rechtlichen Betreuer" Ihre Buchführung prüfen.*
5. *Entwerfen Sie ein Muster für die „perfekte" Taschengeldverwaltung.*

3 Interaktionsprozesse in Organisationen verstehen und gestalten

- *Was ist unter dem Begriff der „Konferenzkultur" zu verstehen?*
- *Wie können Konferenzen in Organisationen der Heilerziehungspflege professionell gestaltet werden?*
- *Wie entstehen Konflikte und in welcher Weise können sie bearbeitet werden?*

3.1 Konferenzen

Nach der Beschreibung der grundlegenden Annahmen zur Konferenzkultur wird in diesem Teilkapitel näher auf die Leitung und Moderation von Konferenzen eingegangen.

3.1.1 Konferenzkultur

Allgemeine Merkmale

Der Begriff **Konferenz** hat seinen Ursprung im Lateinischen und geht auf das Wort *confero* zurück, was so viel wie „zusammentragen" oder „vergleichen" heißt. Gemeint ist das Sichten, Austauschen, Interpretieren und Auswerten von gesammelten Informationen zu einem bestimmten Thema. Zu einer Konferenz mitunter synonym verwendete Begriffe sind Besprechung, Sitzung oder Tagung. Der Terminus **Kultur** entstammt ebenfalls der lateinischen Sprache (*cultura* = Pflege, Wartung, Bebauung; abgeleitet von *colere* = bebauen, (be)wohnen, pflegen). Ursprünglich wurde der Begriff im Zusammenhang mit der Nutzbarmachung des Bodens (z. B. Ackerbau) verwendet, später entwickelte sich ein erweitertes Verständnis im Sinne der Pflege und „Wartung" des Körpers und Geistes. Stark vereinfachend kann die Komplexität des Kulturbegriffs als Gesamtheit der Darstellungsformen (z. B. geistig, künstlerisch) einer Gemeinschaft bezeichnet werden und beinhaltet verschiedenste Ausdrucksformen hinsichtlich Bildung, Zivilisation und Lebensweise. Unter **Konferenzkultur** ist somit die Art und Weise zu verstehen, in der Konferenzen in ihrer Gesamtheit (Vorbereitung, Durchführung, Nachbetrachtung, Atmosphäre etc.) gestaltet werden.
Begreift man eine Konferenz als ein Treffen von professionell miteinander kooperierenden Mitgliedern einer beruflichen Organisation, die ein spezifisches Thema von gemeinsamem beruflichem Interesse bearbeiten, so wird evident, dass Heilerziehungspflegerinnen bzw. Heilerziehungspfleger in ihrer beruflichen Laufbahn vielfach an Konferenzen, Sitzungen, Besprechungen teilnehmen bzw. diese auch initiieren und anleiten werden.

Konferenzen oder anderweitige genannte Kommunikationseinheiten werden aus unterschiedlichen Motiven einberufen, z. B. zur Problembearbeitung und Lösungsfindung, als begleitender Prozess zur Entscheidungsfindung oder zur Weitergabe bzw. zum Austausch von Informationen. Um einschätzen zu können, welche Konferenzkultur für den jeweiligen Zweck respektive die jeweilige Zielsetzung sinnvoll ist, muss bereits im Vorfeld bedacht werden, was mit wem wie bearbeitet werden muss, um das angestrebte – und sinnvolle – Resultat zu erreichen.

Nachfolgend sind beispielhaft einige mögliche Fragestellungen aufgelistet, die im Hinblick auf eine vorbereitete, strukturierte und somit effektive Konferenz in jedem Fall bedacht werden sollten:

- Was ist der Zweck Ihrer Konferenz?
- Welches Endergebnis streben Sie an?
- Handelt es sich (z. B.) um eine Sitzung des kompletten Teams, um einen Austausch des Kleinteams, kollegiale Fallberatung, Supervision oder ein Einzel- bzw. Hilfeplangespräch? Wenden sie sich (beispielsweise) an Mitarbeiter ihres Teams, Vorgesetzte, Klienten oder Bezugspersonen der zu betreuenden Person (gesetzliche Vertreter, familiäres Umfeld)?
- Sollen Entscheidungen getroffen werden? Welche Runden sind für welche Zielsetzung kompetent und können tragfähige Beschlüsse erbringen? Wem gegenüber müssen Ergebnisse im Anschluss dargestellt werden?
- Welche formale Stellung haben Sie im Team bzw. welche Position und Anerkennung spricht Ihnen das Team aus und welche zertifizierten formalen Qualifikationen liegen innerhalb der Runde vor?
- Welche Kompetenzen können und sollen innerhalb der Team-Zusammensetzung genutzt werden?
- Welche Interessen und berufsbiografischen Erfahrungen können Sie beitragen?

Diesbezügliche Überlegungen sind als Voraussetzung für positive Ergebnisse Ihrer Unterredungen zu sehen und werden förderlich sein, zielgerichtet und bedarfsorientiert agieren zu können.

Strukturelle Abläufe

Um die Konferenz effektiv für die Klärung anstehender Fragen nutzen zu können, sind einige strukturelle Abläufe zu beachten, die zu allgemeinen Standards in der Personalentwicklung und der Teamanleitung zählen.

- Wichtig ist das Anfertigen einer **Besprechungsplanung,** die klare zeitliche Vorgaben zum Ablauf Ihrer Sitzung enthalten soll. Des Weiteren ist den Teilnehmern das Zeitfenster deutlich zu machen, in welchem bestimmte Ziele erreicht oder Beschlüsse getätigt werden müssen. Die Zusammensetzung und Hierarchieordnung der Teilnehmer sowie die Rollen der Beteiligten sollten beachtet werden (z. B.: kann die jeweilige Runde überhaupt tragfähige Beschlüsse fassen?).
- Die Sitzung muss durch die Konferenzteilnehmer, also die jeweiligen Mitarbeiter, natürlich ebenfalls vorbereitet werden. Aufmerksames Lesen der Einladung, eventuelle Ergänzungen des Themenspeichers und eine gezielte Bearbeitung der vorgesehenen Tagesordnungspunkte sind hierbei als obligatorische Aufgaben zu nennen.
- Sollte es sich um regelmäßige Treffen handeln, kann durchaus ein Jahresverlauf erstellt werden. Kurzfristiger einberufene, der konkreten Problemlösung in spezifischen Einzelfällen dienende Gesprächseinheiten werden in der Praxis natürlich ebenfalls zum beruflichen Alltag der Heilerziehungspflegerin bzw. des Heilerziehungspflegers gehören.
- Die Tagesordnung sollte bereits vorab mit der schriftlichen Einladung verschickt werden. Es sind hierzu die Punkte abzufragen, die die Konferenzteilnehmerinnen und -teilnehmer im Rahmen ihrer Zusammenkunft bearbeiten möchten. Diese sind zudem in den Themenspeicher aufzunehmen. Eine schriftliche Einladung macht die Verbindlichkeit des Termins deutlich, die im Voraus versendete Mitteilung der Tagesordnung sorgt dafür, dass die Teilnehmerinnen sich gezielt auf die Gesprächsrunde vorbereiten können.
- Die Besprechung sollte in jedem Fall protokolliert werden. Die Protokollstrukturen sollten klar definiert sein (z. B. über das zuletzt angefertigte Protokoll bzw. die Einladung) oder aber zu Beginn der Sitzung festgelegt werden: Welche Art von Protokoll wird benötigt (z. B. Verlaufsprotokoll, Ergebnisprotokoll)? Wer verfasst die Mitschrift? Bis wann soll das Protokoll vorliegen? Sollten Absprachen getätigt oder Ziele vereinbart worden sein, so empfiehlt es sich, das Protokoll zudem von allen Mitwirkenden gegenzeichnen zu lassen: zum einen, um die Verbindlichkeit der Vereinbarungen zu unterstreichen und zum anderen, um bindend darzustellen, dass sich alle Beteiligten mit den Übereinkünften einverstanden zeigen. Das Protokoll sollte gezielt als Informationsquelle bzw. zur Weitergabe von Information genutzt und zudem im Rahmen der nächsten Sitzung unter Punkt 1 thematisiert werden (Anmerkungen, Beschlüsse überprüfen, welche Handlungen wurden – basierend auf getätigten Vereinbarungen – eingeleitet etc.).
- Verabschiedete Sachverhalte sollten abschließend mitgeteilt bzw. an die entsprechenden Gremien weitergegeben, aber nicht mehr unbedingt diskutiert werden, da ihre Entscheidungsfindung abgeschlossen ist und erneutes Hinterfragen in der identischen Gruppenkonstellation somit eher als Zeitverschwendung anzusehen ist. Hierzu kann ein kurzes Beispiel dargelegt werden:

Beispiel

Die Abteilungs- oder Fachbereichsleiter führen Vorstellungsgespräche bezüglich berufsbegleitender Ausbildungsplätze für Heilerziehungspflegerinnen und -pfleger. Nach getätigten Gesprächsrunden setzt sich die Arbeitgeberseite im Rahmen einer Konferenz/Besprechung zusammen. Zweck dieser Zusammenkunft ist die Entscheidungsfindung, welche Bewerber eine Zusage erhalten. Die gemeinsam erarbeitete Entscheidung wird als Vorschlag an die Geschäftsführung weitergereicht, weil die finale Zusage letztendlich auf der entsprechenden Ebene des Arbeitgebers getätigt werden muss. Nachdem die Geschäftsführung informiert worden ist (und sämtliche Argumente somit vorab sorgfältig abgewogen und besprochen wurden), wäre ein erneutes Aufrollen der Diskussion in der Gruppe der beteiligten Abteilungsleiter verschenkte Zeit und Energie.

In der beruflichen Praxis werden sich auch Gesprächskonstellationen ergeben, die fernab von strukturell angelegten Konferenzen/Besprechungen, jedoch im Alltag kaum wegzudenken sind. Als wichtiges und sehr häufig auftretendes Beispiel hierfür können die sogenannten Tür- und Angelgespräche angesehen werden, die oftmals zur Weitergabe von Information, aber auch zur Delegation von Aufgaben genutzt werden. Im schnelllebigen Alltagsgeschehen sind derartige Kommunikationswege unvermeidbar. Auch hierzu können zwei kurze Beispiele skizziert werden:

Beispiel

1. *Zwei Mitarbeiter einer Wohnstätte führen einen kurzen Dialog an der Eingangstür: Der eine Mitarbeiter beginnt, der andere beendet gerade seinen Dienst und sie nutzen dieses ungeplante Zusammentreffen auch für die Übergabe einer arbeitsrelevanten Information.*

2. *Ein Mitarbeiter einer Beratungsstelle bricht zu einem Familienbesuch auf und instruiert seine Kollegin im Nachbarbüro im Vorbeigehen an der Bürotür, quasi „zwischen Tür und Angel", über noch zu erledigende Aufgaben („Was ich noch sagen wollte ..." „Du müsstest gleich noch mal ...").*

Dennoch muss diese mitunter unumgängliche Praxis auch kritisch reflektiert werden, z. B. im Hinblick darauf, dass – gerade wegen der Wertschätzung des Gegenübers – eine Aufgabendelegation mit Erläuterungen verbunden sein sollte, somit eventuell mehr Zeit verlangt und vielleicht mehr als eine im Türrahmen ausgesprochene Anweisung beinhalten sollte. Zudem ist zumindest fraglich, ob bei der Weitergabe von klientenbezogenen Informationen die Schweigepflicht gerade im Rahmen von Tür- und Angelgesprächen genügend Beachtung findet. Daher benötigen gewisse Informationsübermittlungen spezifische Rahmenbedingungen.

Diese einleitenden Aspekte zur Konferenzkultur und die gängigen, noch zu betrachtenden handwerklichen Methoden zur Moderation, Anleitung und Präsentation sollen als erster Einblick dienen und die Scheu davor nehmen, in den Praxisalltag mit seinen zahlreichen notwendigen Gesprächskonstellationen einzusteigen.

Aufgaben

1. *Welche Formen einer Konferenz/Sitzung haben Sie im Rahmen Ihrer Ausbildung bereits kennengelernt?*
2. *Beschreiben Sie den Ablauf einer Sitzungsvorbereitung aus Sicht der anleitenden Person.*
3. *Bereiten Sie die Einladung zu einer regelmäßigen Teamsitzung mitsamt Tagesordnung vor. Orientieren Sie sich hierbei an Gesprächsthemen, die in Ihrem Betrieb gängig sind.*
4. *Fertigen Sie die Einladung zu einer außerordentlichen Mitarbeiterbesprechung an, die einer akuten Problemlösung dienen soll.*

3.1.2 Moderation und Leitung von Konferenzen

Im Beruf des Heilerziehungspflegers arbeitet man, wie in vielen anderen sozialen Berufen, meistens in einem Team. Grundlage ist die konstruktive Zusammenarbeit mit den Arbeitskollegen, die nur gut gelingen kann, wenn man untereinander Absprachen trifft und sich im Hinblick auf die gemeinsam zu bewältigende Aufgabe verständigt. Raum für die gemeinsame Kommunikation bilden Gespräche. Die Organisationsabläufe in den Einrichtungen des Arbeitgebers sehen hierfür in der Regel Besprechungsforen vor. Es gibt, analog zu der Vielfalt an Aufgaben, ein breites Spektrum von Besprechungen. Dies reicht von Mitarbeiterbesprechungen bis hin zu Sitzungen bezüglich strategischer Planungen. Konkret sind dies z. B. Teambesprechungen, Hilfeplangespräche, Arbeitsgruppen zur Bearbeitung eines Arbeitsauftrages oder Leitungskonferenzen.

Konferenzen und Besprechungen sind nicht immer beliebt bei Mitarbeitern. Wenn sie nicht effektiv strukturiert sind oder die Zielsetzung nicht klar ist, laufen Besprechungen Gefahr, als Zeitverschwendung bewertet zu werden: Sie gelten als Zusammenkünfte, in denen viel geredet wird, bei denen aber wenig „herauskommt". Auch die Kompetenz eines Leiters kann durch unklare Vorgaben infrage gestellt werden nach dem Motto: „Wer nicht mehr weiter weiß, gründet einen Arbeitskreis."

Unterschiedliche Besprechungen erfordern je nach Zusammensetzung und Zielsetzung unterschiedliche Methoden in der Arbeitsweise. Bei der Gesprächsführung kann man grundsätzlich zwischen Moderation und Leitung einer Besprechung unterscheiden.

Was ist der Unterschied zwischen Leitung und Moderation?

Leiter und Moderator unterscheiden sich durch ihre jeweilige Beziehung zu der Gruppe, die sie leiten oder moderieren. Diese Beziehung hat direkte Auswirkungen auf die Arbeitsweise in einer Besprechung.

Das Arbeitsverhältnis zwischen **Leiter** und Mitarbeitern ist gekennzeichnet von einem asymmetrischen Verhältnis: Der Leiter ist seinen Mitarbeitern überstellt bzw. umgekehrt sind diese ihm untergeordnet. Übernimmt der Leiter die Gesprächsführung einer Besprechung oder Konferenz im Sinne einer Leitung, gibt er direkt die Richtung und Zielsetzung vor und versucht, die Gruppe für seine Idee zu gewinnen oder sie zu beeinflussen. In diesem Sinne ist der Leiter meist der Vordenker, bringt die Vorschläge und Ideen in die Sitzung ein, nutzt das Forum für die Weitergabe von Informationen oder sorgt in der Besprechung für die Umsetzung von Leitungsvorgaben. Er bestimmt maßgeblich die Tagesordnung und Zielsetzung. Durch die Unterstellung der Mitarbeiter besteht allerdings die Gefahr, dass diese der Leitung aus Gehorsam stillschweigend folgen und einem wirklichen Austausch zu einem Thema oder der Meinung der Mitarbeiter nicht genug Platz eingeräumt wird und so möglicherweise wertvolle Ideen verloren gehen.

Das Arbeitsverhältnis zwischen **Moderator** und Teilnehmer einer Besprechung ist eher partnerschaftlich und daher symmetrisch. Der Moderator übernimmt die Rolle eines „Ersten unter Gleichen" (*primus inter pares*). Das Wort „Moderator" ist abgeleitet von dem lateinischen Begriff *moderare* und bedeutet so viel wie „mäßigen" oder „steuern und lenken". Damit lässt sich beschreiben, wie der Moderator in einer Besprechung agieren sollte. Seine Aufgabe ist es, die Gespräche zu strukturieren, Wortmeldungen einzelner Teilnehmer zu hinterfragen und bewusst Teilnehmer zu motivieren, sich zu Wort zu melden. Er handelt dabei nicht machtvoll, sondern beteiligt die Teilnehmer der Besprechung aktiv am Geschehen und versucht den Gesprächsverlauf im Sinne des vorgegebenen Zieles zu steuern.

Leitung und Moderation schließen sich jedoch keinesfalls aus, denn die Moderation von bestimmten Prozessen sollte zu der grundlegenden Kompetenz einer Führungskraft gehören. Neben dem fest in der Organisation einer Einrichtung verankerten Besprechungswesen gibt es zunehmend Themen, die inhaltlich und zeitlich befristet zu bearbeiten sind. Dazu zählt z. B. die Projektarbeit. Ziel solcher Arbeitsgruppen ist es, gemeinsam einen Arbeitsauftrag zu erfüllen. Der Moderator muss versuchen, durch geeignete Methoden ein möglichst hohes Maß an Kooperationsbereitschaft unter den Teilnehmern zu erzielen, um in der vorgegebenen Zeit zu effizienten Ergebnissen zu kommen. Nicht nur in solchen Projektgruppen, sondern auch in den organisationsüblichen und hierarchisch orientierten Besprechungen ist ein partizipativer und kooperativer Führungsstil im Hinblick auf die zu erledigende Aufgabe wahrscheinlich der effektivere Weg, da er die einzelnen Teilnehmer aktiv am Geschehen beteiligt, sich jeder mit seiner spezifischen Kompetenz einbringt und die „persönliche Note" bereichernd wirken kann.

Aufgabe des Moderators

Der Moderator trägt die Verantwortung für den gesamten Prozessverlauf einer Besprechung. Er wählt je nach Aus- oder Zielrichtung eine darauf abgestimmte methodische Vorgehensweise. Seine Aufgabe ist es, den Ablauf und die Teilnehmer einer Besprechung zu stützen und sich als Helfer zu verstehen. Er stellt sich mit seiner Fachlichkeit und seiner Erfahrung der Gruppe zur Verfügung. Es ist nicht zwingend erforderlich für ihn, über differenzierte Kennt-

nisse bezüglich der zu bearbeitenden Aufgabe zu verfügen. Seine Aufgabe ist es vielmehr, alle Beteiligten in ihrer Kommunikation untereinander anzuregen und eine Auseinandersetzung im Hinblick auf die zu erledigende Aufgabe zu ermöglichen. Ein kooperatives Verhalten des Moderators führt zu einem Aufbau eines partnerschaftlichen Verhältnisses zu den Teilnehmern. Optimale Bedingungen für den Prozess sind dann gegeben, wenn der Moderator möglichst neutral sein kann, sich also inhaltlich nicht beteiligt. Die Moderation einer Besprechung gelingt dann gut, wenn es dem Moderator gelingt, seine Funktion als Mittler von der als Teilnehmer in der Besprechung zu trennen.
In der Praxis lässt sich dieses Prinzip aber nicht immer einhalten, wenn z. B. der Vorgesetzte die Aufgabe hat, mit seinen nachgeordneten Mitarbeitern in einer Konferenz in der hierarchischen Struktur einer Einrichtung ein bestimmtes Thema zu bearbeiten oder wenn der Gruppenleiter einer Wohngruppe im Rahmen seiner regelmäßigen Besprechung mit seinem Team eine von der Leitung vorgegebene Fragestellung zu bearbeiten hat. Um einer solchen Gefahr für ein gutes Arbeitsergebnis aus dem Weg zu gehen, kann sich der Leiter einer Konferenz zu einem bestimmten Thema durch einen externen Moderator unterstützen lassen, um sich aktiv an der Bearbeitung einer Aufgabe als Teilnehmer zu beteiligen.
Eine weitere grundlegende Aufgabe des Moderators ist die Festlegung von sogenannten gemeinsamen Spielregeln. Dadurch wird ein Handlungsrahmen für die Besprechung festgelegt, was die Zusammenarbeit der Teilnehmer erleichtert. In der Literatur findet sich eine Vielzahl von differenzierten und auf die Bearbeitung unterschiedlichster Aufgaben abgestimmten Methoden und Regeln. Sie können aber nicht pauschal bestimmten Besprechungstypen „übergestülpt" werden, sondern sollten immer individuell für die zu bewältigende Aufgabe mit den Teilnehmern abgestimmt werden. Bei der gemeinsamen Festlegung der Regeln werden alle Teilnehmer in die Pflicht genommen, übernehmen eine Mitverantwortung und unterstützen die Einhaltung der gemeinsam vereinbarten Regeln. Möglicherweise ist es erforderlich, die Regeln auch während eines Prozesses zu modifizieren oder zu ergänzen.

Wie sieht eine gelungene Besprechung aus?

Damit eine Besprechung oder Konferenz nicht zu einer lästigen Pflicht wird, bei der sich die Teilnehmer schon vorher über unpräzise Einladungen, überlange Tagesordnungen, unklare Zuständigkeiten oder „mundtotmachende" Monologe des Leiters ärgern, die nachhaltig die Bereitschaft zur Mitarbeit beeinflussen, ist es unerlässlich, bestimmte Regeln zu beachten.

Kommunikationsregeln

- Die Teilnehmer hören einander zu.
- Jeder Teilnehmer fasst sich mit seinem Redebeitrag kurz.
- Jeder Teilnehmer lässt den anderen ausreden.
- Für den Verlauf und das Ergebnis der Besprechung ist jeder Teilnehmer mitverantwortlich.
- Störungen haben Vorrang: Der Moderator wie auch alle Teilnehmer achten auf mögliche Störfaktoren, die die Kommunikation unter den Teilnehmern beeinflussen, und benennen sie.
- Jeder Beitrag kann wertvoll sein: Jeder Teilnehmer einer Besprechung kann zu einem Thema eigene Positionen und Ideen haben. Nicht immer wird der Gehalt einer Idee sofort von allen Teilnehmern erkannt. Der Moderator hat hier die Aufgabe, Rückfragen zu stellen, um die Idee näher zu beleuchten und zudem einen wertschätzenden Umgang der Teilnehmer untereinander zu fördern.

Auftragsklärung/Zielbestimmung

Eine Besprechung ohne die Festlegung von Zielen ufert aus. Nur durch die Benennung des Arbeitsauftrages ist nicht schon automatisch das Ziel für die Erledigung der Aufgabe klar vorgegeben. Möglicherweise haben die Teilnehmer einer Besprechung individuelle Zielvorstellungen, die durchaus von denen anderer Besprechungsteilnehmer differie-

ren können. In der Folge kann auch die Bandbreite der Ergebnisse streuen und das Gesamtergebnis wird möglicherweise nicht von allen Beteiligten als positiv empfunden.
Im Sinne einer guten Moderation ist es erforderlich, sich des Arbeitsauftrages zu vergewissern, in dem gemeinsam ein oder auch mehrere eindeutige Ziele festgelegt werden, mit dem sich die Beteiligten identifizieren können, um dann einen gemeinsamen Lösungsweg anzugehen.
Für die Entwicklung einer gemeinsamen und eindeutigen Zielsetzung bedarf es auch einer Analyse von Problemen, die der Bewältigung der Aufgabe im Wege stehen könnten.

Bei der Definition des Ziels können vier Fragen hilfreich sein.

1. **Für wen soll die Aufgabe erledigt werden?**
   Die Frage zielt auf den Auftraggeber ab und wie dessen Bezug zum Endnutzer und zur Zielgruppe hergestellt wird. Alle Gruppierungen können unterschiedliche Ansprüche im Hinblick auf das Ergebnis haben. Das Ziel muss sein, diese Ansprüche „unter einen Hut zu bringen".
2. **Wozu dient die Bewältigung der Aufgabe?**
   Hier wird konkret der Sinn und Zweck des zu bewältigenden Themas hinterfragt.
3. **Was soll in der verfügbaren Zeit erreicht werden?**
   Hier ist die Frage zu klären, was konkret das Ergebnis der Aufgabe sein und wie die Gestaltung des Ergebnisses aussehen soll. Aus der Klärung ergeben sich Zielvorgaben über den möglichen Umfang der Aufgabe. Möglicherweise ließe sich hier ein Katalog mit Teilzielformulierungen entwickeln.
4. **Woran kann man das Ergebnis messen?**
   Eine Zielvorgabe benötigt Erfolgskriterien. Es ist wichtig, die Anforderungen für ein zu erzielendes Ergebnis vorher festzulegen, an denen das Ziel später gemessen und überprüft werden kann. Neben der Formulierung eines Hauptziels ist es sinnvoll, auch Teilziele zu formulieren, damit später auch Teilerfolge einer zu bewältigenden Aufgabe gemessen werden können.

Nach Abschuss einer Zieldefinition ist es nötig, einen Konsens aller Beteiligten über die Formulierung zu erzielen. Erst auf dieser Grundlage kann der eigentliche Prozess der Erledigung der Aufgabe in einer Besprechung oder Konferenz beginnen. Eine solche Arbeit erfordert durchaus viel Zeit, die in der alltäglichen Praxis oft nicht vorhanden ist oder genutzt wird. In der Folge führt das zu Problemen, die eine erfolgreiche Erledigung einer Aufgabe erschweren oder in manchen Fällen gar verhindern.

Ablaufstruktur

Konferenzen oder Besprechungen haben unterschiedliche, je nach Zielsetzung festgelegte Ablaufstrukturen. Zusammenkünfte von Mitarbeitern gehören in den beruflichen Kontext eines Heilerziehungspflegers und regeln die Zusammenarbeit. Um diese Besprechungen möglichst effektiv zu gestalten, sollten die Rahmenbedingungen jedem Teilnehmer klar sein.

- *Art der Besprechung*
  Jeder Teilnehmer kennt die Abläufe einer Besprechung und weiß, welche Form der Beteiligung von ihm erwartet wird. Unterschiedliche Besprechungen erfordern unterschiedliche Arten der Beteiligung der einzelnen Teilnehmer. Die Teilnehmer müssen daher wissen, worum es in der Veranstaltung geht: um den Empfang bestimmter Informationen zu einem bestimmten Thema (z. B. seitens der Einrichtungsleitung in einer Mitarbeiterversammlung), um die aktive Beteiligung im Sinne einer Beratung zu einem Thema (z. B. kollegiale Beratung) oder um die Mitarbeit an der Bearbeitung eines Arbeitsauftrages (z. B. Teilnahme an einer Arbeitsgruppe oder einer Konferenz).
- *Zeitstruktur*
  Jeder Teilnehmer kennt Anfang und Ende der Veranstaltung. Der Moderator behält den ökonomischen Umgang mit der vorgegebenen Zeit im Blick und achtet darauf, dass die Sitzung pünktlich beginnt und aufhört.
- *Thema/Aufgabe*
  Jeder Teilnehmer kennt das Thema oder die zu bewältigende Aufgabe. Der Leiter oder Moderator einer Besprechung benennt das Thema oder die Aufgabe oder entwickelt dieses in der Sitzung gemeinsam mit den Teilnehmern.

- *Tagesordnung*
  Jeder Teilnehmer kennt die Tagesordnung für die Besprechung oder Konferenz, an der er teilnimmt. Hilfreich ist es, wenn die Teilnehmer sie schon zeitlich vor der Besprechung erhalten und sich dann entsprechend darauf vorbereiten können. Die einzelnen Tagesordnungspunkte werden der Reihe nach abgearbeitet. Der Moderator/Leiter oder möglicherweise der Protokollant fasst nach Beendigung der einzelnen Themen oder am Ende der Sitzung das oder die Ergebnisse zunächst mündlich und danach schriftlich für alle Teilnehmer zusammen.
- *Ergebnissicherung*
  Ergebnisse einer Besprechung oder Konferenz werden häufig anhand eines Protokolls gesichert. Ein Teilnehmer der Sitzung übernimmt diese Aufgabe. Es wird weiterhin festgelegt, wie die Protokollierung erfolgen soll, ob beispielsweise nur die Ergebnisse (Ergebnisprotokoll) gesichert werden sollen oder ob der Verlauf der Sitzung (Verlaufsprotokoll) samt der Dynamik der unterschiedlichen Diskussionsbeiträge in einem Protokoll wiedergegeben werden sollte.

Aufgaben

1. *Beschreiben Sie die wesentlichen Unterschiede zwischen Moderation und Leitung einer Besprechung.*
2. *Welche möglichen Erschwernisse ergeben sich Ihrer Meinung nach daraus, wenn der Leiter der Arbeitsgruppe oder des Teamgesprächs gleichzeitig der Vorgesetzte der Teilnehmer ist?*
3. *Entwickeln Sie einen Leitfaden für die Durchführung eines Teamgespräches oder einer Arbeitsgruppe aus ihrem Berufs- oder Praxiskontext.*

3.2 Konflikte verstehen und lösen

3.2.1 Konflikte verstehen

Konflikte in Organisationen können unterschiedlichste Ursachen und Ausprägungen haben. Für die Bearbeitung und Lösung von Konflikten ist es zunächst einmal wichtig zu verstehen,

- wie ein Konflikt entstanden ist (**Konfliktgeschichte**),
- welche Akteure an einem Konflikt in welcher Weise beteiligt sind (**Konfliktparteien**),
- um was genau es dabei geht (Konfliktanlass, Konfliktpunkte, Streitgegenstand, **Konfliktart**),
- welche Positionen die Konfliktparteien vertreten (**Konfliktpositionen**),
- welche Grundeinstellungen die Beteiligten zum Konflikt haben (**Konfliktstile**) und
- wie weit ein Konflikt bereits eskaliert ist (**Konflikteskalationsstufe**).

Beispiel

Der Bewohner einer Wohnstätte in Osthausen, Herr Stein, 58 Jahre alt, war bisher sehr unauffällig. Seit einigen Wochen reagiert er morgens beim Frühstück sehr ungehalten, wenn ihn seine Mitbewohnerin Frau Meyerhoff anspricht. Er streitet lauthals mit ihr, schreit sie an, springt auf, rennt in sein Zimmer, stößt jeden weg, der ihm in den Weg kommt, und gestern hat er Frau Meyerhoff seinen heißen Kaffee ins Gesicht geschüttet. Die Mitarbeiterinnen im Frühdienst sind ratlos, die unkontrollierten Gefühlsausbrüche von Herrn Stein machen ihnen Angst, weil er ein sehr großer, kräftiger Mann ist und weil sie sein Verhalten nicht einordnen können. Frau Tauber, die Teamleiterin der Wohngruppe, hat schon mehrfach eine Intensivunterbringung in der regionalen Psychiatrie vorgeschlagen, da die Situation auch aufgrund der engen personellen Besetzung untragbar sei. Der Bereichsleiter der Einrichtung ist von diesem Vorschlag nicht begeistert, da eine Unterbringung in dieser Psychiatrie ein schlechtes Licht auf die Einrichtung werfen könnte. Frau Tauber ist gelernte Krankenschwester und rivalisiert mit einer weiteren Kollegin, Frau König (Heilpädagogin). Frau König möchte den Tagesablauf für Herrn Stein begreifbarer durchstrukturieren. Die Praktikantin der Wohnstätte, Frau Grüber, unterstützt sie dabei. Diese steht als Schülerin der Fachschule für Heilerziehungspflege in einem engen Austausch mit Frau König, die ihre Anleiterin ist. Frau Zumbusch ist gelernte Erzieherin und versucht, den Ansprüchen der Teamleitung möglichst gerecht zu werden, indem sie sich besonders in der Pflege und den hygienischen Arbeitsanforderungen engagiert. Am Rande erwähnt sie sehr kreative pädagogische Ideen. Frau Lummer, die langjährige ungelernte Kraft, kennt Herrn Stein am längsten, nimmt aber häufig eher stillschweigend an den Besprechungen teil oder schreibt die Protokolle.

Konfliktgeschichte(n)

Um einen Konflikt zu verstehen, kann es hilfreich sein zu wissen, seit wann er besteht. Wann hat der Konflikt begonnen? Was war der ursprünglich auslösende Konfliktgegenstand? Wer war ursprünglich beteiligt, wer ist es jetzt? Gab es im Laufe der Konfliktgeschichte besondere Ereignisse, kritische Momente oder Wendepunkte? Durch welche Faktoren wurde der Konflikt in der Vergangenheit zusätzlich verschärft, durch welche Faktoren oder Interventionen konnte er möglicherweise schon einmal abgeschwächt werden? Welche Lösungsversuche sind bereits unternommen worden, von wem, mit welchem Erfolg? Was ist dennoch offen geblieben?

Aufgaben

1. *Versuchen Sie, die Fragen für die Beispielgeschichte zu beantworten, und zeichnen Sie die Konfliktgeschichte in einer Zeitleiste nach, etwa nach folgendem Muster:*

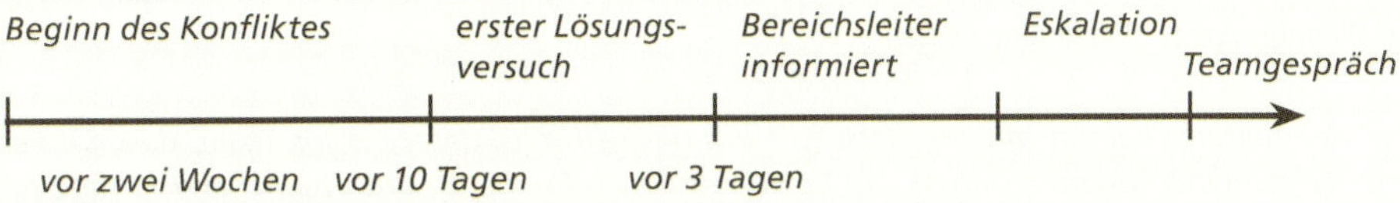

2. *Welche Informationen zur Konfliktgeschichte wären in dem Beispiel darüber hinaus aus Ihrer Sicht hilfreich, um den Konflikt zu verstehen und eine Lösung zu erarbeiten?*

Konfliktparteien

Für das Verstehen und Lösen von Konflikten ist es weiterhin bedeutsam, genau zu beschreiben, wer die Konfliktparteien sind. Dies können Individuen, aber auch Gruppen, etwa eine Gruppe von Mitarbeiterinnen innerhalb eines Teams sein. Es kann Allianzen und Koalitionen geben, die auf der informellen Ebene agieren, ebenso wie offene Fronten zwischen Einzelpersonen oder Gruppen. Bei mehreren Konfliktbeteiligten und Konfliktparteien gibt es in der Regel Kernpersonen, die den Konflikt – auch stellvertretend für die anderen – ausfechten, die die zentralen Positionen formulieren, die sich mit ihrer Art der Wahrnehmung und Bearbeitung des Konfliktes durchsetzen. Manchmal vertreten die Kernpersonen gar nicht primär ihre eigene Position, sondern bringen die Position anderer, die sich vielleicht nicht so offen kenntlich machen möchten, zur Sprache, ohne ihr eine eigene Position entgegenzusetzen. Außerdem werden Konflikte nicht immer dort angesprochen und bearbeitet, wo sie entstanden sind. In Konflikten wird häufig – wenn auch unbewusst – eine andere Ebene in den Vordergrund gestellt. Die aktuelle Konfliktarena kann daher immer auch eine stellvertretende sein.

Aufgaben

1. *Benennen Sie in dem oben genannten Beispiel des Teams um Herrn Stein die beteiligten Konfliktparteien. Wen können Sie leicht zuordnen, bei wem fällt es Ihnen schwer? Welche weitergehenden Informationen benötigen Sie?*
2. *Welches Vorgehen zur Anbahnung einer Lösung des Konflikts würden Sie der Teamleiterin Frau Tauber empfehlen?*

Konfliktarten und Streitgegenstände

In der Konfliktdiagnose ist zwischen verschiedenen Konfliktarten zu unterscheiden, die sich aus dem genauen Gegenstand der Auseinandersetzung ergeben. Allerdings kann ein Konflikt nur selten einer einzigen Konfliktart eindeutig zugeordnet werden, sondern es gibt häufig Überschneidungen. Folgende Konfliktarten lassen sich unterscheiden:

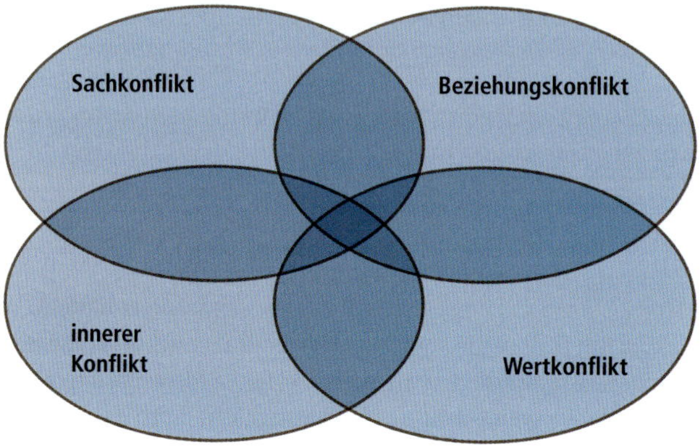

Konfliktarten

Handelt es sich um einen **Sachkonflikt**, stehen sich unterschiedliche sachliche Einschätzungen, etwa zu Aufgaben der Beteiligten oder zur Situation eines Klienten, gegenüber. Auch Verteilungskonflikte können Sachkonflikte sein, wenn die Frage der Verteilung knapper personeller Mittel im Vordergrund steht oder die Verwendung von Geldern, die einer Wohngruppe zur Verfügung stehen.

Beispiel

Die Heimleiterin kommt mit der Nachricht aus der Leitungskonferenz ins Team, dass für Ferienmaßnahmen mit Bewohnerinnen und Bewohnern in Zukunft nur noch pauschal drei Tage für die Mitarbeiterinnen als Dienstzeit angerechnet werden. Dauern Ferienmaßnahmen länger, müssen die Mitarbeiterinnen ihre Freizeit einsetzen. Das Team soll nun entscheiden, ob die geplante fünftägige Ferienmaßnahme im Bayrischen Wald stattfinden kann. Dabei stehen folgende Sachaspekte zur Diskussion:

- *Kann die Ferienmaßnahme auf drei Tage verkürzt werden? Lohnt sich dann der Aufwand angesichts der weiten Anreise noch?*
- *Welche Mitarbeiterin wäre eventuell bereit, zwei Tage Freizeit einzusetzen, um die Ferienmaßnahme in der geplanten Form zu ermöglichen?*
- *Ist für die Bewohnerinnen eine Ortsveränderung bei nur drei Tagen zumutbar?*
- *Und etwas grundsätzlicher: Sind Ferienmaßnahmen unverzichtbarer Bestandteil des Angebotes einer Wohneinrichtung an die Bewohnerinnen? Ließe sich nicht auch darüber nachdenken, ob die Bewohner Freizeit- und Urlaubsangebote anderer Träger nutzen könnten? Oder, falls es solche bisher nicht gibt: Könnte es Aufgabe der Wohneinrichtung sein, im kollegialen Austausch mit anderen Einrichtungen in der Region anzuregen, dass solche Angebote in Zukunft bereitgestellt werden?*

Diese Fragen sind rein sachliche Fragen, die auch sachlich bearbeitet und beantwortet werden können. Sachkonflikte entstehen manchmal auch schlicht aus Unkenntnis oder aufgrund nicht ausreichender oder falscher Informationen über einen Sachverhalt oder über die Hintergründe von Entscheidungen.

Mit Verteilungskonflikten ist aber häufig eine andere Konfliktart verknüpft: **Beziehungskonflikte**. Im genannten Beispiel könnten Beziehungskonflikte zwischen der Leitung und den Mitarbeiterinnen eine Rolle spielen.

Beispiel

*Die Mitarbeiterinnen stellen sich Fragen zu der Rolle der Leiterin (**Rollenkonflikt**): Wie hat sie die Interessen der Mitarbeiterinnen und Bewohnerinnen in der Leitungskonferenz vertreten? Hat sie ihre Leitungsrolle nach Auffassung der Kolleginnen ausreichend deutlich wahrgenommen? Vielleicht ist jemand aus dem Team der Meinung, sie hätte sich deutlicher für die Interessen ihrer Mitarbeiterinnen einsetzen müssen, und traut ihr das nötige Durchsetzungsvermögen nicht zu.*

Viele Konflikte in sozialen Organisationen entstehen aufgrund unterschiedlicher Erwartungen an bestimmte Rollen und ihre Aufgaben. Dabei beinhaltet der Begriff „Rolle" im Allgemeinen ein ganzes Bündel von Verhaltenserwartungen, die mit einer bestimmten beruflichen Position verbunden sind. An eine „Rolle" sind – wie im Theater – immer bestimmte Verhaltenserwartungen gerichtet, die der oder die Rolleninhaber/in möglichst genau erfüllen sollte, vergleichbar einer Rolle, die jemand in einem Theaterstück einnimmt. Der Begriff „Rolle" entstammt tatsächlich dem Theater, in dem in der Antike die Verhaltensanweisungen der Schauspieler auf Pergamentrollen geschrieben waren (vgl. Glatz/Graf-Götz 2007, S. 30).

Rollenkonflikte ergeben sich in Organisationen aus einer Differenz zwischen Person und Rolle, die immer vorhanden ist. „Der Mensch wird nicht in seiner Ganzheit [...] für die Erfüllung der Funktionen der Organisation benötigt, [...] sondern nur sehr selektiv und begrenzt" (Simon, 2006, S. 102)

Das heißt, die Übereinstimmung zwischen persönlichen Bedürfnissen und Zielen und der Funktionalität der Person für die Organisation ist immer nur sehr begrenzt. Außerdem scheint die psychosoziale Entwicklung des Menschen auf Organisationen als eigentümliche soziale Gebilde nicht vorbereitet (vgl. Buchinger 1991, S. 179). Daher neigen Menschen dazu, das, was ihnen an Organisationen unverständlich oder bedrohlich erscheint, an Personen festzumachen, d.h. zu personalisieren. Und es werden unerfüllte Wünsche auf die Organisation projiziert: Manche Mitarbeiter „hoffen, in der Organisation eine bessere Familie zu finden, [sie] bemühen sich, gute Söhne und Töchter zu sein und dafür liebevolle Zuwendung zu finden" (Buchinger, 1991, S. 179). Konflikte ergeben sich auch, wenn Mitarbeiterinnen glauben, (als Person) nicht ersetzbar zu sein und Person und Funktion verwechseln, wenn Anforderungsprofile unklar und unausgesprochen bleiben und Erwartungen an eine Rolle nicht mit der Begrenztheit des persönlichen Eingebundenseins in die Organisation übereinstimmen. Das führt in sozialen Organisationen zu dem sehr weit verbreiteten Phänomen der von der Organisation erwünschten oder den Mitarbeiterinnen und Mitarbeitern mitgebrachten „Überstundenfreudigkeit".

So können sich im genannten Beispiel weitere Beziehungskonflikte zeigen:

Beispiel

*Ein **Autoritätskonflikt**: Die Heimleiterin gerät immer wieder in Konflikt mit einer Mitarbeiterin, die sich schwer tut, die Entscheidungsautorität der Heimleiterin zu akzeptieren und sich in hohem Maße von den Entscheidungen der Leiterin abhängig fühlt. Sie möchte mehr Selbstbestimmung in ihrem Berufsalltag leben können. Die aktuelle Situation trifft auf diese Grundhaltung der Heimleiterin gegenüber und verschärft die Spannung zwischen der Heimleiterin und dieser Mitarbeiterin.*

*Ein Konflikt um das **berufliche Selbstverständnis** der Mitarbeiterinnen: Die Heimleiterin ist der Auffassung, dass die Mitarbeiterinnen in erster Linie umzusetzen haben, was sie und der Geschäftsführer vorgeben, und erwartet Unterordnung. Den Mitarbeiterinnen ist dagegen wichtig, dass sie in der Ausgestaltung ihrer täglichen Arbeit relativ autonom und nicht so abhängig von der „großen Politik" des Trägers sind. Die einseitige Mitteilung einer Entscheidung des Trägers erzeugt daher bei ihnen heftigen Widerstand.*

*Ein **interpersoneller Konflikt** aufgrund von **Konkurrenz**: Einer der Gruppenleiter hatte sich auf die Heimleitungsstelle beworben, nachdem der Vorgänger der jetzigen Stelleninhaberin kurzfristig gekündigt hatte. Der Träger hatte aber bereits über die Einsetzung der jetzigen Heimleiterin als kommissarische Leiterin entschieden und dem Gruppenleiter eine Absage geschickt (auf dem Postweg). Dadurch entsteht eine heimliche, nicht offen ausgetragene Konkurrenz um die Frage, wer von beiden der/die bessere Leiter/in wäre. Der Gruppenleiter nimmt in dem aktuellen Konflikt daher die Gegenposition ein, obwohl er auf der Sachebene der Heimleiterin eher zustimmen würde.*

Weitere Hintergründe für Beziehungskonflikte können bestimmte Empfindlichkeiten sein, Vorurteile gegenüber bestimmten Berufsgruppen oder soziale Distanzierungen, die mit wechselseitigen Entwertungen verbunden sind.

Rollenkonflikte können auch Ausdruck eines **inneren oder intrapsychischen Konfliktes** der Person sein, die eine Rolle innehat.

Beispiel

Die Heimleiterin hat die Aufgabe kommissarisch übernommen. Der Geschäftsführer des Trägers hat angekündigt, in diesem Zusammenhang darüber nachzudenken, ob die Leitungsstelle in dieser Form bestehen bleiben soll oder die Struktur des Wohnbereichs sich verändern muss. Die kommissarische Heimleiterin ist der Meinung, dass die Rolle der Heimleitung auf jeden Fall erhalten bleiben soll. Dies beinhaltet einen Sachkonflikt (Welches Leitungsmodell ist sinnvoll?), hat aber einen inneren Konflikt zur Folge: Wie soll die Heimleiterin eine Rolle wahrnehmen, von der sie inhaltlich zwar überzeugt, die aber vom Träger in dieser Form gar nicht mehr gewollt ist? Und eigentlich wollte sie gar keine Heimleiterin sein, sondern hatte sich eher für einen Wechsel in den Begleitenden Fachdienst interessiert, weil sie dort weniger Leitungs- und mehr Beratungsanteile hätte, die ihr viel mehr liegen. In der Ausübung ihrer Leitungsrolle ist sie daher immer ambivalent und uneindeutig: Sie soll leiten, will es aber innerlich gar nicht. Sie muss ihre fachliche und persönliche Autorität darstellen, fühlt sich aber eigentlich immer noch mehr als Kollegin.

Weitere Beispiele für innere Konflikte können Selbstwertkonflikte sein.

Beispiel

Wenn die Heimleiterin sich die Leitungsrolle eigentlich selbst nicht zutraut, aber von ihrem Geschäftsführer in diese Rolle gedrängt wurde, kann es sein, dass sie ihre eigenen Versagensängste zu verbergen versucht, indem sie nach außen besonders autoritär auftritt und sich wenig gesprächsbereit zeigt, wenn Mitarbeiterinnen Bedenken gegen bestimmte Entscheidungen äußern.

Ein (innerer) Schuldkonflikt läge vor, wenn die Heimleiterin sich unbewusst gegenüber ihrem Team und den Bewohnern schuldig fühlt, weil sie selbst der Auffassung ist, dass sie sich in der Leitungskonferenz nicht ausreichend gegen die Entscheidung des Geschäftsführers gewehrt hat. Dann wird sie sich gegen direkte oder indirekte Schuldvorwürfe ihrer Mitarbeiterinnen vermutlich deutlich zur Wehr setzen, weil sie etwas sichtbar machen, was sie selbst gern unsichtbar halten würde.

Eine besondere Schwierigkeit in der Verständigung stellen **Wertkonflikte** dar. Sie liegen dann vor, wenn es zwischen den Konfliktparteien keine Übereinkunft in ethischen Fragen gibt, wenn es kulturelle Unterschiede gibt, die nicht vereinbar sind, oder wenn die Grundhaltungen der Konfliktparteien so unterschiedlich sind, dass sie sich gegenseitig ausschließen oder gar nicht mehr kommunizierbar sind.
Wertkonflikte können sich auch auf den Stellenwert beziehen, den die Berufstätigkeit für einzelne Teammitglieder hat. Man spricht auch von Motivationsmustern oder Motivationsankern.

Beispiel

Ein Mitarbeiter des Teams arbeitet (nur) auf der Basis seiner arbeitsvertraglichen Verpflichtung und würde es daher immer ablehnen, sich über seine Dienstverpflichtung hinaus (ehrenamtlich) zu engagieren.

Eine Kollegin ist existenziell auf den Job angewiesen, weil sie alleinerziehend ist und sich mit ihrem Exmann seit Jahren um den Unterhalt für die Kinder streitet. Auch sie ist wenig motiviert, sich über das erwartbare Maß hinaus zu engagieren.

Eine jüngere Kollegin steckt voller Elan und Tatendrang und erklärt sich selbstverständlich bereit, trotz der nur begrenzten Anrechenbarkeit auf die Arbeitszeit die Ferienmaßnahme zu begleiten. Ihr Motivationsanker ist die Selbstentfaltung und Selbstverwirklichung, die sie in ihrer Arbeit findet. Ihre Freundin wirft ihr manchmal vor, überidentifiziert mit der Einrichtung zu sein, weil sie häufig Überstunden macht und unliebsame Dienste an Feiertagen übernimmt.

Diese Beispiele beschreiben unterschiedliche Wertigkeiten, die die Kolleginnen des Teams der Tätigkeit in der Wohngruppe zumessen. Es wird schwierig sein, über diese unterschiedlichen Wertigkeiten zu diskutieren, weil sie individuell begründet sind und nicht als „richtig" oder „falsch" deklariert werden können. Daher wird es vermutlich keine einheitliche Meinung im Team in Bezug auf die Ferienmaßnahme geben können.

Konfliktpositionen

Für das Verstehen von Konflikten ist es wichtig, sich die Positionen und Argumente der Konfliktparteien zu verdeutlichen: Welche Positionen werden von wem geäußert? Vor allem aber auch: Welche Positionen werden nicht geäußert? Dass etwas unausgesprochen bleibt, kann darauf hindeuten, dass eine Lösungsmöglichkeit aus einem bestimmten Grund tabuisiert wird und nicht in das Gespräch eingebracht werden darf, obwohl es naheliegend wäre. Zudem gibt es Positionen, die nur stellvertretend für solche Positionen eingebracht werden, die nicht geäußert werden dürfen oder die Widersprüche zutage treten lassen würden. Manchmal haben nicht geäußerte Positionen, die für die Lösung eines Konfliktes hilfreich sein könnten, auch die Funktion, genau das zu verhindern: Das Aufrechterhalten eines Konfliktes kann selbst auch eine bestimmte Funktion haben, weil jemand davon profitiert, dass er nicht gelöst wird.

Aufgabe

Beschreiben Sie die Positionen, die im Beispiel der Ferienmaßnahme von den Beteiligten geäußert werden. Welche Positionen liegen nahe beieinander, welche sind weit voneinander entfernt? Welche werden von einzelnen, welche von mehreren Teammitgliedern vertreten? Welche weitere Positionen wären denkbar, die bisher nicht benannt wurden?

Konfliktstile

Die Bereitschaft, sich für die Lösung eines Konfliktes ernsthaft und engagiert einzusetzen, hängt mit den Grundeinstellungen zusammen, die die Konfliktpartner zu Konflikten und Konfliktlösungen generell haben. Wie beurteilen die Konfliktparteien den gegenwärtigen Konflikt? Welche Konfliktstile sind erkennbar?

Zur Darstellung von Konfliktstilen wurde in Anlehnung an das Verhaltensgitter von Blake & Mouton das folgende Raster (siehe Seite 142) entwickelt (aus: Berkel, 1999, S. 49):

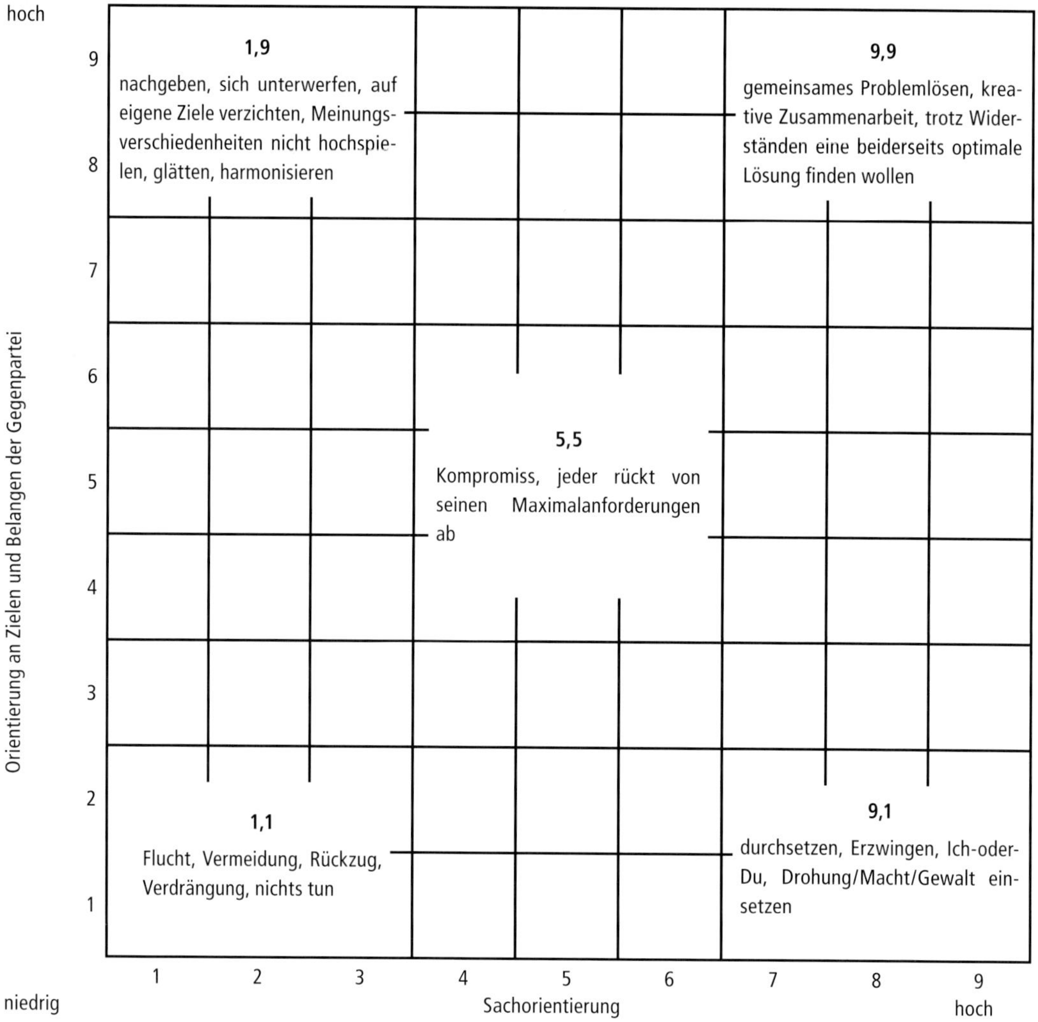

Das Raster verknüpft die Orientierung der Akteure an den jeweils eigenen Zielen mit der Orientierung an den Zielen und Belangen der Gegenpartei. Daraus ergeben sich typische Konfliktstile:

- Wer die Interessen des anderen sehr in den Vordergrund stellt und die eigenen zurückstellt, neigt dazu, nachzugeben, sich zu unterwerfen. Konflikte werden eher harmonisiert als ernsthaft ausgetragen (**Anpassung**: Position 1/9).
- Wer die eigenen Interessen vehement vertritt und die des anderen nur wenig gelten lässt, ist bestrebt, sich machtvoll durchzusetzen, und wendet dazu nötigenfalls auch Formen mehr oder weniger sanfter Gewalt an (**Konfrontation**: Position 9/1).
- Wer weder an den eigenen noch an den Zielen des Gegenübers wirklich ernsthaftes Interesse hat, wird es vermeiden, den Konflikt anzugehen, wird sich zurückziehen und hoffen, dass alles „im Sande verläuft" oder sich von selbst erledigt oder dass andere „in die Arena gehen" und den Konflikt lösen. Diese Strategie beschreibt man auch als das „Aussitzen" von Konflikten (**Konfliktvermeidung**: Position 1/1).
- Die Haltung, einen Konflikt in all seinen Facetten ernst zunehmen und in einem Prozess kreativer Lösungssuche und respektvollen Streitens miteinander auszutragen, ist die einzige, die zu einer einvernehmlichen Lösung zur Zufriedenheit aller führen wird (**kooperative Konfliktlösung**: Position 9/9).
- In der Regel wird aber eine mittlere Lösung gefunden, die beiden Seiten Kompromisse abverlangt (**Kompromiss**: Position 5/5)

Konflikteskalationsstufen

Schließlich lassen sich Konflikte anhand des Grades an Eskalation beschreiben, der in der Konfliktdynamik bereits erreicht ist. Konflikte haben immer eine Geschichte – und zwar häufig eine Geschichte zunehmender Eskalation.

Friedrich Glasl hat Eskalationsschritte beschrieben und diese drei Stufen zugeordnet. In der ersten Stufe gibt es eine grundlegende Verständigungsbereitschaft. Beide Konfliktpartner haben ein Interesse, eine für beide Seiten tragfähige Lösung zu finden. Man nennt diese Stufe von Konflikten „Win-win"-Konflikte. „Win-lose"-Konflikte sind dadurch gekennzeichnet, dass die Konfliktpartner bestrebt sind, als alleinige Gewinner aus dem Streit hervorzugehen und dem anderen zu schaden. „Lose-lose"-Konflikte sind so weit eskaliert, dass beide unverrückbar an ihrer Position festhalten und eher riskieren, selbst Schaden zu nehmen als dem anderen einen Vorteil zu gönnen.

Win-win-Konflikt	(1) Spannung unterschiedliche Meinungen erweisen sich als nicht konsensfähig
	(2) Debatte Polarisierung, strategisches Agieren
	(3) „Taten statt Worte" zunehmender Druck, Abbruch von Gesprächen, Abnahme von Empathie
Win-lose-Konflikt	(4) Koalitionen Abwertung der Gegenpartei, Werben um Anhänger
	(5) Gesichtsverlust (öffentliche) Beschädigung der Reputation des Gegners
	(6) Drohung und Gegendrohung Misstrauen, Angst, Ultimatum
Lose-lose-Konflikt	(7) Begrenzte „Vernichtungsschläge" Umdeutung der Realität, Verkehrung von Anteilen des anderen
	(8) Zersplitterung gezielte Zerstörung, den Gegner handlungsunfähig machen
	(9) „Gemeinsam in den Abgrund" totale Zerstörung um den Preis der Selbstvernichtung

Konflikteskalationsstufen nach Friedrich Glasl (1999)

Beispiel

In einer Einrichtung der Jugendhilfe, einer stationären Jugendwohngruppe, arbeitet ein Team von vier Erzieherinnen. Im Team gibt es Probleme, seit vor etwa fünf Monaten ein Stellenwechsel stattgefunden hat. In das Stammteam, das seit mehreren Jahren zusammenarbeitet (drei Erzieherinnen), kam eine neue, wesentlich jüngere Kollegin, nachdem ihre Vorgängerin wegen der problematischen Teamsituation (nach einem Jahr) gekündigt hatte. Die neue Kollegin steht immer noch eher außen vor, sowohl bei Teamsitzungen als auch bei Entscheidungen. Hinter ihrem Rücken wird über sie geredet, das Gespräch verstummt, wenn sie eintritt. Ihr wird ein zu wenig konsequenter Erziehungsstil vorgeworfen. Das Ganze gipfelt darin, dass ihr unterstellt wird, sie habe ein wichtiges Schreiben vom Jugendamt verlegt, das nun nicht mehr auffindbar sei.

Die Erzieherin Sylvia Seichter ist 25 Jahre alt. Sie hat ihre Ausbildung im Alter von 23 mit „sehr gut" abgeschlossen. Sie ist sehr engagiert im Umgang mit Jugendlichen und versucht, neue Ideen in die Arbeit mit einzubringen. Sie fühlt sich von ihren Kolleginnen in die Defensive gedrängt und ungerecht behandelt, da Vorwürfe und Unterstellungen zum großen Teil aus der Luft gegriffen sind. Sie hält sich selbst für gewissenhaft und ihre Arbeitsweise für klar strukturiert. Sie spürt, dass sie im Team oft übergangen und dass hinter ihrem Rücken schlecht über sie geredet wird. Neuerdings werden sogar die Jugendlichen in die Mobbingstrategie gegen sie einbezogen. Außerhalb der Arbeit ist Sylvia Seichter beliebt, singt im Chor und unternimmt viel, ist sportlich und lebt allein.

Veronika Vollmer ist 52 Jahre alt, Erzieherin mit heilpädagogischer Zusatzausbildung und seit 25 Jahren in der Jugendhilfe tätig. Sie arbeitet seit zehn Jahren in der Jugendwohngruppe, die sie mit aufgebaut hat. Sie hat sich auf die neue Kollegin „eingeschossen", weil sie sie für ein unerfahrenes junges, flippiges „Ding" hält. Sie findet ständig Dinge, die sie unerledigt liegen gelassen hat. Sie kommt mit ihrer Arbeitsweise nicht zurecht; von ihren innovativen Ideen fühlt sie sich bedroht. Außerdem hat sie Angst, die neue Kollegin könnte bei den Jugendlichen beliebter sein als sie selbst.

Margret Meier ist Erzieherin, 49 Jahre alt und seit 18 Jahren in der Jugendhilfe tätig, seit zehn Jahren in dieser Jugendwohngruppe, die sie mit aufgebaut hat. Sie ist eng befreundet mit Veronika Vollmer, mir der sie gemeinsam die Erzieherausbildung gemacht hat. Sie unterstützt Veronika in ihrer Meinung und ist ebenfalls genervt von der neuen Kollegin. Aber sie legt sich nicht direkt mit ihr an.

Die Erzieherin Jutta Jungblut ist 38 Jahre alt, seit 15 Jahren in der Jugendhilfe tätig, seit acht Jahren in der Jugendwohngruppe. Sie ist voll in das Team integriert und akzeptiert. Sie versucht zwar zu vermitteln und den Konflikt zu schlichten, ist sich aber aufgrund der massiven Front gegen die neue Kollegin nicht mehr sicher, ob die Kolleginnen mit ihrer Einschätzung nicht evtl. doch richtig liegen. Sie sucht nach Erklärungen für die vermeintlichen Fehler, die der neuen Kollegin angeblich unterlaufen. Sie versucht, verständnisvoll auf diese einzugehen: „Du bist vielleicht einfach überfordert, da macht man mal Fehler. Du kannst dazu stehen!" Sie macht beim Mobbing zwar nicht direkt mit, unternimmt aber auch nichts dagegen und steht doch hinter den Kolleginnen; sie ist ebenfalls lose befreundet mit Veronika und Margret.

Aufgabe

Erstellen Sie in Kleingruppen eine Konfliktdiagnose, indem Sie die Konfliktgeschichte, die Konfliktgegenstände (Konfliktart), die Positionen im Konflikt und die Konfliktstile der Beteiligten beschreiben. Welche Eskalationsstufe hat der Konflikt Ihrer Meinung nach erreicht?

Die Konflikteskalationsstufen lassen sich auch umgekehrt lesen: Aus einem „Lose-lose"-Konflikt kann ein „Win-lose"-Konflikt werden, wenn einer der Konfliktpartner bereit ist, die Idee der Beschädigung des Gegners aufzugeben und Chancen entdeckt, zunächst selbst von einer konstruktiven Konfliktlösung zu profitieren, um in einem weiteren Schritt über Möglichkeiten nachdenken zu können, wie beide letztlich als Gewinner aus dem Konflikt hervorgehen können. Gewinner-Gewinner-Situationen zu schaffen gelingt nur, wenn die Konfliktpartner selbst aktiv werden und für Ihre Interessen eintreten und gleichzeitig respektvoll die Position des anderen wahrnehmen und gelten lassen.

3.2.2 Konflikte lösen

Beim Versuch, Konflikte zu lösen, die in Organisationen unvermeidbar sind, greifen die Konfliktparteien häufig zunächst zu Scheinlösungen, die – möglicherweise zu Unrecht – als nicht so schmerzhaft eingeschätzt werden wie eine offene und konstruktive Konfliktklärung. Typisch sind bestimmte Abwehrmechanismen, die Konflikte verschieben oder auf andere Ebenen verlagern, anstatt sie zu lösen und damit die schädlichen Auswirkungen des Konfliktes nicht begrenzen, sondern verschärfen.

- **Spaltungsphänomene**: Zwischen pädagogischen Mitarbeiterinnen bzw. Mitarbeitern und der Verwaltung herrschen oft Spaltungstendenzen, die zwischen der „guten" Pädagogik und den „bösen" Verwaltungsmitarbeitern oder den „bösen" Ökonomen polarisieren. Damit wird eine Spaltung vorgenommen zwischen den beiden Polen, die in allen Einrichtungen in einem unauflöslichen Spannungsfeld zueinander stehen: Einrichtungen müssen wirtschaftlich agieren, wenn sie zukunftsfähig sein wollen, ohne ihre fachlichen pädagogischen Ansprüche aufzugeben. Die Spaltung bedeutet, diese Spannung nach einer Seite hin aufzulösen. Damit wird aber zugleich die jeweils andere Seite entwertet.

- Die **Flucht** vor der Anerkennung der Realität schützt vermeintlich davor, eigene Konfliktanteile wahrzunehmen. Zugleich verhindert die Vermeidung das Entdecken von Handlungsspielräumen, die trotz allem gegeben sind.
- Die **Verleugnung** der eigenen Anteile am Konflikt hat viel mit der Flucht gemeinsam: Die Person versucht um jeden Preis, die eigene Unschuld zu beweisen. Dies verhindert die Wahrnehmung der Interessen und Motive des anderen.
- Die **Bildung von Paaren und Bündnissen** stärkt die Konfliktparteien, erschwert aber unter Umständen die Verständigung, weil das Aufrechterhalten der Bündnisse zum Selbstzweck wird. Solche Phänomene sind auch bei politischen Koalitionen von Parteien zu beobachten.
- **Rationalisierung**: Eine Niederlage wird in einen Triumph umgedeutet, Kompromisse werden beschönigt, es werden rationale Erklärungen für den Ausgang eines Konfliktes angeführt, um ihn nicht als eigenes Scheitern erscheinen zu lassen. Ziele, die nicht erreicht werden konnten, werden im Rückblick entwertet.
- **Projektion**: Die Schuld für das Scheitern wird auf Faktoren projiziert, auf die die Person selbst keinen Einfluss hatte und als deren Opfer sie sich darstellen kann.
- Die Neigung zur **Regression** kann ebenfalls Ausdruck der Weigerung sein, für den Ausgang des Konflikts die Verantwortung zu übernehmen. Stattdessen regrediert die Person in einen Zustand von Abhängigkeit und Hilflosigkeit.
- Auch die **Verschiebung** wirkt subjektiv entlastend: Affekte müssen nicht im direkten Konflikt ausgelebt werden, sondern lassen sich auf andere Personen umlenken.
- In der Strategie der **Sublimierung** werden sozial unerwünschte durch sozial anerkannte Motive und Verhaltensweisen ersetzt oder überlagert.
- Der Mechanismus der **Konversion** besteht zum Beispiel, wenn innere Konflikte somatisiert werden und die Person erkrankt. Psychosomatische Erkrankungen sind oft eine Folge ungelöster Konflikte.
- Schließlich kann ein Konfliktpartner aus dem Konflikt durch **Resignation** aussteigen, indem er sich als Opfer der Verhältnisse oder als Opfer der Machtkämpfe anderer darstellt.

Das Wissen um solche Abwehrmechanismen ist notwendig, um die Ebene des unmittelbaren Konfliktes zu verlassen und „unter der Oberfläche" nach jenen Faktoren zu suchen, die eine konstruktive Konfliktlösung verhindern. Da die Abwehrmechanismen letztlich „Überlebensstrategien" in Fällen sind, in denen eine konstruktive Konfliktklärung den betreffenden Personen zu bedrohlich erscheint, muss mit ihnen sorgsam umgegangen werden: Ein Berater kann einem Klienten nicht seine mühsam erarbeiteten Abwehrmechanismen nehmen, ohne ihm eine Chance für einen Ersatz zu offerieren.

Konfliktlösungsstrategien

Die unterschiedlichen Strategien zu Konfliktlösung lassen sich in folgendem Schaubild verdeutlichen, das diskursive und nicht-diskursive Strategien einerseits und formelle und informelle Strategien andererseits beinhaltet. Die Lösungsversuche sind unterschiedlich erfolgreich.

Übungen während einer Mediation: diskursiv-formelle Konfliktlösung

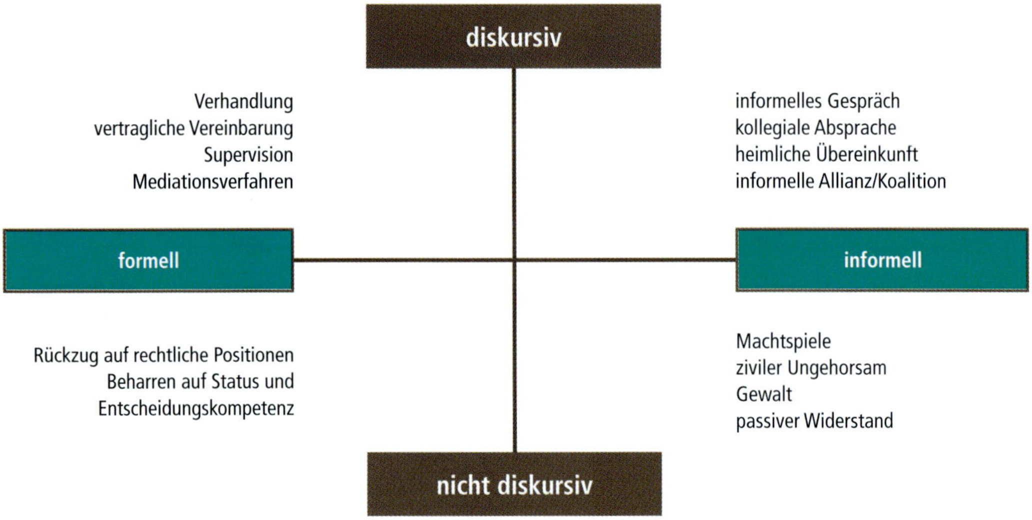

Konfliktlösungsstrategien

Auf der Suche nach konstruktiven Konfliktlösungswegen bietet die Unterscheidung der Konfliktarten wichtige Hinweise, denn nicht jede Lösungsmöglichkeit passt zu jeder Konfliktart. Die folgende Tabelle kann chronologisch gelesen werden: Die am wenigsten komplexen Lösungswege liegen auf der Ebene der Sachkonflikte. Die jeweils übergeordnete Konfliktart setzt voraus, dass die vorangegangenen Klärungsprozesse erfolgreich verlaufen sind. Identifiziert man einen Beziehungskonflikt, ist es in jedem Fall hilfreich, die Sachanteile dieses Konfliktes zunächst einmal durch Transparenz, Information und Klarheit herauszufiltern und zu bearbeiten, bevor die nächste Ebene der Lösungswege in den Blick genommen wird.

Konfliktart	Mögliche Lösungswege
Sachkonflikt	– Transparenz, Verständigung, Klarheit von Entscheidungen – Austausch und Klärung unterschiedlicher Einschätzungen zu einem Sachverhalt – Respekt vor der jeweils anderen „Wahrheit"
Beziehungskonflikt	– Klärung der Sachanteile – Klärung von wechselseitigen Erwartungen, Feedback üben (Erwartungen, Enttäuschungen, Kränkungen, Missverständnisse) – Verständigungswillen – ggf. Einschaltung Dritter
Wertkonflikt	– Transparenz von Zielen und Normen – Verständigung über Ziele und Normen, soweit möglich – Konsensfindung, soweit möglich – ggf. Delegation an Experten
Innere Konflikte	– Regelung des Basiskonflikts (Sache, Beziehung, Werte) – Auseinandersetzung mit und Reflexion der eigenen Rolle, eigener Wünsche und Bedürfnisse, eigener und fremder Erwartungen, eigener und fremder Grenzen – ggf. professionelle Hilfe zur Verarbeitung/Bewältigung schwerwiegender innerer Konflikte

Konfliktarten und mögliche Lösungswege

Die Klärung eines Konfliktes setzt dabei unbedingt den Verständigungswillen der Parteien voraus. Das bedeutet, dass es zunächst einmal darum geht, Konflikte aus der „Lose-lose"-Zone, im Weiteren auch aus der „Win-lose"-Zone heraus auf die Ebene eines „Win-win-Konfliktes" zu heben. In dem Modell von Friedrich Glasl sind wichtige Anhaltspunkte für die Frage nach dem geeigneten Deeskalationsweg zu finden. Der Hinweis, dass ab der Eskalationsstufe des „Gesichtsverlustes" eine Klärung durch die Konfliktparteien selbst nur noch äußerst unwahrscheinlich ist, kann die Konfliktparteien entlasten, wenn sie dies nicht als Versagen empfinden. sondern als natürliche Grenze ihrer Verständigungsmöglichkeit. Hier ist externe Klärungshilfe angezeigt. Eskaliert der Konflikt noch weiter und sind de Konfliktparteien nur noch damit beschäftigt, dem jeweils anderen zu schaden, sollte die Entscheidungsverantwortung an andere delegiert werden.

Konfliktebene	Konfliktstufe	Interventions-/ De-Eskalationswege
Win-win: Beide Konfliktparteien glauben an Einigung und Wiederannäherung.	(1) Spannung unterschiedliche Meinungen erweisen sich als nicht konsensfähig	Klärung durch Konfliktparteien selbst
	(2) Debatte Polarisierung strategisches Agieren	
	(3) „Taten statt Worte" zunehmender Druck, Abbruch von Gesprächen, Abnahme von Empathie	
Win-lose: Es kann nur noch einen „Gewinner" geben.	(4) Koalitionen Abwertung der Gegenpartei, Werben um Anhänger	
	(5) Gesichtsverlust (öffentliche) Beschädigung der Reputation des Gegners	Externe Klärungshilfen (Supervision, Mediation, Einschaltung der Leitungsebene)
	(6) Drohung und Gegendrohung Misstrauen, Angst, Ultimaten	
Lose-lose: Beide verlieren.	(7) Begrenzte „Vernichtungsschläge" Umdeutung der Realität, Verkehrung von Anteilen des anderen	
	(8) Zersplitterung gezielte Zerstörung den Gegner handlungsunfähig machen	Externe Entscheidung
	(9) „Gemeinsam in den Abgrund" totale Zerstörung des anderen um den Preis der Selbstvernichtung	

Konflikteskalationsstufen und Deeskalationswege (aus: Glasl, 1999, S. 215)

Aufgabe

Wenden Sie die Möglichkeiten der Konfliktklärung auf das Fallbeispiel der stationären Jugendwohngruppe an: Welche Empfehlungen würden Sie den Verantwortlichen in der Wohngruppe geben? Sehen Sie Handlungsbedarf seitens der übergeordneten Ebene? Wer trägt welche Verantwortung für eine kritisch-konstruktive Auseinandersetzung? Wer kann dafür sorgen, dass aus einem „Win-lose"-Konflikt wieder ein „Win-win"-Konzept wird?

3.2.3 Konfliktgespräche führen

Konflikte in sozialen Organisationen zu lösen ist eine komplexe Aufgabe. In den meisten Fällen ist es sinnvoll, Konflikte diskursiv, d.h. in Gesprächen mit den unterschiedlichen Beteiligten, zu klären. Der Begriff „Diskurs" deutet darauf hin, dass es häufig um eine ganze Sequenz von Gesprächen und um die Wahrnehmung unterschiedlicher Positionen geht, die diskursiv ausgetauscht werden, ohne sie direkt harmonisieren oder aufgeben zu müssen.
In Konfliktgesprächen sollten sich alle Beteiligten auf einige **Grundregeln** verständigen:

- Ich-Botschaften formulieren („Ich nehme wahr …"; „Ich würde mir wünschen …"; „Mein Ziel wäre es, …"; „Ich kann beitragen …").

Beispiel

Im Beispiel des Teams um Herrn Stein könnte eine Mitarbeiterin folgende Selbstaussage formulieren: „Ich empfinde die tägliche Konfrontation mit Herrn Stein als extrem belastend, es fällt mir schwerer als dir, damit gelassen umzugehen." Statt „Du bist immer so cool, wenn Herrn Stein mal wieder aggressiv wird ...".

- Ein Verständigungsprozess über gemeinsame **Ziele** setzt voraus, dass jede und jeder die eigenen Ziele transparent macht und die des Gegenübers zunächst einmal wertschätzt und ernst nimmt.
- **Kritische Rückmeldungen** zu bestimmten Vorgängen oder Verhaltensweisen sollten als grundsätzlich erwünscht gelten und nicht bewertend ausgesprochen und wahrgenommen werden.
- Das **Ziel der Konfliktklärung** sollte deutlich werden.
- Die einzelnen **Schritte in der Konfliktklärung** sollten sehr kleinteilig organisiert sein.

Ein mögliches Vorgehen zur Konfliktklärung lässt sich in sechs Stufen beschreiben (vgl. Glatz/Graf-Götz, 2007, S. 316):

1. Stufe Konfrontation	– den Konflikt „auf den Tisch legen" – die Ernsthaftigkeit des Konflikts verdeutlichen und die Ernsthaftigkeit des eigenen Willens zur Klärung	Ich-Botschaften: „Ich nehme wahr..."; „Mir ist aufgefallen ..."; „Ich bin irritiert ..."
2. Stufe eigene Ziele	eigene Ziele benennen	„Ich wünsche mir ..."
3. Stufe Ziele des anderen	Ziele des anderen wahrnehmen, ohne vorschnell zu werten oder zurückzuweisen – offene Fragen an den anderen – aktives Zuhören – Akzeptanz	„Was ist Ihre Vorstellung?" „Welche Ziele verfolgen Sie?" „Wie ist Ihre Sicht der Dinge?"
4. Stufe Verständigung	Suche nach Gemeinsamkeiten in den Zielsetzungen	„Was wünschen wir uns beide?"
5. Stufe Ideensammlung	mögliche Lösungswege finden, sammeln, bewerten	„Worauf könnten wir uns einigen?"
6. Stufe Vereinbarung	– Absprache, was als Nächstes passieren soll – konkrete und zeitlich überschaubare Ziele festlegen und Maßnahmen beschreiben, die dorthin führen – Überprüfung der Zielerreichung vereinbaren Falls keine gemeinsame Lösung möglich ist: – Klärung vertagen („darüber schlafen") – über Konsequenzen nachdenken, wenn keine Klärung erfolgen kann – Klärung delegieren	„Was tun wir als Nächstes?" „Wer kann welchen Beitrag leisten?" „Wen holen wir ins Boot?"

4 Organisationskulturen verstehen und gestalten

- *Wodurch können Organisationskulturen in den Einrichtungen der Heilerziehungspflege entstehen?*
- *Was sind die sichtbaren Anteile einer Organisationskultur?*
- *Wodurch zeichnen sich die nicht sichtbaren bzw. unbewussten Anteile einer Organisationskultur aus?*

4.1 Funktion und Wirkung von Organisationskulturen

Begriffsklärung

Einer anthropologischen Sichtweise von Kultur(en) zufolge bezeichnet der Begriff die spezifischen „historisch gewachsenen und zu einer komplexen Gestalt entwickelten Merkmale von Volksgruppen" (Zielowski, 2006, S. 44). Dies impliziert, dass innerhalb einer sozialen Gruppierung bestimmte Denk- und Wertemuster vorherrschen, die u. a. mittels Symbolsystemen (bewusst oder unbewusst) übermittelt werden.

Merkmale und Eigenschaften von Organisationskultur(en)

Die genannte Definition lässt sich ohne Weiteres auf die Organisationsebene übertragen. Schein bezeichnet die Organisationskultur in diesem Sinne als den angesammelten, gemeinschaftlichen „Wissensvorrat einer bestimmten Gruppe, der sich auf sämtliche verhaltensmässige, emotionale und kognitive Elemente der [...] Arbeitsweise aller Gruppenmitglieder erstreckt" (1995, S. 23). Es besteht somit die Grundannahme, dass jede Organisation bzw. jedes Unternehmen eine spezielle Kultur mit charakteristischen Vorstellungs-, Verhaltens- und Orientierungsmustern bereithält, die das Verhalten der Beteiligten – sowohl innerhalb der Organisation als auch bei der Darstellung nach außen – nachhaltig beeinflussen und dem Unternehmen ein Profil geben. Gerade in der Außenwirkung verhilft eine derartige Organisationsidentität zur Positionierung und gleichzeitigen Abgrenzung gegenüber anderen organisierten Anbietern, womit in ihren Arbeitsbereichen vornehmlich konkurrierende Träger innerhalb der Gesundheits- und Wohlfahrtspflege gemeint sind. Aus soziologischer Sicht dient die Formung und Abgrenzung einer sozialen Gruppe – wozu auch ein professionelles Unternehmen zählt – vor allem der Identitätsfindung und Persönlichkeitsbestimmung.

Diese „Inszenierung von Gemeinsamkeit" (Cloos, 2008, S. 1) führt im Arbeitsleben innerhalb einer Organisation zu einer Zusammenkunft und Gruppenbildung von Individuen mit verschiedenen Biografien bzw. Lebensstilen, unterschiedlichen Ausbildungswegen bzw. Professionen und Positionen. Eine Gemeinschaftsbildung der Mitwirkenden in ähnlicher Form wäre außerhalb des professionellen Rahmens aufgrund der Verschiedenartigkeit der Beteiligten faktisch illusorisch und kann nur durch eine übergeordnete Unternehmenskultur als verbindendes Element funktionieren.

Organisationskulturen sind dynamische Gebilde, die in einer wechselseitigen Wirkung einerseits die beteiligten Personen beeinflussen, andererseits aber auch durch die Individuen gestaltet und konstituiert werden. „Organisationskultur ist das implizite Bewusstsein einer Organisation, das sich zum einen aus dem Verhalten der Organisationsmitglieder ergibt und das selbst als kollektive Programmierung die Verhaltensweisen der Organisationsmitglieder beeinflusst" (Scholz/Hofbauer, 1990, S. 5). Die Gestaltungsmöglichkeiten innerhalb der Organisation liegen somit auch im Hinblick auf die Unternehmenskultur bei jedem einzelnen Teilhabenden, wobei die Art und Weise sowie der Umfang des Gestaltungsspielraums durch Strukturen, Hierarchien und Sachzwänge vorgegeben sind bzw. eingeschränkt sein können.

Laut Schreyögg (vgl. 1991, S. 1526) wird das komplexe Phänomen einer Organisationskultur durch verschiedene Kernelemente bestimmt. Als kollektives, übergreifendes Denk- und Werteschema vermittelt die Organisations- bzw. Unternehmenskultur Sinn und Orientierung im vielschichtigen beruflichen Alltag, bietet hierbei eine verlässliche Basis für interpretierendes sowie aktives Handeln der Mitarbeiterinnen und Mitarbeiter und bestimmt das Selbstverständnis bzw. die Eigendefinition der Organisation mitsamt ihren Beteiligten. Das Handeln jedes Individuums wird mit einem derartigen kulturellen Überbau, der zudem über ein Leitbild in schriftlicher Form dargestellt sein sollte, zu einer gewissen Einheitlichkeit geführt. Ein gemeinsames Verständnis über Aufgaben, Ziele und die zu beschreitenden Wege, um diese zu erreichen, führt letztendlich zu einer strukturellen Identität.

Als wichtiger Faktor sollte in diesem Zusammenhang beachtet werden, dass eine wie auch immer geartete Organisationskultur in der Regel in einem Sozialisationsprozess vermittelt und nicht bewusst erlernt wird. Somit wird eine Unternehmenskultur zumeist als selbstverständlich hingenommen und unterliegt in den wenigsten Fällen einer Selbstreflexion. Das Bewusstsein hierüber ist aber im Berufsleben hilfreich, um bestimmte strukturelle Abläufe und situative Gegebenheiten am Arbeitsplatz umfassender begreifen zu können. Zudem wird dort auch organisationsrelevantes Denken und Handeln gefordert und es ist nicht nur bedeutsam, leitbildkonform agieren zu können, sondern das eigene Tun und den umgebenden Rahmen fortwährend selbstreflexiv zu hinterfragen.

Internalisierung und Vermittlung von Organisationskultur

Die Vermittlung organisationskultureller Gegebenheiten erfolgt zum einen über formalisierte Orientierungsmuster wie z. B. ein Leitbild, welches im späteren Verlauf noch thematisiert wird, oder Selbstbeschreibungen in Form von Dokumentationen, Broschüren (inklusive Aufgabenbeschreibungen und Leistungsangebot) oder Organigrammen. Hierbei handelt es sich um visualisierte und eher abstrakt formulierte Beschreibungen von Prinzipien, die von der Leitungsebene der Organisation als charakteristischer Leitfaden angesehen und vorgegeben werden.

Zum anderen wird die organisationskulturelle Tradition in symbolischer Form über verschiedene Mechanismen der Interaktion weitergegeben. Hier sind z. B. Riten, Rituale und Erzählungen aus der Vergangenheit der Organisation sowie im Zusammenhang mit Personen stehende Mythen zu nennen, wobei allen Aspekten gemein ist, dass es sich um einen Ausdruck des organisationalen Selbstverständnisses handelt, Gemeinsamkeit geschaffen wird und Personen sowie Sachverhalte erhöht werden.

Als **Riten** gelten standardisierte Verhaltensabläufe, die an bestimmten Orten zu bestimmten Zeiten in einer bestimmten Rollenbesetzung stattfinden. Als Beispiele sind Anerkennungsriten (Jubiläumsfeier, Mitarbeiterparty, Weihnachtsessen, offizielle Beförderung) oder Aufnahmeriten (bei Eintritt in die Organisation) zu nennen.

Geburtstagsfeier in der Verwaltung

Rituale sind formalisierte Riten, bei denen die Form und die symbolische Bedeutung weitaus wichtiger sind als der eigentliche Inhalt. Kasper beschreibt Rituale als „stilisierte, sich wiederholende soziale Aktivitäten, die durch die Benutzung von Symbolen soziale Beziehungen ausdrücken und sie auch definieren" (1987, S. 54). Im Arbeitsalltag (und ebenso darüber hinaus) wird man ständig mit ritualisierten Handlungsabläufen und Verhaltensweisen konfrontiert (z. B. auch in Form von Sitzungen, Begrüßungs- oder Verabschiedungsritualen).

Sowohl Riten als auch Rituale sozialisieren, strukturieren und verleihen grundlegende Handlungssicherheit. Somit kommt ihnen weit mehr als eine rein formale Bedeutung zu. Vielmehr vereinen sie Individuen in sozial legitimierten Formen und bringen neben der aktiven Handlung eine symbolische Aussage mit sich. Funktional gesehen können Riten/Rituale als Ausdruck kultureller Gewohnheiten ebenfalls identitätsstiftend wirken. Sie ermöglichen den – formal legitimierten – Ausdruck von Emotionen sowie informelle Kontakte der Organisationsmitglieder (z. B. im Rahmen von Feiern). Anerkennungsrituale und Initiationsriten, aber auch die gemeinsame, quasi ritualisierte Mittagspause kann etwaige Gruppengefühle begünstigten und zum positiv wahrgenommenen, gemeinschaftlichen Charakter einer Organisation beitragen. Andererseits kann es die Unternehmenskultur aber auch schwächen, wenn Rituale als sinnentleerte Handlungen um ihrer selbst willen durchgeführt werden. Ritualisierte, regelmäßige Besprechungseinheiten (z. B. Teamsitzungen) ohne Thema, Struktur und Ziel kosten nur die Zeit und Energie der Teilnehmenden und wirken sich daher kontraproduktiv aus.

Funktionale Effekte einer Organisationskultur

Die funktionalen Effekte einer Organisationskultur lassen sich analog zu Zielowski in zusammengefasster Form wie folgt darstellen: Rahmenbedingungen (wie z. B. Leitbild, Konsens über Aufgaben und Ziele) und konkrete praxisnahe Ausprägungen ähnlicher Denkmuster (u. a. gemeinsamer Wortschatz) dienen als Basis für tägliches Geschehen und bieten eine sogenannte „Handlungsorientierungsfunktion" (Zielowski, 2006, S. 50). Durch die Vorgabe sowie die notwendige Internalisierung von Orientierungsmustern reduziert sich der Regelungs- und Kontrollaufwand. Arbeitsteilung und dezentralisiertes, eigenverantwortliches Handeln wird hiermit ermöglicht. Zudem erleichtert ein gemeinschaftliches Verständnis die Einigung bei der Entscheidungsfindung bzw. etwaige Problemlösungen. Darüber hinaus stärkt ein solides Gruppengefüge den „Teamgeist", erhöht die Identifikation (mit der Organisation) und fördert die Bereitschaft, sich zu engagieren.

Dysfunktionale Aspekte einer Organisationskultur

Im Umkehrschluss lassen sich allerdings auch mögliche dysfunktionale Aspekte einer Organisationskultur konstatieren. Problematisch kann die Internalisierung eines Wertesystems werden, wenn dies als unumkehrbares Gesetz angesehen wird. Ein vollkommen geschlossenes System führt möglicherweise zu einem Verlust des Weitblicks. Kritik im Widerspruch zur Tradition der eigenen Kultur wird nicht angenommen, Entwicklungen werden somit eventuell ignoriert. Mangelnde Flexibilität bzw. Anpassungsfähigkeit und emotionale Grenzen bei – häufig notwendigen – Veränderungen können weitere Folgen des Festhaltens an einem tradierten und konsequent unreflektierten Weltbild sein, was in letzter Konsequenz dazu führt, dass die Organisation neuen Anforderungen nicht mehr gewachsen ist.

Leitbild als Identifikationsrahmen

Das Leitbild kann als ein fachliches Resümee der Firmenkultur und Legitimation organisationalen Handelns angesehen werden. Als schriftliche Darstellung der generellen Richtungspunkte und grundlegenden Ideen einer Organisation soll das Leitbild allgemeingültige Handlungsmotive beinhalten. Nach Franzpötter vereint ein Leitbild die autonomen Betrachtungsweisen der einzelnen Mitglieder, es konstituiert eine musterhafte Struktur der Wahrnehmung, des Denkens und Handelns und dient als „symbolischer Repräsentationsrahmen für neue Diskurse" (Franzpötter, 1997, S. 135). Bestenfalls bietet ein langfristig orientiertes, dynamisch angelegtes Leitbild Raum für Veränderungs- und Entwicklungsmöglichkeiten.

Organisationsbiografien

Die Organisationskultur bzw. ihre Entwicklung ist zumeist eng verknüpft mit der Evolution des gesamten Unternehmens. Wie und warum ist die Organisation entstanden, welche Grundideen und Gedanken stecken hinter dem Unternehmen, wie hat sich der Betrieb entwickelt und wie reagiert die Organisation auf Veränderungen? Dies sind zentrale Fragen bezüglich der Organisationsbiografie, deren Beantwortung den Mitarbeitenden zumindest als Hintergrundwissen über die eigene Organisation geläufig sein sollte, um Zusammenhänge erkennen und interpretieren zu können.

Beispiel

Der Ortsverband Lebenshilfe für Menschen mit geistiger Behinderung Castrop-Rauxel, Datteln, Oer-Erkenschwick, Waltrop e. V. wurde am 14.10.1987 in Waltrop ausgehend von einer Elterninitiative gegründet. Die Idee entwickelte sich infolge einer Reihe von Bildungsmaßnahmen und Wochenendseminaren des Förderkreises der „Städtischen Förderschule Oberwiese" (Förderschwerpunkt geistige Entwicklung), die sich mit dem Thema „Wohnen für Menschen mit geistiger Behinderung" auseinandersetzten. Dabei wurden die Bedenken der Eltern um die Zukunft ihrer Kinder mit geistiger Behinderung deutlich formuliert. In den Städten Castrop-Rauxel, Datteln, Oer-Erkenschwick und Waltrop, die ebenfalls Einzugsgebiet der „Schule Oberwiese" sind, gab es kaum Wohnangebote für Menschen mit geistiger Behinderung. In einem Arbeitskreis beschäftigten sich ab Mai 1986 interessierte Eltern und Lehrkräfte mit der Bedarfsermittlung von Wohnstättenplätzen sowie der Trägerschaft und Finanzierung einer Wohnstätte. Die Einsetzung eines Trä-

gervereins erschien sinnvoll, was zur Gründung des Ortsverbandes führte. Getreu den Strukturen eines Vereins wurde er durch einen Vorstand geführt, dem zu Beginn vor allem Eltern von Kindern mit geistiger Behinderung angehörten. Das originäre Ziel, der Bau einer Wohnstätte, konnte zwar erst im Jahr 2000 mit dem Einzug von 24 Klienten erreicht werden, in den 1990er Jahren entstand jedoch ein umfassendes Angebot an Beratung (z. B. Beratungsstelle) und ambulanten Diensten (z. B. familienunterstützender Dienst, Pflegedienst, ambulant betreutes Wohnen, diverse Reise- und Kursangebote, Sport- und Bildungsmaßnahmen) sowie eine integrative Kindertagesstätte. Im neuen Millennium expandierte gerade der Fachbereich Wohnen mit der Entstehung einer sogenannten „Außenwohngruppe", einer zweiten Wohnstätte, einer Wohnberatung und einer Tagesstätte für Senioren mit Behinderung.

Aus dem Elternverein, der Ende der 1980er Jahre einen anleitenden Mitarbeiter beschäftigte (in Teilzeit, projektfinanziert über die seinerzeit noch unter „Aktion Sorgenkind" firmierende „Aktion Mensch"), hat sich nunmehr ein Unternehmen entwickelt, das immer noch strukturell als Verein geführt wird, jedoch eine hauptamtliche Geschäftsführung aufweist und als Arbeitgeber für ca. 130 Mitarbeiterinnen und Mitarbeiter sowie zahlreiche weitere, stundenweise beschäftigte Honorarkräfte fungiert (vgl. Chronik der Lebenshilfe für Menschen mit geistiger Behinderung Castrop-Rauxel).

Die Entfaltung der Organisation muss die Bildung von Subkulturen, Strukturerneuerung und Aufgabendelegation zur Folge haben, um die Unternehmensevolution mitsamt den immer komplexer werdenden Anforderungen bewerkstelligen zu können. In dem genannten Beispiel musste eben dieser Wandel vollzogen werden und eine Professionalisierung erfolgen, um den neuen Anforderungen und Aufgaben sowohl qualitativ als auch quantitativ gewachsen zu sein. Gerade in diesem Zusammenhang ist es allerdings besonders wichtig, dass die Identifikation mit den Grundideen, mit dem Leitbild und den generellen Unternehmenswerten trotz notwendiger Modifikationen in der Organisationsstruktur weiterhin Bestand hat, um Zerfallserscheinungen vorzubeugen, Identität und Persönlichkeit des Unternehmens zu manifestieren und die ideelle Basis der Organisation nicht zu gefährden.

Aufgaben

1. *Benennen Sie einige Merkmale und Eigenschaften von Organisationskultur(en).*
2. *Schildern Sie Wege und Handlungsweisen, über die Organisationskultur vermittelt und verinnerlicht wird.*
3. *Welche funktionalen und dysfunktionalen Aspekte einer übergreifenden Organisationskultur lassen sich konstatieren? Welche hiervon haben Sie schon in Ihrer beruflichen Laufbahn erleben können?*
4. *Welche Werte propagiert das Leitbild Ihres Arbeitgebers und inwiefern lassen sich diese im Alltag wiederfinden?*
5. *Skizzieren Sie eine Organisationsbiografie anhand der Entwicklung „Ihres" Betriebes.*
6. *Welche Veränderungen musste Ihr Arbeitgeber durchlaufen, um sich der Entwicklung der Unternehmensbiografie anzupassen?*

4.2 Sichtbare Anteile der Organisationskultur

Das in der Organisation vorhandene und gelebte Menschenbild, die Managementphilosophie und der Führungsstil (z. B. autoritär, integrierend, partizipativ und/oder delegativ) determinieren das Handeln der Mitglieder. Wie werden die Mitarbeiterinnen und Mitarbeiter gesehen? Wie wird agiert? Stehen soziale, rationale, ökonomische oder andere Interessen im Vordergrund? Ist die Organisationsstruktur eher hierarchisch oder gemeinschaftlich angelegt? Diese eher impliziten Ebenen der Unternehmenskultur sind eine wichtige Grundlage, auf der sich die explizit sichtbaren bzw. sinnlich erfahrbaren Darstellungsweisen einer Unternehmenskultur letztendlich ausprägen.

Neben bereits thematisierten Aspekten (z. B. Rituale) und der öffentlichen Darstellung der Organisation mithilfe von beispielsweise Flyern und Broschüren existieren weitere Darstellungsweisen und sichtbare Anteile der Organisationskultur. Kleidung und Sprache sind hierbei als wichtige Ausdrucksformen einer Unternehmenskultur zu betrachten.

Kleidung ist keineswegs nur rein funktional zu sehen (z. B. Wärme spendend, als Wetterschutz oder aus sittlichen Aspekten zu tragen etc.), sondern als ein weit darüber hinausgehendes expressives Mittel. Es dürfte offensichtlich sein, dass eine wie auch immer geartete Arbeitskleidung der Tätigkeit angemessen sein sollte. Ein T-Shirt-Aufdruck mit dem Slogan „Asozial ist geil" im Beratungsgespräch ist ebenso fehl am Platz wie hochhackige Schuhe während der Ganzkörperpflege in einer Nasszelle. Eine vorgegebene Kleiderordnung im Betrieb kann durchaus einen Teil der Unternehmenskultur repräsentieren. Hiermit wird im Sinne einer „Corporate Identity" als Zusammenspiel von Verhalten, Kommunikation und Erscheinungsbild in der Außenwirkung eine einheitliche Darstellung suggeriert. Zugleich kann diese Einheitlichkeit, gerade in eher strikt hierarchisch gegliederten Organisationsformen, als (bewusstes) Mittel zur Restriktion von Individualität dienen, zumal – laut Kasper – in zahlreichen Organisationen ein „Prinzip maximaler Mittelmäßigkeit" (Kasper, 1987, S. 57) gelte, frei nach dem Motto „nicht auffallen, nicht stören, repräsentieren".

Die Wahl eines Kleidungsstils ist kein Zufall, wie Hans-Georg Soeffner bereits Mitte der 1980er Jahre dazustellen wusste. „Ein Stil ist Teil eines umfassenden Systems von Zeichen, Symbolen und Verweisungen für soziale Orientierung. Er ist Ausdruck, Instrument und Ergebnis sozialer Orientierung" (Soeffner, 1992, S. 49). Die Wahl der eigenen Kleidung geht somit weit über die reine Funktion hinaus und ist vielmehr sowohl Ausdruck von Individualität als auch ein Mittel zur Darstellung von Gruppenzugehörigkeit. Kleidungsstile sind Teilaspekte eines Lebensstils und repräsentieren diesen, sind Medien an sich und ermöglichen die Darstellung und Artikulation von Befindlichkeiten und Persönlichkeitsmerkmalen. Die Vorgabe von Kleiderordnungen kann somit hinsichtlich der freien individuellen Entfaltung einschränkend wirken und auf eine spezifische Rolle beschränken.

Bezüglich des Kleidungsaspektes sei abschließend angemerkt, dass die Mitarbeiter sensibel für die Abläufe innerhalb Ihres Betriebes sein sollten. Bereits im Vorfeld einer Anstellung dürfte offensichtlich sein, ob Kleiderordnungen herrschen, und so bleibt es letztendlich die Entscheidung der potenziellen Mitarbeiter, ob sie sich hierauf einlassen. Sollte die Organisation beispielsweise Selbstbestimmung, Individualität und somit die freie Entfaltung des Individuums in ihrem Leitbild tragen, dann aber die Wahl eines persönlichen Outfits durch restriktive, funktional nicht zu begründende Kleiderordnungen einschränken, dann ist dieser „Bruch" innerhalb der Unternehmensphilosophie zumindest diskussionswürdig.

Als weiteres wichtiges Element einer Unternehmenskultur ist **Sprache** (als zentrales Kommunikationsmittel) zu nennen. Auch im Hinblick auf eine bereits angesprochene „Corporate Identity" wird in Betrieben zumeist ein gemeinsamer Wortschatz genutzt. Das Erlernen einer „einheitlichen" Sprache und der kompetente Umgang mit ihr zählen somit zu den Grundvoraussetzungen der täglichen Arbeit. Fachspezifische Sprache und zentrale Begriffe der Organisation, die zumeist im Leitbild verankert sind, stellen repräsentative Faktoren des jeweiligen Betriebes dar und sollten selbstverständlich auch in den eigenen Sprachgebrauch eingehen.

Die Kommunikationsstile innerhalb eines Unternehmens sind wiederum von der sie umrahmenden Organisationskultur abhängig. Ob z. B. ein eher freundschaftlicher Umgangston oder ein nüchtern-sachliches bzw. eventuell gar raues Kommunikationsklima herrscht, lässt letztendlich wiederum auch Schlüsse auf allgemeine betriebliche Strukturen und den generellen zwischenmenschlichen Umgang zu. Indirekt drücken sich hierin u. a. also wieder Führungsstile, Managementphilosophien und Haltungen zum sozialen Miteinander aus.

In diesem Zusammenhang ist die „Du"- oder „Sie"-Anrede exemplarisch anzusprechen. Gerade Betriebe im sozialen Bereich adaptieren das „Du" häufig als Teilaspekt ihrer Betriebskultur und nutzen diese Anredeform als generelle persönliche Ansprache. Einerseits vermag dies als Zeichen eines durchaus angenehmen, unmittelbar gehaltenen Betriebsklimas gelten, andererseits sollte gewährleistet sein, dass eine „lockere" Atmosphäre nicht mit einer „laschen" Arbeitshaltung gleichgesetzt wird. Aufgabendelegationen müssen in einem ungezwungenen Betriebsklima ebenso funktionieren wie die Einhaltung bzw. Akzeptanz gewisser struktureller Hierarchien.

Peter Cloos (2008) verdeutlicht, basierend auf teilnehmenden Beobachtungen, dass sich Sprache im Berufsfeld verändert. Seine Untersuchungen zeigen, dass in unterschiedlichen Einrichtungen der Kinder- und Jugendhilfe (mit unterschiedlichen Zielgruppen und in unterschiedlicher Trägerschaft) verschiedene Interaktionsmodi und Sprachstile vorherrschen, die sich als jeweils typisch für die Organisation und das jeweilige Berufsfeld darstellen und nur im praktischen Vollzug beobachtet werden können. Auch innerhalb der Einrichtung lassen sich Wechsel des Sprachstils verzeichnen, z. B. wenn sich Räumlichkeiten oder Interaktionspartner verändern und somit auch Habitus und Funktion des Gegenübers eine Veränderung erfahren (vgl. Cloos, 2008, S. 18 ff.). Ob ein Gespräch beispielsweise kurz, bündig und befehlend verläuft oder eher empathisch-erklärend, hängt somit vielfach mit dem Gesprächsrahmen sowie dem Kommunikationspartner und dessen jeweiliger Rolle zusammen. Dies wiederum spricht dafür, sich Kenntnisse bezüglich Strukturebenen, Rollenverteilungen und Funktionen bzw. Statuszuschreibungen innerhalb des eigenen Betriebes anzueignen.

Aufgaben

1. *Welche öffentlichen bzw. sinnlich erfahrbaren Darstellungsweisen von Unternehmenskultur sind Ihnen bekannt?*
2. *Diskutieren Sie Pro- und Kontra-Argumente hinsichtlich beruflich vorgeschriebener „Kleiderordnungen".*
3. *Thematisieren Sie die Vor- und Nachteile einer allgemeinen „Du"-Anrede im alltäglichen Berufsleben.*
4. *Inwiefern verändert sich Sprache analog zur Gesprächssituation und bezüglich des Kommunikationspartners? Berücksichtigen Sie Ihre eigenen Erfahrungen während der Ausbildung in verschiedensten Gesprächskonstellationen (z. B. dienstliche Unterredung mit Vorgesetzten, Teamkollegen, Praktikanten, Eltern u. a.).*

4.3 Nicht sichtbare und unbewusste Anteile der Organisationskultur

4.3.1 Nicht sichtbare Phänomene in Organisationen

Neben den sichtbaren Organisationsstrukturen und -prozessen existieren in jeder Organisation unsichtbare Phänomene, die erst auf den zweiten Blick erkennbar oder spürbar sind. Der Organisationssoziologe Edgar Schein hat drei Ebenen der Organisationskultur unterschieden:

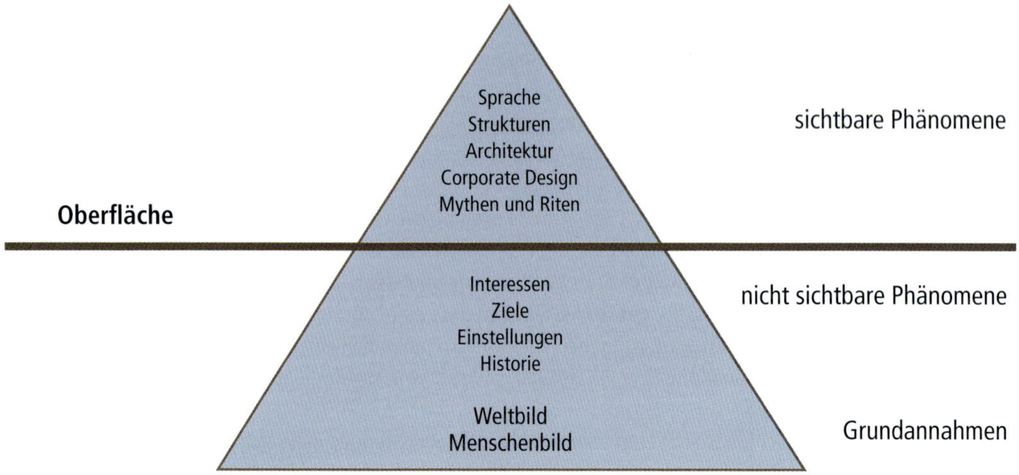

Die Dimensionen der Organisationskultur nach Edgar Schein (2006)

Die sichtbaren Anteile der Organisationskultur beinhalten erkennbare Strukturen und Prozesse wie bestimmte Kommunikations- und Konferenzkulturen oder für die Einrichtung typische Rituale wie bestimmte wiederkehrende Feste und Bräuche. Das Leitbild und eine konzeptionelle Idee oder Vision der Einrichtung liegen auf der Ebene der Strategien und der öffentlich bekundeten Werte. Auf der unsichtbaren Ebene darunter existieren nicht sichtbare, aber dennoch von den meisten Organisationsmitgliedern für selbstverständlich gehaltene Überzeugungen, Wahrnehmungen und Gefühle und Grundannahmen über den Menschen und die Welt. Diese sind in der Regel nicht reflektiert, transportieren aber bestimmte gemeinsame Orientierungen und Werte und lassen so das Handeln in der Organisation einheitlich erscheinen. Sie sind das Ergebnis eines automatisch verlaufenden Lern- und Sozialisationsprozesses im Umgang mit Bedingungen innerhalb und außerhalb der Einrichtung und vermitteln Sinn und Orientierung in der komplexen „Welt" der Organisation. Sie enthalten Handlungsnormen, die die Mitglieder der Organisation veranlassen, sich so zu verhalten, dass sie die Stabilität und den Fortbestand der Organisation sichern.

Beispiel

Eine verbreitete, unausgesprochene Grundannahme in Werkstätten für Menschen mit Behinderung besteht darin, dass die dort tätigen Mitarbeiter den Schonraum der Werkstatt brauchen, um überhaupt am Arbeitsleben teilhaben zu können. Insbesondere bei Menschen mit schweren Behinderungen wird in institutionellen Kontexten oftmals nicht mehr die Frage gestellt, ob sie sich vielleicht einen Arbeitsplatz außerhalb der Werkstatt wünschen würden. Eine neu eingestellte Integrationsassistentin, die in einer Zuverdienstfirma gearbeitet hat, bringt aus diesem institutionellen Kontext eine ganz andere Grundannahme mit: Sie hat die Erfahrung gemacht, dass auch Menschen mit schwersten Behinderungen außerhalb der Werkstatt Betätigungsfelder finden können, in denen sie – gut begleitet – zumindest zeitweise einer Arbeit nachgehen können, und dass dies sowohl für sie selbst wie auch für die Kolleginnen in einem Betrieb des allgemeinen Arbeitsmarktes ein Gewinn sein kann. Hier treffen dann zwei verschiedene Grundannahmen aufeinander. Wenn dies den Beteiligten nicht bewusst ist, werden sie sich vermutlich nicht auf Anhieb verstehen können. Die Integrationsassistentin wird vielleicht als „die Neue" mit den „spinnerten Ideen" etikettiert, noch bevor sie über ihre Erfahrungen von außerhalb innerhalb der Werkstatt berichten konnte.

Eine heilpädagogische Kindertageseinrichtung, die von einer privaten Elterninitiative gegründet wurde, stand zu Beginn in der Kritik der Öffentlichkeit, weil sie eine Konkurrenz zu dem lange schon bestehenden Kindergarten am Ort darstellte. Es wurden Gründe konstruiert, weshalb die Arbeit der neuen Kindertagesstätte fachlich zweifelhaft sei. Dadurch entstand in der Kindertageseinrichtung selbst eine Grundhaltung, dass die eigene Arbeit fachlich auf jeden Fall auf hohem Niveau angesiedelt ist. Selbstkritische Äußerungen der Mitarbeiterinnen sind in der Kindertagesstätte nicht erwünscht, weil sie die Kritik von außen unterstützen könnten. Daher herrscht eine unausgesprochene Grundhaltung: „Wir machen hier gute fachliche Arbeit!"

Aufgabe

Beschreiben Sie Beispiele für Grundannahmen, die für eine Organisation typisch sind. Wer steht für diese Grundannahmen? Was passiert, wenn jemand eine andere Grundannahme dagegensetzt oder andere Werte vertritt?

Nicht sichtbare Phänomene wie Normen und Werte, aber auch unausgesprochene Verbote und informelle Richtlinien in Organisationen haben positive Wirkungen:

- Sie geben den Mitarbeiterinnen Orientierung.
- Sie sorgen für reibungslose Kommunikation.
- Sie unterstützen eine rasche Entscheidungsfindung und zügige Umsetzung von Entscheidungen.
- Sie verringern den Kontrollaufwand.
- Sie unterstützen die Motivation der Mitarbeiterinnen und den Teamgeist.
- Sie stabilisieren die Einrichtung.

Auf der anderen Seite haben sie die Tendenz, Mitarbeiterinnen, die diese Regeln und Normen nicht befolgen, auszuschließen und machen es neu hinzukommenden Mitarbeiterinnen mitunter schwer, sich mit neuen Orientierungen verständlich zu machen. Es besteht eher eine Fixierung auf traditionelle Denkmuster und Erfolgsstrategien.

Beispiel

Sie bewerben sich nach Ihrer Ausbildung in einer Wohngruppe, die aus einer größeren Komplexeinrichtung ausgelagert wurde. Ihr Eindruck ist – schon aufgrund der modernen Bauweise des Appartementhauses –, dass das Team dort fortschrittlichere Ideen verfolgt als in der Stammeinrichtung und offener und risikofreudiger zum Beispiel mit Ausgehzeiten von Bewohnern umgeht. Eine Mitarbeiterin ist aus der Stammeinrichtung in das Appartementhaus versetzt worden, obwohl sie lieber dort geblieben wäre. Sie tut sich schwer mit der offeneren Struktur und hält an Normen fest, die sie aus der Stammeinrichtung „mitgebracht" hat. Sie hören häufiger von ihr: „Das haben wir drüben auch immer so gemacht – und bisher sind wir damit gut gefahren." Die Organisationskultur der Stammeinrichtung und die der neuen Wohngruppe stimmen nicht überein. Mit dieser Unterschiedlichkeit müssen sowohl die Mitarbeiterinnen als auch die Bewohner umgehen.

In manchen Einrichtungen prallen unterschiedliche Kulturen aufeinander, die zu mehr oder minder offenen Konflikten führen. In psychiatrischen Einrichtungen treffen zum Beispiel eine medizinische und eine soziale Kultur aufeinander, die jeweils ganz bestimmte äußere Merkmale und typische Kennzeichen bzw. sehr unterschiedliche Wertvorstellungen und Basisannahmen beinhalten.

	Medizinische Kultur	Soziale Kultur
Sichtbare Phänomene	– weiße Kittel – schwer verständliche Fachsprache – Visite unter Zeitdruck	– lockere Kleidung – Alltagssprache – Zeit für Patientenkontakt wird hoch bewertet
Wertvorstellungen	– wissenschaftliche Sicht auf medizinische Probleme – Patient als Behandlungsfall – Distanzierung gegenüber „Kuschelpädagogik"	– ganzheitliche Sicht auf den Patienten als Mensch – Patient als Partner – Distanzierung gegenüber „kaltem Zynismus" der Ärzte
Grundannahmen, Welt- und Menschenbild	– Arzt ist letztverantwortlich – eher positive Haltung gegenüber dem medizinisch-psychiatrischen System – ethische Basis: hippokratischer Eid	– strukturelle Kränkung: soziale Berufe als Assistenzrollen – eher kritische Haltung gegenüber dem medizinisch-psychiatrischen System – ethische Basis: Solidarität, Menschenrechte, Gerechtigkeit

Zwei Kulturtypen in psychiatrischen Einrichtungen (vgl. Jungbauer, 2009, S. 147)

Beispiel

Der für die Station für Patienten mit geistiger Behinderung und psychischen Störungen in der Landesklinik zuständige Arzt kommt zur Visite auf die Station. Er gerät in eine akute Krisensituation mit einem Patienten, der wegen heftiger aggressiver Impulsdurchbrüche vor zwei Tagen eingeliefert wurde: Der Patient hockt mit dem Gesicht zum Boden, schreit Unverständliches und schlägt sich mit der Faust auf den Kopf. Der Arzt reagiert sofort: Die anwesende Fachkrankenschwester wird angewiesen, ein Beruhigungsmittel zu verabreichen, um eine weitere Eskalation zu vermeiden. Der Heilpädagoge, der seit drei Wochen auf der Station arbeitet, ist sprachlos: Für ihn war es zunächst wichtig zu verstehen, was genau der Patient sagen will, ihm Sicherheit zu vermitteln. Er hatte sich deshalb zu ihm auf den Boden gesetzt, ihn angesprochen und gebeten, ihn anzuschauen, um in Kontakt zu kommen.

Aufgaben

1. *Wie würden Sie in der Rolle als Heilpädagoge auf die Intervention des Arztes reagieren?*
2. *Was würden Sie mit dem Stationsarzt im Nachgang zu dieser Situation besprechen wollen?*

Friedrich Glasl (2004) hat versucht, typische Organisationskulturen zu beschreiben, die sich in unterschiedlichen Kontexten wiederfinden. Die Mitglieder zeigen ein bestimmtes typisches Verhalten. In den Organisationstypen sind Vorstellungen über die Organisation symbolisch beschrieben. Glasl hat als solche Organisationstypen „das Theater", „die Festung", „die Kreuzritter" und „das Sanatorium" identifiziert und typische Verhaltensweisen in diesen Organisationstypen beschrieben.

Organisationstyp	Verhalten der Organisationsmitglieder	Beispiele
„Das Theater"	Es ist ständig „etwas los" auf der „Bühne" der Organisation. Viel „Action", wenig Ruhe. Die Mitglieder streben nach Applaus und Beachtung. Ein starker Regisseur lenkt das Ensemble.	In einer Wohneinrichtung hat das bunte Freizeitprogramm einen hohen Stellenwert. Die Mitarbeiter tendieren dazu, die Bewohner immer wieder auf die „Bühne" der Organisation zu bringen, und bleiben eher selten in der Wohngruppe. Rückzugstendenzen der Bewohner werden eher mit Skepsis betrachtet. Wer sich nicht gut darstellen kann, erhält wenig Aufmerksamkeit.

Organisationstyp	Verhalten der Organisationsmitglieder	Beispiele
„Die Festung"	Es besteht ein Interesse an spannungsfreien, sicher nach außen abgegrenzten Beziehungen. Loyalität wird hoch bewertet. Sicherheit gegenüber Eingriffen von außen ist wichtig.	Eine dezentrale Wohngruppe schottet sich sehr nach außen hin ab und gewährt wenig Einblick. Die Wohnbereichsleiterin wird als Eindringling empfunden und hat selbst das Gefühl, ihr gegenüber würde etwas im Verborgenen gehalten. Die Mitarbeiterinnen sind sehr verlässlich und der Gruppenleitung gegenüber stets loyal. Den Bewohnern wird der Eindruck vermittelt, die Wohngruppe sei etwas Besonderes. Besuche von Angehörigen und Freunden sind eher unerwünscht.
„Die Kreuzritter"	Die Organisation hat ein starkes Sendungsbewusstsein. Die Organisation hat ein Interesse daran, andere zu „erobern" und die eigenen Sichtweisen zu verbreiten. Nach innen hin herrschen Ordnung und Harmonie.	Die Fördergruppe in der Werkstatt empfindet die eigene Arbeit als die fachlich qualifizierteste. Die Mitarbeiterinnen versuchen, die Gruppenleiter der Produktionsgruppen davon zu überzeugen, dass auch sie primär einen pädagogischen Auftrag haben. Die Fördergruppe selbst arbeitet nach strengen inneren Regeln, die von allen verlässlich eingehalten werden. Konflikte untereinander sind nicht denkbar.
„Das Sanatorium"	Das Verhalten der Mitarbeiter ist friedfertig und auf Ruhe ausgerichtet. Veränderungen sind unerwünscht. Es gibt wenig Intimitätsgrenzen. Man pflegt Verletzungen aus der Vergangenheit, pflegt sich gegenseitig und schützt sich gemeinsam vor Anforderungen von außen. Mitglieder sehen sich eher in der Opferrolle.	Die Mitarbeiter der Kontakt- und Beratungsstelle haben nach der Umstrukturierung eine anstrengende Phase der Neuorientierung hinter sich. Nun versuchen sie, die Anforderungen von außen zu begrenzen. Sie schränken vorübergehend die Öffnungszeiten ein, reservieren mehr Zeiten für Teambesprechungen und bestätigen sich permanent, wie sehr sie sich in der Umstrukturierungsphase engagiert haben. Kritische Anfragen von außen werden nicht geduldet.

Kulturtypen von Organisationen (vgl. Glasl, 2004)

Aufgaben

1. *Versuchen Sie, selbst beispielhaft typische Verhaltensweisen von Mitarbeiterinnen in typischen Organisationskulturen zu beschreiben.*
2. *Erfinden Sie weitere Bilder von Organisationen mit Symbolgehalt (z. B. die Wohneinrichtung als Luxusdampfer) und ordnen Sie diesen Organisationstypen typische Verhaltensweisen von Mitarbeiterinnen zu.*
3. *Vergegenwärtigen Sie sich die Organisation, in der Sie zuletzt gearbeitet haben oder in der Sie aktuell tätig sind: Welche unsichtbaren Phänomene könnten Sie benennen, die Ihnen erst beim zweiten Hinsehen aufgefallen sind? Welche Bilder würden Ihnen einfallen, um sie typisierend zu beschreiben?*

Wie alle Typisierungen birgt die Beschreibung von Organisationstypen die Gefahr einer Festschreibung, als könne eine Einrichtung sich nur so und nicht anders verhalten. Die Typisierungen sollten aber lediglich als Mittel zur Sensibilisierung für die unsichtbaren Anteile von Organisationskulturen und als Verstehenszugang betrachtet werden.

4.3.2 Das „Unbewusste“ in Organisationen

Die Organisationskultur kann auch als das implizite Bewusstsein oder das „kollektive Unbewusste“ einer Organisation verstanden werden, das sich aus dem Verhalten der Organisationsmitglieder ergibt und wiederum selbst das Verhalten der Individuen steuert. Das „Unbewusste“ in der Organisation ist dabei keine eigenständige, magische Instanz, sondern eher als das „kollektive Unbewusste“ in einer Gruppe von Menschen zu verstehen, die sich intuitiv einig sind über die Deutung und Bedeutung von Erfahrungen und Situationen in der Organisation. Das „Unbewusste“ in Organisationen kann dabei allerdings eine ähnliche Dynamik entfalten wie das „Unbewusste“ in einem Individuum: Es können unbewusste Verschiebungen, Verleugnungen und Verdrängungen stattfinden, die nicht individuell motiviert sind, sondern eher dazu dienen, die Stabilität der Organisation aufrechtzuerhalten.

Beispiel

Ein Konflikt zwischen der Heimleitung und der Geschäftsführung wird möglicherweise immer wieder aktualisiert, weil er eine stabilisierende Funktion für das Team der Wohneinrichtung hat: Im „Kampf“ gegen den äußeren „Feind“, den Geschäftsführer, sind sich Heimleitung und Mitarbeiter einig. Das stärkt ihre Position und vermittelt ihnen das Gefühl, auf der „richtigen“ Seite zu stehen, auch wenn der Geschäftsführer sich im Konfliktfall eher durchsetzt. Da das immer so ist, ist es immer weniger nötig, tatsächlich in die Auseinandersetzung zu gehen.

4.3.3 Gruppendynamische Phänomene und Konflikte

Da Organisationen immer Gruppen von Menschen in unterschiedlichen Beziehungen zueinander beherbergen, treten dort auch alle für soziale Gruppen typischen Phänomene der Gruppendynamik auf.

Dabei ist Angst ein sehr grundlegendes Phänomen in jeder Gruppe, somit auch in Teams und in Organisationen. Wenn Menschen auf eine neue Organisation zugehen, entstehen unbewusst Angst und Unsicherheit. Besonders deutlich treten Ängste in sehr unübersichtlich oder überhaupt nicht strukturierten oder in besonders großen Organisationen auf: Der Einzelne verliert dann das Gefühl der eigenen Identität, die Realitätswahrnehmung ist eingeschränkt und es entstehen Ängste vor Aggression und Kontrollverlust. Verschmelzungswünsche können einen Gegenpol gegen den Kontrollverlust und die Einsamkeit bilden.

Diese Angst ist eine Ur-Angst, vergleichbar mit der Trennungsangst. Nach Freud ist die Ur-Angst die Trennung von der Mutter. Diese Vorstellung erleichtert den Zugang zur Gruppenangst. Denn der Mensch ist von Anfang an ein soziales Wesen, ein Einzelner in einer Gruppe. Das heißt: Ohne die Mutter, im übertragenen Sinne: ohne die nährende und schützende Umgebung einer menschlichen Gruppe oder Organisation, kann der Einzelne nicht existieren – ohne ein „Wir“ gibt es kein „Ich“.

Der Mensch bewegt sich in Organisationen immer zwischen dem Interesse am Neuen und einer angeborenen, tief verankerten Angst vor Veränderung. Mit länger andauernder Zugehörigkeit zu einer Organisation kann sich das Verhältnis zwischen Neugier und Beharrungsinteressen umkehren. Aus dieser Spannung erwächst das Bedürfnis, in einer Gruppe zu leben, in der das Getrenntsein (Individualität, Autonomie) akzeptiert wird und man doch geliebt und geborgen ist. Störungen lösen sofort existenzielle Ängste aus, die abgewehrt werden (müssen). Die Strukturierung der Gruppe mithilfe von Rollenzuweisungen und Arbeitsaufträgen ist eine Möglichkeit, den regressiven Sog zu verhindern und die Angst zu binden. Der Verlust und das „Nicht-wahrhaben-Wollen“ von Gefühlen kann eine Form der Abwehr der darunter liegenden Gefühle sein – etwa ein Schuldgefühl oder das Gefühl von Traurigkeit –, die schwerer zu ertragen wären als das Eingestehen eines Verlustes oder Versäumnisses. Häufig werden diffuse Ängste in Organisationen umgeleitet oder umgelenkt in Bereiche, die für die Stabilität der Organisation und das Image nach außen weniger schädlich sind. Eine Verschiebung kann vorliegen, wenn die Aggression gegenüber dem Leiter auf andere Personen übertragen wird. Wenn einzelne Mitglieder von der Leitung herausgehoben werden, gelangen sie oft in eine Rechtfertigungsfalle. Derjenige, der in der Wahrnehmung der anderen eine solche Sonderrolle einnimmt, wird häufig aus der Gruppe verbannt oder zumindest an den Rand gedrängt (Isolierung). Die Projektion ermöglicht es, den dahinter verborgenen Konflikt nicht angehen zu müssen.

„Grundannahmen" in Gruppen (Wilfred Bion)

Die psychoanalytische Gruppenforschung hat sich mit typischen Mechanismen in sozialen Gruppen beschäftigt. Der Gruppenanalytiker Wilfred Bion (1990) hat typischen Gruppen bestimmten „Grundannahmen" zugeordnet, die alle darauf ausgerichtet sind, die Zukunft der Gruppe zu sichern.

- **Abhängigkeit**
  Eine soziale Gruppe vom Typ der „Abhängigkeitsgruppe" nimmt einen „Anführer" als allmächtig und allwissend wahr. Die Mitglieder selbst fühlen sich unzulänglich oder gar unfähig. Die Angst gegenüber dem äußeren „Feind" schweißt die Gruppe nach innen zusammen. Der Anführer der Gruppe genießt hohe Autorität und kann sich der Gefolgschaft seiner „Untertanen" relativ sicher sein. Scheitert er allerdings an einer Aufgabe, wird er sehr schnell von der Gruppe verleugnet und später entwertet. Formen der Idealisierung des Leiters dienen der Aufrechterhaltung der Struktur.
- **Kampf und Flucht**
  Die Kampf-Flucht-Gruppe tritt sehr geschlossen gegenüber einem äußeren „Feind" auf. Der gemeinsame Kampf gegen diesen „Feind" lässt ein hohes Maß an Solidarität entstehen. Diese Art der Gruppe duldet keine innere Opposition.
- **Paarbildung**
  Die Gruppe, die mit dem Muster der Paarbildung agiert, überträgt die Hoffnung auf Zukunft und auf „Erlösung" von den Schwierigkeiten der Gegenwart auf ein Paar innerhalb der Gruppe. Dieses Paar erhält in de Regel breite Zustimmung aus der Gruppe, es entsteht eine Eltern-Kind-ähnliche Dynamik, die vor Konflikten schützen soll.
- **Arbeit**
  Die ideale Gruppenform ist nach Bion die „Arbeitsgruppe", die sich zweckgerichtet und realitätsgerecht mit der Erledigung einer Aufgabe beschäftigt, und Arbeitsstörungen im Sinne des Arbeitsziels konstruktiv zu lösen versucht.

Gruppenmythen

Jede Gruppe, jedes Team entwickelt mit der Zeit eine eigene Kultur, eine „Matrix", einen eigenen Charakter einer Organisation. Dazu gehören oft – je weniger hierarchisch eine Gruppe oder ein Team organisiert ist – eigene Gruppenmythen, die die Angst kanalisieren und für strukturierende Orientierung sorgen.

Beispiele für Gruppenmythen:
- „Wir alle sind gleich. Wir sind ein eingeschworenes Team, wir wollen alle das Gleiche. Wenn man uns nur lassen würde, gäbe es keine Probleme."
- „Wir sind stark. Stärke ist der höchste Wert."
- „Bei uns fällt keiner raus."
- „Wir sind ein beziehungsfähiges Team, das untereinander keine Tabus kennt."
- „Wir sind eine Elite. Wir sind die Auserwählten, die von anderen beneidet werden."

Organisationsmythen binden die Angst und geben Orientierung. Sie sind in der Regel nicht vollständig unbewusst. Aber die im Mythos gebundene Angst ist verdrängt, beispielsweise
- die Angst, zu versagen und unfähig zu sein,
- die Angst, abgelehnt und einsam zu sein,
- die Angst vor Abhängigkeiten,
- die Angst vor Interessenkonflikten,
- die Angst vor ungebremster Aggression.

Aufgabe

Finden Sie Beispiele für die genannten Formen von Ängsten aus Ihren Organisationserfahrungen.

All diese Phänomene sind auch in sozialen und heilpädagogischen Organisationen wirksam. Wichtig sind daher immer wieder Reflexionseinheiten, die die persönlichen Schwierigkeiten und Fragen verknüpfen mit den Mechanismen und Mythen (in) der Organisation. Supervision und kollegiale Beratung sollten daher für die Mitarbeiterinnen und Mitarbeiter ebenso selbstverständlich sein wie die permanente Fort- und Weiterbildung.

Literaturverzeichnis

- Becker, Manfred: Personalentwicklung, Bildung, Förderung und Organisationsentwicklung in Theorie und Praxis, 4. akt. u. überarb. Aufl., Stuttgart, Schäffer-Poeschel Verlag, 2005.
- Belardi, Nando: Beratung. Eine sozialpädagogische Einführung, Weinheim, Beltz Verlag, 2007.
- Berkel, Karl: Konflikttraining (Arbeitshefte Führungspsychologie), Heidelberg, Sauer Verlag, 1999.
- Berzel, Stefan: Management und Soziale Arbeit, Norderstedt, Books on Demand GmbH, 2008.
- Bion, Wilfried R.: Erfahrungen in Gruppen, Frankfurt a. M., Verlag S. Fischer, 1990.
- Blake, Robert R./McCanse, Anne A.: Das Grid-Führungsmodell, übers. v. Ursel Reinecke und Christine Ferdinand-Gonzales, Düsseldorf, Econ Verlag 1992
- Blake, Robert R./Mouton, Jane S.: Besser führen mit GRID. Führungsprobleme lösen mit dem GRID-Konzept, Düsseldorf, Econ Verlag, 1978.
- Buchinger, Kurt: Organisationsbewusstheit, in: Strategien für ein persönliches Gesundheitsmanagement, hrsg. v. Siegfried Meryn, München, Quintessenz Verlag, 1991, S. 171–188.
- Chronik der Lebenshilfe für Menschen mit geistiger Behinderung Castrop-Rauxel, Datteln, Oer-Erkenschwick, Waltrop e.V.
- Cloos, Peter: Die Inszenierung von Gemeinsamkeit, Weinheim, Juventa Verlag, 2008.
- Dederich, Markus/Greving, Heinrich/Mürner, Christian/Rödler, Peter: Heilpädagogik als Kulturwissenschaft. Menschen zwischen Medizin und Ökonomie, Giessen, Psychosozial-Verlag, 2009.
- Donabedian, Avedis: An Introduction to Quality Assurance in Health Care, Oxford, Oxford University Press, 2002.
- Ebel, Bernd: Qualitätsmanagement, Herne/Berlin, Verlag Neue Wirtschafts-Briefe, 2001.
- Endruweit, Günter: Organisationssoziologie, 2. Aufl., Stuttgart, Lucius und Lucius Verlag, 2004.
- Fiechter, Verena/Meier, Martha: Pflegeplanung, 6. Aufl., Basel, Rocom Verlag, 1988.
- Foucault, Michel: Das Subjekt und die Macht, in: Michel Foucault: jenseits von Strukturalismus und Hermeneutik, hrsg. v. Hubert L. Dreyfus/Paul Rabinow, 2. Aufl., Weinheim, Beltz Verlag, 1994, S. 243–261.
- Franzpötter, Reiner: Organisationskultur – Begriffsverständnis und Analyse aus interpretativ-soziologischer Sicht, Baden-Baden, Nomos Verlagsgesellschaft, 1997.
- Gaedt, Christian: Grenzen der Normalisierung, in: Geistige Behinderung und soziales Leben, hrsg. v. Elisabeth Wacker/Johannes Neumann, Frankfurt a. M./New York, Campus, 1985, S. 128–143.
- Gebert, Diether/Rosenstiel, Lutz v.: Organisationspsychologie, 5. Aufl., Stuttgart, Kohlhammer Verlag, 2002.
- Geiger, Walter: Qualität als Fachbegriff des QM, in: Lexikon Qualitätsmanagement, hrsg. v. Hans-Dieter Zollondz, München/Wien, Oldenbourg Verlag, 2001, S. 801–810.
- Gerull, Peter: Qualitätsmanagement in sozialen Handlungsfeldern – Überblick und aktueller Diskussionsstand, in: Gemeinsam leben – Zeitschrift für integrative Erziehung, 1, 1999, Neuwied, o. S.
- Giesers, Peter: Angst in Arbeitsgruppen und Teams. Angst als Thema von Organisationsberatung und Supervision, Bundesverband Deutscher Psychologen, Landesgruppe NRW, 24.01.2002, abgerufen unter: http://www.psychologie-nrw.de/cgi-bin/bdp-nrw/bdp.pl?btnred=372?chk= [12.10.2009]
- Glasl, Friedrich: Konfliktmanagement. Diagnose und Behandlung von Konflikten in Organisationen, 8. Aufl., Stuttgart, Verlag Freies Geistesleben, 2004.
- Glasl, Friedrich: Konfliktmanagement. Ein Handbuch für Führungskräfte, Beraterinnen und Berater, 6. erg. Aufl., Bern, Haupt Verlag, 1999.
- Glatz, Hans/Graf-Götz, Friedrich (Hrsg.): Handbuch Organisation gestalten, Weinheim, Beltz Verlag, 2007.
- Goffman, Erving: Asyle. Über die soziale Situation psychiatrischer Patienten und anderer Insassen, übers. von Nils Lindquist, Frankfurt a. M., Suhrkamp, 1973.
- Greving, Heinrich: Management in der Sozialen Arbeit, Bad Heilbrunn, Klinkhardt Verlag, 2008.

- Greving, Heinrich: Qualitätsmanagement, Troisdorf, Bildungsverlag EINS, 2003.
- Greving, Heinrich: Heilpädagogische Organisationen im Wandel. Organisationsanalyse – Beratung – Qualitätsmanagement, Freiburg i. Br., Lambertus Verlag, 2000.
- Greving, Heinrich: Heilpädagogische Organisationen. Eine Grundlegung, Freiburg i. Br., Lambertus Verlag, 2000.
- Haus Hall: Qualitätshandbuch des Bereichs Wohnen, hrsg. von Bischöfliche Stiftung Haus Hall, Einrichtungen für Menschen mit Behinderung, Redaktion: Michel Hülskemper, Tungerloh-Capellen 4, 48712 Gescher, 2010.
- Haus Hall: Unsere Aufgaben, abgerufen unter: www.haushall.de/contenido/cms/front_content.php?idcat=50&lang=1 (04.11.2010), Bischöfliche Stiftung Haus Hall, Einrichtungen für Menschen mit Behinderung, Redaktion: Michel Hülskemper, Tungerloh-Capellen 4, 48712 Gescher, 2010.
- Innerhofer, Paul/Innerhofer, Christian: Qualitätssicherung nach ISO 9000 in sozialen Einrichtungen, in:
- Fokus Heilpädagogik. Projekt Zukunft, hrsg. v. Günther Opp/Franz Peterander, München/Basel, Ernst Reinhardt Verlag, 1996, S. 370–379.
- Jungbauer, Johannes: Organisationskulturen und -subkulturen: Eine Herausforderung für das Kooperationsmanagement am Beispiel der Psychiatrie, in: Kooperationsmanagement – Führung in Gesundheits- und Sozialdiensten, hrsg. v. Ulrich Deller/ Rainer Krockauer, Opladen, Verlag Barbara Budrich, 2009, S. 138–156.
- Kamiske, Gerd. F./Brauer, Jörg-Peter: ABC des Qualitätsmanagements, 3. Aufl., München, Hanser Verlag, 2008.
- Kasper, Helmut: Organisationskultur, Wien, Service-Fachverlag an der Wirtschaftsuniversität Wien, 1987.
- Klee, Ernst: Behindert. Über die Enteignung von Körper und Bewusstsein, Frankfurt a. M., S. Fischer Verlag, 1980.
- Kittner, Michael/Pieper, Ralf: Arbeitsschutzrecht: ArbSchR: Arbeitsschutzgesetz, Arbeitssicherheitsgesetz und andere Arbeitsschutzvorschriften, 3. erw. und überarb. Aufl., Frankfurt a. M., Bund-Verlag, 2006.
- Kolbe, Hermann: Pädagogische Qualität. Mit Qualitätsmanagement nach ISO zur umfassenden Qualität im Behindertenheim, Dortmund, Verlag Modernes Lernen, 2000.
- Küpers, Wendelin M.: Struktur-, Prozess- und Ergebnisqualität, in: Lexikon Qualitätsmanagement, hrsg. v. Hans-Dieter Zollondz, München/Wien, Oldenbourg Verlag, 2001, S. 589–598.
- Lück, Helmut E.: Kurt Lewin, Weinheim, Beltz Verlag, 1996.
- Menschen – Das Magazin: Nr. 3/2004, hrsg. von der Aktion Mensch, Bonn, 2004.
- Merchel, Joachim: Qualitätsmanagement in der Sozialen Arbeit, 2. Aufl., Weinheim/München, Juventa-Verlag, 2004.
- Metzler, Heidrun/Wacker, Elisabeth: Zum Qualitätsbegriff in der Behindertenhilfe, in: Qualitätsmanagement in sozialen Dienstleistungsunternehmen, hrsg. v. Hans-Joachim Schubert/Klaus J. Zink, Neuwied/Kriftel, Luchterhand Verlag, 1997, S. 44–55.
- Müller-Jentsch, Walther: Organisationssoziologie. Eine Einführung, Frankfurt a. M./New York, Campus Verlag, 2003.
- Ortmann, Günther/Sydow, Jörg/Türk, Klaus: Organisation, Strukturation, Gesellschaft. Die Rückkehr der Gesellschaft in die Organisationstheorie, in: Theorien der Organisation. Die Rückkehr der Gesellschaft, hrsg. v. Günther Ortmann/Jörg Sydow/Klaus Türk, Wiesbaden, VS Verlag für Sozialwissenschaften, 2000, S. 15–34.
- Puch, Hans-Joachim: Organisation im Sozialbereich. Eine Einführung für soziale Berufe, Freiburg i. Br., Lambertus-Verlag, 1994.
- Pühl, Harald: Angst in Gruppen und Institutionen, Berlin, Leutner Verlag, 1988.
- Redaktion der Zeitschrift Menschen: „Mehr als ein Wort", in: Menschen – das Magazin, hrsg. von Aktion Mensch, Bonn, 2, 2010, S. 20–23.
- Schädler, Johannes B.: Stagnation oder Entwicklung in der Behindertenhilfe. Chancen eines Paradigmenwechsels unter den Bedingungen institutioneller Beharrlichkeit, Hamburg, Kovac Verlag, 2003.
- Schädler, Johannes B.: Qualitätsentwicklung und Qualitätssicherung – Plädoyer für ein professionsnahes Konzept in der Sozialen Arbeit, in: Der Stand der Kunst. Qualitätsmanagement Sozialer Dienste, hrsg. v. Johannes B. Schädler/Norbert Schwarte/ Achim Trube, Münster, Votum Verlag, 2001, S. 13–38.
- Schädler, Johannes B.: Qualitätssicherung und Organisationsentwicklung in Einrichtungen und Diensten für Menschen mit geistiger Behinderung, Marburg, Lebenshilfe-Verlag, 1999.
- Schäper, Sabine: Ökonomisierung in der Behindertenhilfe, Münster, Lit Verlag, 2006.

- Schein, Edgar H.: Organisationskultur: Edition Humanistische Psychologie, 2. Aufl., Bergisch Gladbach, 2006.
- Schein, Edgar: Unternehmenskultur, Frankfurt/New York, Campus Verlag, 1995.
- Schlippe, Arist v./Schweitzer, Jochen: Lehrbuch der systemischen Therapie, Göttingen, 5. Aufl., Vandenhoeck & Ruprecht, 1998.
- Schmidt, Götz: Einführung in die Organisation. Modell – Verfahren – Techniken, 2. Aufl., Wiesbaden, Gabler-Verlag, 2002.
- Scholz, Christian/Hofbauer, Wolfgang: Organisationskultur: die vier Erfolgsprinzipien, Wiesbaden, Gabler Verlag, 1990.
- Schreyögg, Georg: Organisation: Grundlagen moderner Organisationsgestaltung, 4. Aufl., Wiesbaden, Gabler Verlag, 2003.
- Schreyögg, Georg: Organisationskultur, in: Handwörterbuch der Organisation, hrsg. v. Erich Frese, Stuttgart, Poeschel Verlag, 1991, S. 1525–1538.
- Scott, Richard W.: Grundlagen der Organisationstheorie, Frankfurt a. M., Campus-Verlag, 1986.
- Seifert, Monika: Mehr Lebensqualität. Zielperspektiven für Menschen mit schwerer (geistiger) Behinderung in Wohneinrichtungen mit Checklisten zur Evaluation der professionellen Arbeit, Marburg, Lebenshilfe Verlag, 2003.
- Simon, Fritz B.: Einführung in Systemtheorie und Konstruktivismus, Heidelberg, Carl Auer Verlag, 2006.
- Soeffner, Hans-Georg: Stil und Stilisierung – Punk oder die Überhöhung des Alltags, S. 318, zitiert in:
- Roccor, Bettina: Heavy Metal – Eine Fantypologie anhand von Kleidung, unveröffentlichte Magisterarbeit, Regensburg, 1992, S. 49.
- Speck, Otto: Zur Qualität (heil)pädagogischer Arbeit, in: Hilfeplanung und Controlling in der Heilpädagogik, hrsg. v. Heinrich Greving, Freiburg i. Br., Lambertus Verlag, 2002, S. 16–31.
- Speck, Otto: Die Ökonomisierung sozialer Qualität. Zur Qualitätsdiskussion in Behindertenhilfe und Sozialer Arbeit, München/Basel, Ernst Reinhardt Verlag, 1999.
- Stolte, Dieter, zitiert in Aktion Mensch (Hrsg.): Ich, du und die anderen – Eine Information für Schüler und Schülerinnen (Broschüre), 2. Aufl., Bonn, 2007, S. 8.
- Tietz, Bianca: Qualitätsmanagement in der Heilpädagogik, in: Heilpädagogische Organisationen im Wandel, hrsg. v. Heinrich Greving, Freiburg i. Br., Lambertus Verlag, 2000, S. 150–201.
- Vahs, Dietmar: Organisation. Einführung in die Organisationstheorie und –praxis, 4. Aufl., Stuttgart, Schäffer-Pöschel Verlag, 2003.
- Weber, Max: Wirtschaft und Gesellschaft. Grundriss der Verstehenden Soziologie, hrsg. v. Johannes Winckelmann, 5. Aufl., Tübingen, Mohr Verlag, 1980.
- Wöhrle, Armin: Was ist eine Organisation?, Brandenburg, Hochschulverband Distance Learning, 2000.
- Zielowski, Christian: Managementkonzepte aus Sicht der Organisationskultur, Wiesbaden, Deutscher Universitäts-Verlag, 2006.

Bildquellenverzeichnis

© Bilderbox, Thening: S. 7

© picture-alliance/akg-images: S. 10, 61

© morganimation/fotolia.com: S. 15

© MEV Verlag/Johannes Spreter: S. 21

© Ministerium für Arbeit, Integration und Soziales des Landes Nordrhein-Westfalen, Münster: S. 29

© fotobi/fotolia.com: S. 33

© Bilderbox, Thening: S. 37

© Anne Katrin Figge/fotolia.com: S. 40.1

© muro/fotolia.com: S. 40.2

© Bernd Ege/fotolia.com: S. 40.3

© tortenboxer/fotolia.com: S. 40.4

© picture-alliance: S. 46

© Aktion Mensch e. V., Bonn: S. 47, 48

© picture-alliance/dpa: S. 118

© miskolin/fotolia.com: S. 53

© MEV Verlag/independent light: S. 67

© Bildungsverlag Eins, Köln: S. 73

© epd-bild/Werner Krüper: S. 84

© Bildungsverlag Eins, Köln/Nadine Dilly, Bottrop: S. 106

© Nerlich Images/fotolia.com: S. 110

© mapoli-photo/fotolia.com: S. 116

© picture-alliance/dpa/dpaweb: S. 126

© Mauritius Images/Image Source/RF: S. 129

© Bildungsverlag Eins, Köln/Christian Schlüter, Essen: S. 134

© Cooper/fotolia.com: S. 136, 145 (3x)

© Kevin Steffgen/fotolia.com: S. 149

© ullstein bild/DIAGENTUR: S. 151

Stichwortverzeichnis

C

D

E

F

G

H

Z